学术顾问 李扬

中国国家资产负债表1978-2022
改革开放以来中国经济的伟大变迁

张晓晶 等著

中国社会科学出版社

图书在版编目(CIP)数据

中国国家资产负债表. 1978－2022：改革开放以来中国经济的伟大变迁 / 张晓晶等著. －－北京：中国社会科学出版社，2024.10 （2025.2 重印）

ISBN 978－7－5227－3568－9

Ⅰ.①中… Ⅱ.①张… Ⅲ.①资金平衡表—中国—1978－2022 Ⅳ.①F231.1

中国国家版本馆 CIP 数据核字（2024）第 100055 号

出 版 人	赵剑英
责任编辑	王　衡
责任校对	朱妍洁
责任印制	郝美娜

出　　版	中国社会科学出版社
社　　址	北京鼓楼西大街甲 158 号
邮　　编	100720
网　　址	http：//www.csspw.cn
发 行 部	010－84083685
门 市 部	010－84029450
经　　销	新华书店及其他书店

印刷装订	北京君升印刷有限公司
版　　次	2024 年 10 月第 1 版
印　　次	2025 年 2 月第 2 次印刷

开　　本	710×1000　1/16
印　　张	19.5
字　　数	303 千字
定　　价	78.00 元

凡购买中国社会科学出版社图书，如有质量问题请与本社营销中心联系调换
电话：010－84083683
版权所有　侵权必究

序　　言

2013 年，党的十八届三中全会提出"加快建立国家统一的经济核算制度，编制全国和地方资产负债表"；[①] 2019 年，党的十九届四中全会首次提出"优化经济治理基础数据库"；[②] 2020 年，党的十九届五中全会进一步提出"加强宏观经济治理数据库建设"；[③] 2024 年，党的二十届三中全会提出"探索实行国家宏观资产负债表管理"。[④] 以上中央会议的提法，一方面反映了改革的接续和深化，另一方面凸显了国家资产负债表在宏观经济治理以及国家治理现代化中的重要作用。

在时任中国社会科学院副院长李扬老师的倡议下，由我领衔负责中国国家资产负债表的编制与研究工作。该研究始于 2011 年，印象中是"中国发展道路"课题的一个子项目，一晃已经 13 年了。记得当时几乎同时启动这一研究的还有曹远征团队和马骏团队。他们都是非常优秀的同行，后因种种原因未能继续，该研究便由我们团队——中国社会科学院国家资产负债表研究中心（Center for National Balance Sheets，CASS，即 CNBS）——"独占"了。我们目前是国内唯一定期公开发布中国国家资产负债表

[①] 《中共中央关于全面深化改革若干重大问题的决定》，人民出版社 2013 年版，第 17 页。

[②] 《中共中央关于坚持和完善中国特色社会主义制度　推进国家治理体系和治理能力现代化若干重大问题的决定》，人民出版社 2019 年版，第 20 页。

[③] 《中共中央关于制定国民经济和社会发展第十四个五年规划和二〇三五年远景目标的建议》，人民出版社 2020 年版，第 18 页。

[④] 《中共中央关于进一步全面深化改革　推进中国式现代化的决定》，人民出版社 2024 年版，第 18 页。

数据的研究团队!

国家资产负债表研究是"政治算术"

国家资产负债表的编制是"政治算术",从最初缘起来看,与大国竞争(估算各国经济实力)密切相关。

17世纪末,英国古典经济学家威廉·配第以"政治算术"[①]敬献国王,其初衷乃基于英国、法国、荷兰的财富比较,为英国争夺海外市场和殖民地树立信心。正如马克思在《政治经济学批判》中指出的:"当荷兰作为一个贸易国家还占着优势地位,而法国似乎要变成一个称霸于世的贸易强国的时候,他在《政治算术》的一章中就证明英国负有征服世界市场的使命。"[②]

财力在战争以及大国兴衰中的重要性几乎是不言自明的。保罗·肯尼迪强调,在16世纪打一场战争只要几百万英镑,到17世纪末,打一场战争要几千万英镑;而在拿破仑战争末期,主要交战国的开支有时一年就达上亿英镑。[③] 在国际体系中,财富和力量总是联系在一起的。300年前,德国商业理论家冯·霍尼希写道:"一个国家当前富强与否不取决于它本身拥有的力量和财富,而主要取决于邻国力量的大小与财富的多寡。"[④]

米尔斯海默也强调了财富与权力的关系:财富很重要,因为如果一国没有金钱和技术来准备训练并不断使其战斗部队现代化,它就不可能建立强大的军事力量,而且,发动大国战争的代价非常巨大……美国在1941—1945年抗击轴心国就耗费了约3060亿美元,这一数字

[①] [英]威廉·配第:《政治算术》,陈冬野译,商务印书馆2014年版。
[②] 马克思:《政治经济学批判》,人民出版社1976年版,第37页。
[③] [英]保罗·肯尼迪:《大国的兴衰(上):1500—2000年的经济变革与军事冲突》,王保存、王章辉、余昌楷译,中信出版社2013年版,第77页。
[④] [英]保罗·肯尼迪:《大国的兴衰(上):1500—2000年的经济变革与军事冲突》,王保存、王章辉、余昌楷译,中信出版社2013年版,前言第18页。

是其1940年国民生产总值的3倍。因此,国际体系中的大国总是处在世界最富裕的国家之列。① 滑铁卢战争后的100年间,法国和德国的相对财富变化很大程度上解释了它们之间军事权力的转移。②

长期以来,综合国力比较都是以经济总量(一般由国内生产总值来衡量)作为主要依据。但财富相比于GDP,在衡量一国综合实力方面无疑更具有代表性,越来越多的研究也将国际竞争置于财富比较之上。发表于2020年《华盛顿季刊》的美国智库报告直言不讳地指出:"中国一直在寻求财富,以增强党和国家的力量。随着中国变得越发自信,中国现在正试图利用自身力量来重塑经济关系,使中国的财富相对于美国进一步扩大,从而继续积累其国家实力。"③

习近平总书记在总结建党百年重大成就时指出,新时代的一个伟大成就,就是"为实现中华民族伟大复兴提供了更为完善的制度保证、更为坚实的物质基础、更为主动的精神力量"。④ 这里"坚实的物质基础",用国家资产负债表所估算出的财富数据来衡量最为贴切。

国家资产负债表的编制最初源于大国竞争的需要,但后来的发展则又蕴含着国家治理的需要,在推动国家治理体系与治理能力现代化中发挥着重要作用。

国家资产负债表的双重功能

国家资产负债表是一个国家的大账本,综合反映了一个国家资

---

① [美]约翰·米尔斯海默:《大国政治的悲剧》,王义桅、唐小松译,上海人民出版社2021年版,第66—67页。
② [美]约翰·米尔斯海默:《大国政治的悲剧》,王义桅、唐小松译,上海人民出版社2021年版,第72页。
③ Friedberg, A. L., and Boustany Jr., C. W., "Partial Disengagement: A New US Strategy for Economic Competition with China", *Washington Quarterly*, Vol. 43, No. 1, 2020, pp. 23–40.
④ 《中共中央关于党的百年奋斗重大成就和历史经验的决议》,人民出版社2021年版,第61页。

产、负债总量及结构的核算表，是国民经济核算体系的重要组成部分。同时，国家资产负债表也是分析经济、识别和防范风险、稳定金融的重要方法，为实施宏观管理提供数据基础与新思维，在健全宏观经济治理体系中发挥重要作用。统计核算与宏观管理可以说是国家资产负债表的双重功能。

第一，国家资产负债表有利于系统把握国家整体以及居民、企业、政府等国民经济各部门的"家底"，揭示主要经济活动之间的对应关系。相比于 GDP 等增量指标，作为存量指标的国家资产负债表数据覆盖的范围更广，信息量更为丰富。一是展现国民财富及其部门分布状况信息，为科学调整和优化国家资产负债结构和各部门经济结构提供决策依据；二是把经济增量分析与存量分析、总供给与总需求分析有机结合起来，更加准确提出宏观经济政策，提高宏观经济政策时效性；三是准确刻画全国、地方和各部门的资产负债状况，评估偿债能力，反映结构性矛盾及宏观风险的累积，为科学调整杠杆、识别潜在风险储备政策工具。此外，存量是增量的基础，对存量的考察，可以更好地评估未来经济发展的可持续性。

第二，国家资产负债表为评估一国债务风险提供了更加全面的分析视角。传统分析大都就债务论债务风险，而忽略了资产、财富等可用于应对风险的经济资源存量。事实上，如果有较大规模的财富存量，债务风险往往就只是流动性风险，而不是资不抵债风险。这在讨论中国地方债务风险时显得尤为重要。2008 年国际金融危机爆发后，国家资产负债表方法重新引起国际货币基金组织与其他政策研究机构的高度关注，也是因为它在评估各国债务风险方面具有优势。

第三，挖掘和拓展国家资产负债表的管理功能。研究在国民经济和社会发展中长期规划中增加资产负债相关指标的可行性，不断完善宏观资产负债表管理的原则、目标、手段和方式；研究利用资产负债表对不同部门的资产负债总量和结构进行协调，对货币政策、财政政策实施效果进行评估；推动治理机制创新，充分发挥资产负债表管理在稳增长（重塑增长动力）、防风险（风险预警评估）和调结构（各类存量结构的优化调整）等方面的作用。

全球视野中的国家资产负债表编制与管理

国家资产负债表是国民经济核算体系的重要组成部分。国家资产负债表的初步编制始于20世纪60年代的美国，之后风行于主要发达经济体。依据联合国等五大国际组织发布的《国民账户体系2008》，美国、德国、英国、法国、加拿大、澳大利亚等发达经济体均编制了较长时间序列的国家资产负债表。

当前，全部G20国家都已经开展了国家资产负债表的编制工作。发达经济体的统计制度较为完善，都对外公布国民账户体系下的资产负债表和资金增量表，且大部分按照季度公布；发展中经济体较为滞后，只有少数几个国家的统计当局公布部分年度数据。在中国，统计当局非常重视国民经济核算体系的建设，从20世纪90年代初就开始统计核算年度资金流量表；对构建资产负债表核算体系进行不懈的探索，曾试编过1998年和1999年的国家资产负债表。2013年，党的十八届三中全会提出"加快建立国家统一的经济核算制度，编制全国和地方资产负债表"的战略任务。2017年，国务院办公厅印发《全国和地方资产负债表编制工作方案》。自2018年起，国家统计局连续编制年度全国资产负债表，但目前为止并未对外发布。自2011年开始，中国社会科学院国家资产负债表研究中心开始编制国家资产负债表并定期发布，目前已编制完成1978—2022年共计45年的中国国家资产负债表（参见本书），成为分析研判中国国家能力、财富构成与债务风险的权威依据。

在运用资产负债表进行宏观管理方面，发达经济体也有较多探索。一是公共部门资产负债表管理。央行资产负债表管理在发达经济体宏观经济治理中占据重要地位（甚至是核心地位），主要作用于货币政策传导机制、维持金融稳定性、管理市场预期、跨境资本流动调控等方面。二是公共债务管理。由于发达经济体政府资产数量较少、占国民财富的比例极低，因此其在宏观资产负债表管理中对资产端的研究和实践不多，更重视政府或公共债务管理以及债务可持续性分析。三是对于私人部门资产负债表管理。一方面关注宏观政策、经济波动对私人部门资产负债表的影响，对私人部门的高杠杆进行预警；另一方面通过宏观管理应对私人部门资产负债表受到的负面冲击。典型的如次贷危机爆发后，美国政府通过公共部门资产负债表的扩张，来帮助修复私人部门资产负债表，以应对资产负债表衰退风险。

探索国家资产负债表管理，推动宏观经济治理体系创新

长期以来的国家宏观经济治理，主要是围绕GDP等增量指标所进行的增量管理（增量资源配置），如刺激消费、激发投资、增加就业、提升居民收入等。这些举措固然重要，但如果存量结构不调整，增量管理也难以推进，比如居民消费、企业投资以及地方政府的积极性，因其自身资产负债表的健康程度不足而被严重抑制。党的二十届三中全会提出"探索实行国家宏观资产负债表管理"，旨在由重视增量管理转向增量管理与存量管理并重，推动宏观经济治理体系的创新。这一转向是中国经济由高速增长阶段迈向高质量发展阶段的战略选择。

第一，高速增长转向高质量发展带来存量—增量关系的新变化。一般来说，在家底薄（财富规模还不够大）、经济增速快的时候，增量增长是存量积累扩张的主要途径，增量管理尤为重要；但在家底渐厚、经济增速放缓的时候，存量分析的重要性凸显。这时，不仅要在增量上做文章（如仍然要保证较快的增长率），更要在存量上做文章，因为存量资源的优化调整，成为盘活家底、增厚家底的主要手段。改革开放四十多年，中国积累了大量社会财富，家底变得非常厚实；同时，经济发展进入新常态，经济增速逐步放缓。这意味着，当前我们正处在这样一个需要重视存量管理的阶段。

第二，实施宏观调控要考虑相关政策对存量—增量的不同影响。过去的宏观政策更多关注的是对GDP等增量指标的影响。但实际上，这些政策变量也会对存量（如资本积累、公共债务等）产生长期影

响。有时候，政策变化于增量而言影响甚微，但对存量却有较大影响。比如，利率下调，短期看对刺激需求收效不大（在面临流动性陷阱时更是如此），但对减少利息负担，保证债务的可持续性却大有帮助。有时候，政策变化于增量有较大冲击，但考虑到存量因素，就不必紧张。比如，增发国债会带来赤字率的提升，从而有所顾忌。但考虑到中央政府的债务存量占 GDP 比重较低，赤字率高一点可能并无大碍。这也是一种基于存量—增量辩证关系的综合考量。

第三，存量—增量的互动拓宽了宏观经济治理的思路。增量问题的解决可能还需要从存量角度想办法。目前讨论较多的是如何扩大居民消费。居民消费增长需要收入增长支持，收入增长需要就业增长支持，就业增长需要 GDP 增长支持，而 GDP 增长又需要居民消费增长支持，这就变成一个"鸡生蛋、蛋生鸡"的循环，体现的是在增量思维里打转转。其实，完全依赖居民收入较快增长来提升消费是不够的。因为在经济增速放缓大背景下，扩大就业和提高居民收入增速也面临困难。这就需要跳出增量管理思维，运用存量管理思维。比如，可考虑实施宏观经济再平衡战略，将较多的政府存量财富以一定方式向居民部门"转移"，来支撑居民消费，包括政府在医疗、教育、社保以及保障性住房方面进行支持，解除居民的后顾之忧，使其放心地消费。

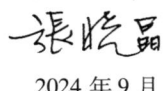

2024 年 9 月

目　　录

主报告　中国经济的伟大变迁
　　　　国家资产负债表的视角 ································· 1

　　引论：中国经济伟大变迁的全新视角 ··························· 1
　　1　中国财富积累的伟大历程 ································· 4
　　2　从未有一国财富如此"接近"美国 ·························· 9
　　3　宏观财富分配：国富 VS. 民富 ···························· 17
　　4　资产—负债扩张的同步与分离 ····························· 22
　　5　长时段的房地产财富演进规律 ····························· 29
　　6　结语和进一步讨论 ······································· 35
　　附录：各国房地产价值估算方法与数据来源 ····················· 38

1　"藏富于民"
　　居民部门资产负债表 ···································· 41

　　1.1　"居民部门"的概念、口径及编制方法 ···················· 42
　　1.2　主要估算结果及整体扩张趋势 ··························· 47
　　1.3　资产负债表的基本结构分析 ····························· 53
　　1.4　住房财富及风险走势 ··································· 64
　　1.5　结语 ··· 75

2 市场经济微观基础的演进
非金融企业部门资产负债表 ········· 78

2.1 编制框架 ··· 78
2.2 编制方法与主要结果 ······················· 80
2.3 资产—负债总量分析 ······················· 89
2.4 资产—负债结构变化 ······················· 93
2.5 公有制非金融企业净资产估算 ······· 101
2.6 非金融企业部门的杠杆率 ··············· 107
2.7 结语 ··· 111

3 超越"发展型政府"
政府部门资产负债表 ······················· 113

3.1 "政府部门"的概念、口径及编制方法 ················ 113
3.2 主要估算结果及整体扩张趋势 ······· 117
3.3 地方政府债务及风险累积 ··············· 133
3.4 国土资源资产的估算及其部门归属 ················ 139
3.5 结语 ··· 143

4 中国特色金融发展
金融部门资产负债表 ······················· 146

4.1 "金融部门"的概念、口径及编制方法 ················ 147
4.2 现代中央银行制度的初步形成与货币创造
基础的演变 ······································· 165
4.3 现代商业银行体系的发展 ··············· 169
4.4 非银行金融机构与多元化金融体系发展 ············ 178
4.5 非国有金融机构的发展 ··················· 181
4.6 国际比较视野下的中国金融体系 ··· 185
4.7 结语 ··· 190

5 融入世界经济
国外部门资产负债表 ………………………… 192

5.1 "国外部门"的概念、口径及编制方法 ………… 193
5.2 国外部门的资产负债规模及结构 ……………… 202
5.3 出口导向与新发展格局 ………………………… 206
5.4 "引进来"与"走出去" ………………………… 214
5.5 海外金融资产配置与安全 ……………………… 219
5.6 结语 …………………………………………… 233

附录 中国国家资产负债表（1978—2022年） …………… 237

参考文献 …………………………………………………… 283

后 记 ……………………………………………………… 291

图 目 录

图 0–1 中国财富规模的演进（1978—2022 年） ········ 5
图 0–2 政府部门净资产（1978—2022 年） ········ 6
图 0–3 居民部门净资产（1978—2022 年） ········ 6
图 0–4 存量赶超显著快于流量赶超 ········ 10
图 0–5 中国总储蓄率水平显著高于全球主要经济体 ········ 12
图 0–6 美元兑人民币汇率（1978—2022 年） ········ 13
图 0–7 中国和美国房价增速比较（2000—2022 年） ········ 13
图 0–8 皮凯蒂团队估算中美净财富比较（1979—2022 年） ········ 15
图 0–9 社会净财富占 GDP 比重的国际比较
（1978—2022 年） ········ 16
图 0–10 居民与政府（公共）部门在国民财富中的
份额变化（1978—2022 年） ········ 18
图 0–11 政府部门财富占社会财富比重的国际比较
（1978—2022 年） ········ 19
图 0–12 中国社会总资产和总负债增速（1979—2022 年） ········ 23
图 0–13 住房资产占社会净资产比重（2022 年） ········ 31
图 1–1 不同时期居民总资产、负债和净资产年均
复合增速 ········ 50
图 1–2 中美收入和财富对比（1978—2022 年） ········ 52
图 1–3 居民部门资产负债率和居民债务占 GDP 比重
（1978—2022 年） ········ 58
图 1–4 居民债务占可支配收入比重的国际比较
（2007—2021 年） ········ 61

图1-5	居民净资产结构变化（1978—2022年）	62
图1-6	城镇和农村人口比重（1978—2022年）	65
图1-7	住房资产占居民总资产比重的国际比较	70
图1-8	中国和美国"房贷—房值比率"比较（2004—2022年）	72
图2-1	主要数据框架	79
图2-2	不同时期非金融企业总资产和总负债的复合年均增速	90
图2-3	非金融企业净资产变化（1978—2022年）	93
图2-4	非金融企业部门金融资产与非金融资产比重的变化（1978—2022年）	94
图2-5	非金融企业非金融资产构成变化（1978—2022年）	95
图2-6	三次产业固定资产存量占比变化（1978—2022年）	97
图2-7	非金融企业各类主要金融资产占比变化（1978—2022年）	98
图2-8	非金融企业各类负债占比变化（1978—2022年）	99
图2-9	非金融企业各细分部门净资产变化（1978—2022年）	100
图2-10	不同数据来源下国有控股法衡量的公有制非金融企业净资产占比（1995—2021年）	103
图2-11	四行业加权实收资本法与两数据源国有控股法公有制净资产占比（1995—2021年）	105
图2-12	公有制非金融企业部门净资产及其占比（1996—2021年）	106
图2-13	不同产业在非金融企业公有制净资产中的占比（1995—2021年）	107
图2-14	非金融企业部门杠杆率变化（1978—2022年）	108
图2-15	名义GDP/非金融企业部门总资产与非金融企业部门增加值/总资产变化（1978—2022年）	111

图 3-1	政府资产结构变化（1978—2022 年）	124
图 3-2	中国—美国人均政府净资产比较（1978—2022 年）	125
图 3-3	中国政府净资产的构成比例（1978—2022 年）	126
图 3-4	中国政府净资产中的"土地"占比（1978—2022 年）	127
图 3-5	不同时期政府总资产、负债和净资产年均增速	129
图 3-6	政府部门债务比率（1978—2022 年）	130
图 3-7	公共住房在城镇住房中的价值占比（1978—2022 年）	131
图 3-8	中央—地方政府债券占比（2009—2022 年）	132
图 3-9	地方本级财政支出占财政收入比重（1978—2022 年）	134
图 3-10	地方政府债务余额分类（2014—2022 年）	137
图 3-11	地方政府隐性债务的绝对规模与相对规模（2017—2022 年）	138
图 3-12	国土资源资产的相对规模（1978—2022 年）	140
图 3-13	居民—政府部门在国民财富中的份额（结果对比）（1978—2022 年）	142
图 3-14	居民—政府部门在国民财富中的份额（不含国土资源资产的结果对比）（1978—2022 年）	143
图 4-1	央行资产负债表和国际投资头寸（IIP）表中的外汇储备资产比较（2004—2022 年）	150
图 4-2	央行资产负债表中主要资产占比（1992—2022 年）	168
图 4-3	央行总资产与 GDP 之比（1992—2022 年）	169
图 4-4	金融部门存贷款与 GDP 之比（1978—2022 年）	171
图 4-5	居民和企业部门存款与 GDP 之比（1978—2022 年）	172
图 4-6	政府和非银行金融机构存款与 GDP 之比（1978—2022 年）	173

图 4-7	居民和企业的贷款规模与 GDP 之比（1978—2022 年）	175
图 4-8	各部门银行贷款占比（1978—2022 年）	177
图 4-9	非银行金融机构总资产占 GDP 比重（1978—2022 年）	178
图 4-10	证券投资基金规模占 GDP 比重（1992—2022 年）	180
图 4-11	全球主要国家股票市值规模占 GDP 比重（1991—2022 年）	181
图 4-12	国有金融企业数量占比（2009—2021 年）	183
图 4-13	金融企业净资产中的国有股权占比（1993—2022 年）	184
图 4-14	非国有上市企业占所有上市金融企业比重（2007—2022 年）	184
图 4-15	工业化国家金融相关率的变动（1850—1978 年）	186
图 4-16	主要国家金融相关率的变动（1978—2022 年）	186
图 4-17	金融资产占 GDP 比重的国际比较（1978—2022 年）	187
图 4-18	金融行业增加值占 GDP 比重的国际比较（1978—2022 年）	188
图 4-19	贷款占全部金融资产比重的国际比较（1960—2022 年）	189
图 4-20	（股票+债券）占贷款比重的国际比较（1978—2022 年）	190
图 5-1	央行资产负债表和 IIP 表中的黄金储备资产比较（2004—2022 年）	195
图 5-2	国外部门资产和负债与 GDP 之比（1978—2022 年）	203
图 5-3	国外部门总资产中各分项与 GDP 之比（1978—2022 年）	204
图 5-4	国外部门总负债中各分项与 GDP 之比（1978—2022 年）	204

图 5-5	不同时期国外部门资产与负债的年均增速	206
图 5-6	贸易平衡账户占 GDP 比重（1978—2022 年）	207
图 5-7	货物贸易与服务贸易的资金净流入与 GDP 之比（1978—2022 年）	208
图 5-8	经常账户占 GDP 比重（1978—2022 年）	211
图 5-9	经常账户中的雇员报酬净收入（1997—2022 年）	212
图 5-10	经常账户中的净投资收益（1980—2022 年）	213
图 5-11	对外金融资产和对外金融负债的回报率（1982—2022 年）	214
图 5-12	金融账户中的直接投资（1980—2022 年）	215
图 5-13	直接投资所形成的总资产、总负债和净资产（1981—2022 年）	216
图 5-14	净直接投资的价值重估与 GDP 之比（1982—2022 年）	218
图 5-15	实际与假设的直接投资净头寸（1981—2022 年）	219
图 5-16	金融账户中的股票投资（1997—2022 年）	220
图 5-17	股票投资净头寸价值重估与 GDP 之比（2007—2022 年）	221
图 5-18	实际与假设的股票投资头寸（2006—2022 年）	222
图 5-19	金融账户中的债券投资（1982—2022 年）	223
图 5-20	债券投资净头寸价值重估与 GDP 之比（1982—2022 年）	223
图 5-21	实际与假设的债券投资头寸（1981—2022 年）	224
图 5-22	对外投资头寸中的货币和存款（1981—2022 年）	225
图 5-23	实际与假设的货币和存款净头寸（1997—2022 年）	226
图 5-24	对外投资头寸中的贷款与贸易信贷（1981—2022 年）	227
图 5-25	实际与假设的贷款净头寸（1981—2022 年）	227
图 5-26	实际与假设的非储备资产中直接投资外的净头寸（1981—2022 年）	229

图 5-27 国际收支平衡表总的净误差与遗漏
(1978—2022 年) ………………………………… 230
图 5-28 储备资产存量和流量 (1981—2022 年) …………… 231
图 5-29 国际收支平衡表占 GDP 比重 (1978—2022 年) …… 232
图 5-30 非直接投资类净资产占 GDP 比重
(1981—2022 年) ………………………………… 233

表 目 录

表0-1	财富增速与名义GDP增速（本币计算结果）	7
表0-2	财富增速与名义GDP增速（折算美元计算结果）	8
表0-3	社会净财富与GDP的国际比较（2022年年末）	10
表0-4	皮凯蒂团队估算中美净财富比较	14
表0-5	与皮凯蒂团队"住房资产/社会净资产"估算结果比较	30
表0-6	住房资产价值相对规模和其在社会净资产中的占比	31
表1-1	居民部门资产负债表（1978—2022年）	47
表1-2	居民非金融资产项目（1978—2022年）	53
表1-3	居民金融资产项目（1978—2022年）	56
表1-4	居民资产负债相关比率（1978—2022年）	59
表1-5	居民住房资产与贷款相关比率（1978—2022年）	67
表1-6	居民房贷利息支出及相对规模（2008—2022年）	72
表1-7	35个大中城市住宅（新房）销售价格分化情况	74
表2-1	非金融企业部门资产负债表（1978—2022年）	84
表2-2	分时期非金融企业部门宏观杠杆率拆解	109
表3-1	政府部门资产负债表（1978—2022年）	117
表3-2	政府非金融资产项目（1978—2022年）	119
表3-3	政府金融资产/负债项目（1978—2022年）	121
表4-1	金融部门资产负债表（1978—2022年）	163
表5-1	国外部门资产负债表（1978—2022年）	197

表 5-2 不同时期各类货物贸易和服务贸易累计净
　　　　 流入规模 …………………………………… 210
表 5-3 非储备资产中直接投资以外部分的净资金流入 ……… 228

主报告

中国经济的伟大变迁：
国家资产负债表的视角

改革开放以来，中国经济取得了举世瞩目的伟大成就，创造了人类发展史上的奇迹。经过四十多年的快速增长，中国已成为世界第二大经济体，正从改革开放之初的低收入经济体行列迈向高收入经济体行列，人民生活水平大幅提高，真正实现了近百年前国人所期望的"经济的幸福"。[①] 同时，中国的科技实力、综合国力不断增强，为中国式现代化奠定了坚实的物质技术基础。

面对中国的复兴，世界为之侧目。全面检视中国经济变迁，深刻阐释中国发展迷思，成为国内外学界广泛关注的重要议题，也成为建构中国自主的经济学知识体系的基本内核。相较于前人的诸多研究，国家资产负债表为展示中国经济伟大变迁提供了全新的视角和素材。

引论：中国经济伟大变迁的全新视角

1978年，中国经济改革拉开序幕，开启了中国经济发展的伟大征程。尽管改革之初摸着石头过河，有时也难免受到外界的质疑，但随着改革的推进以及由此所激发的社会活力彻底改变了中国——中国比以往任何时候都更加接近世界舞台的中央！

[①] 1925年，毛泽东同志在其主编的《政治周报》发刊词中写道："为什么要革命？为了使中华民族得到解放，为了实现人民的统治，为了使人民得到经济的幸福。"参见《毛泽东文集》第一卷，人民出版社1993年版，第21页。

较早展示中国经济变迁的力作当属林毅夫等著的《中国的奇迹：发展战略与经济改革》。① 对比东欧剧变所面临的困境，中国在改革中的发展奋进堪称奇迹。之后探讨中国发展与转型的研究越来越多。诺顿在《中国经济：转型与增长》中详细讨论了中国经济经历的两大变迁：一是从计划经济转变为市场经济，二是从传统农业经济转变为现代产业经济。② 勃兰特和罗斯基主编的《伟大的中国经济转型》汇集了45位国际顶尖中国问题专家的研究成果，充分展示了中国如何将政治制度、产业发展、全球化和局部改革等错综复杂的因素结合起来，造就了令人惊叹和前所未有的"奇迹"，为改革开放30年提供了一个较为全面而深入的分析。③ 从长时段探讨中国经济伟大复兴的经典代表作是麦迪森著的《中国经济的长期表现：公元960—2030年》。④ 该著作从长周期的视角解释了中国经济在过去一千年中的地位变化，认为中国经济自改革开放以来的发展并非崛起，而是复兴。蔡昉主编的《中国奇迹背后：改革的逻辑与学理》集合了20余位学者，对中国改革开放以来的诸多成就进行学理化阐释。⑤ 张晓晶著的《中国经验与中国经济学》则着力于总结改革、发展、稳定的中国经验并将此作为中国经济学创新发展的内核。⑥ 此外，为纪念中国经济改革30年、40年所涌现出的大批高质量学术成果，对于中国经济伟大变迁的研究更加丰富，视角也更为多元化。⑦

如果说改革开放以来的中国经济变迁是一幅波澜壮阔的历史画

---

① 林毅夫、蔡昉、李周：《中国的奇迹：发展战略与经济改革》，上海三联书店、上海人民出版社1994年版。

② [美]巴里·诺顿：《中国经济：转型与增长》，安佳译，上海人民出版社2010年版。

③ [美]劳伦·勃兰特、托马斯·罗斯基编：《伟大的中国经济转型》，方颖等译，格致出版社、上海人民出版社2009年版。

④ [英]安格斯·麦迪森：《中国经济的长期表现：公元960—2030年》（修订版），伍晓鹰、马德斌译，上海人民出版社2016年版。

⑤ 蔡昉主编：《中国奇迹背后：改革的逻辑与学理》，社会科学文献出版社2020年版。

⑥ 张晓晶：《中国经验与中国经济学》，中国社会科学出版社2022年版。

⑦ 吴敬琏、樊纲、刘鹤等主编：《中国经济50人看三十年：回顾与分析》，中国经济出版社2008年版；宋立刚、周伊晓、[澳]卢克·赫斯特：《中国的经济转型：来自青年经济学家的观察》，社会科学文献出版社2021年版。

卷，那么一百个经济学家眼中就有一百种不同的笔触和色彩，他们各自在这幅画卷中看到了不一样的风景和故事。与前人的文献相比，国家资产负债表研究无论在考察视角、分析框架还是工具方法方面，均为描绘中国经济伟大变迁做出了新的尝试。

第一，国家资产负债表为描绘中国经济的伟大变迁提供全新的考察视角。此前几乎所有关于改革开放以来经济变迁的讨论都是基于流量视角特别是 GDP 相关数据，而从存量角度进行讨论尚属首次，这可以说是本书最大的贡献。基于 1978—2022 年共 45 年的国家资产负债表数据，本书得以突破以往的流量视角，对"存量赶超"、"民富"与"国富"的变迁、资产—负债的同步与分离、金融与实体经济关系等问题展开细致入微的刻画，从而以全新视角展现中国经济的伟大变迁。

第二，国家资产负债表为理解中国经济的伟大变迁提供系统的分析框架。国家资产负债表编制在国际上有较为成熟的方法，总表包括居民部门、非金融企业、政府部门、金融部门和国外部门五大经济部门，每个经济部门都有独立的资产负债分项数据。五大部门之间的资产与负债相互联动、各部门互为交易对手方，构成一个有机的整体。国家资产负债表的这一编制逻辑为研究中国经济变迁提供了一个系统的分析框架。借此框架，本书能够超越局部均衡的视角来理解各部门之间的经济互动，进而深入探究中国经济变迁背后的动因和机制。

第三，国家资产负债表为判断中国经济的潜力与风险提供可靠的工具方法。一方面，总体的国家资产负债表数据能够充分展现一国的国家能力（State Capacity），而各部门资产负债表的健康与否，也显示了增长动力的强弱。事实上，资产负债表所揭示的是一个经济体的未来发展禀赋和潜力。另一方面，资产负债表是分析风险的重要工具。2008 年国际金融危机爆发之后，国际货币基金组织（IMF）即倡导用资产负债表方法（Balance Sheet Approach，BSA）来分析经济体的风险与应对措施。通过资产—负债两方数据，能够清晰把握中国经济变迁的成就（如财富积累）、面临风险（如债务"灰犀牛"），以及各个部门资产与负债之间的匹配与错配等问题；同时，结合存量—流量数据，能够对社会上广泛讨论的资产负债表衰退、债务—通缩螺旋等问题作出更有针对性和更为科学的回应。

1 中国财富积累的伟大历程

改革开放以来,随着观念的解放——"贫穷不是社会主义""以经济建设为中心""让一部分人先富起来、先富帮后富",社会主义市场经济体制的确立以及融入全球化潮流,人民创造财富和积累财富的通道才真正打开,不仅创造了世所罕见的经济快速发展奇迹和社会长期稳定奇迹("两大奇迹"),也使得国民财富的扩张速度超过了中国历史上的任何时期。[①] 这一点在国家资产负债表数据上得到了最好的呈现。

国民财富可以用社会净财富[②]来衡量。因不含负债,社会净财富是真正意义上的一国财富。国别之间的财富比较,大都以社会净财富作为基准。1978年以来,随着中国经济的快速增长,中国净财富规模大幅扩张,充分反映了改革开放的巨大成就和中国经济的伟大变迁。

从总量上看,社会净财富由1978年的2.1万亿元上升到2022年的773.9万亿元,复合年均增长率(Compound Annual Growth Rate,CAGR)达到14.4%。而1978—2022年名义GDP的复合年均增长率为14.1%。自改革开放以来,中国社会净财富增速略高于名义GDP增速。

从社会净财富由国内非金融资产和对外净资产的构成来看(见图0-1),国内非金融资产由1978年的2.1万亿元,上升到2022年的756.5万亿元;国内非金融资产是社会净财富的主体,2022年占比达到97.8%。对外净资产由1978年的36.2亿元,上升到2022年的17.4万亿元,占社会净财富比重为2.2%;对外净资产为正且具

---

① 张晓晶:《金融发展与共同富裕:一个研究框架》,《经济学动态》2021年第12期。

② 社会净财富=社会总资产-社会总负债。

主报告 中国经济的伟大变迁：国家资产负债表的视角 ·5·

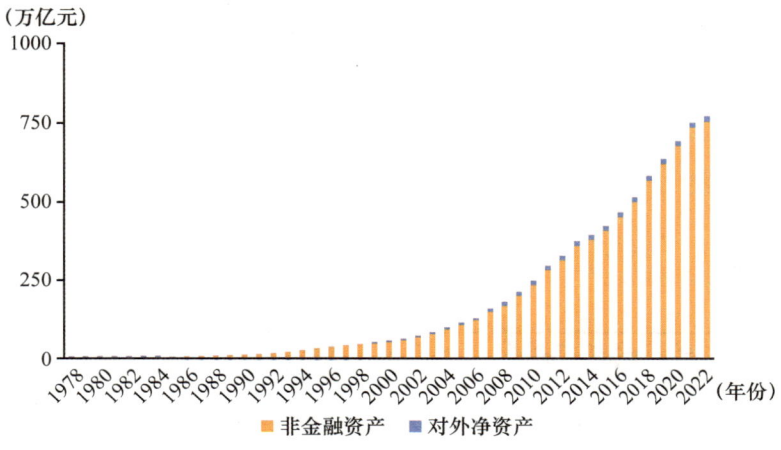

图 0-1 中国财富规模的演进（1978—2022 年）
资料来源：国家资产负债表研究中心（CNBS）。

有一定的规模，意味着就全球而言，中国是净储蓄的提供者。

从社会净财富由政府部门净资产和居民部门净资产的构成来看（见图 0-2 和图 0-3），① 政府部门净资产由 1978 年的 1.4 万亿元，上升到 2022 年的 291.6 万亿元；居民部门净资产由 1978 年的 0.2 万亿元，上升到 2022 年的 482.0 万亿元。

财富创造在于经济增长，财富积累在于国民储蓄。传统社会（或前现代社会）几乎没有增长，现代经济增长始于工业革命。因此，传统社会的财富创造相对于后世是微乎其微的。中华人民共和国成立前，中国整体上处于传统社会之中。中华人民共和国成立后，经济增长有所恢复，但囿于僵化的计划体制，没有以经济建设为中心，

---

① 这里的政府部门相当于公共部门，包括中央及地方各级政府、事业单位、国有独资企业，以及合资企业的国有股权部分在内；私人部门主要是指居民部门，不含非公企业。其他部门包括非金融企业和金融机构，虽然在孤立的部门层面也会有净资产，但是在国家资产负债表的体系中，相应净资产实际上以"股权"形式并按照某种比例归于居民和政府。这意味着，从逻辑上看，非金融企业和金融机构两部门的净资产应为零。当然，在本研究和美国等多国的编制实践中，口径不同和估算误差等原因使得这一条件并不总是成立。在行文中，本书一般使用公共部门对应私人部门，或政府部门对应居民部门，二者并无本质上的不同。

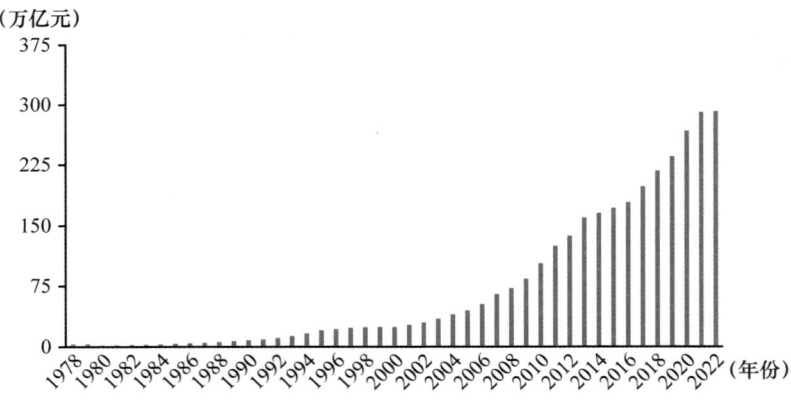

图 0-2　政府部门净资产（1978—2022 年）

资料来源：国家资产负债表研究中心（CNBS）。

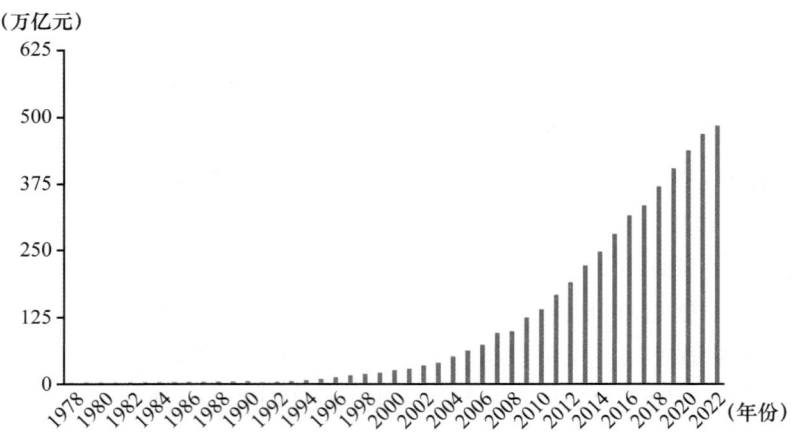

图 0-3　居民部门净资产（1978—2022 年）

资料来源：国家资产负债表研究中心（CNBS）。

加上各种"运动"，经济大起大落，始终未能进入正常的财富增长轨道。改革开放前的高储蓄、高积累虽然促进了较快的财富形成，但主要体现在政府财富积累上，居民部门财富增长是微不足道的。中华人民共和国成立之初，底子薄，百姓的温饱问题尚未解决，国家还面临赶超发展的重任。于是，政府动员资源，强制储蓄，提高积累率，加快资本形成，就成为中华人民共和国成立之初及后来较长一段时间经济建设的中心任务。强制储蓄下的高积累会加快财富形成，但由此形成的财富主要是政府财富，并不是居民财富；居民财富的增长则是改革开放之后的故事了。改革开放以来，中国创造了增长奇迹，社会财富（社会各部门净财富的加总）积累大幅提速，甚至超过了国民收入的增速；个人财富的高速积累堪称"史无前例"：发达经济体个人财富积累已经历了数百年，而中国居民部门真正的财富积累仅从改革开放开始。1978年，中国居民部门人均净资产仅为220元，1992年邓小平同志南方谈话后，人均财富跨过了3000元，1996年突破1万元大关，2010年突破了10万元，2020年突破了30万元，2022年人均居民财富达到34.2万元。

改革开放以来中国的财富积累之路，大体可分为四个阶段（见表0-1和表0-2）。

表0-1 财富增速与名义GDP增速（本币计算结果） 单位：%

		中国	美国	英国	法国	日本	德国
1978—1992年	财富增速	15.93	6.55	—	7.91	—	—
	GDP增速	15.36	7.56	—	7.41	—	—
1993—2002年	财富增速	15.67	5.96	8.42	6.45	-1.15	6.19
	GDP增速	16.17	5.30	4.91	3.78	0.33	1.52
2003—2012年	财富增速	16.75	3.06	3.46	6.69	-0.15	3.09
	GDP增速	16.04	4.05	3.70	2.78	-0.47	2.25
2013—2022年	财富增速	8.93	5.66	4.99	3.72	1.76	6.27
	GDP增速	8.43	4.09	3.24	2.03	1.04	3.11

资料来源：中国数据来源于国家资产负债表研究中心（CNBS）；其他国家数据来源于各国统计部门公布的国家资产负债表，GDP为名义值。

注：中国、美国、法国为1978—2022年数据；英国、日本、德国为1995—2021年数据。

表 0-2　财富增速与名义 GDP 增速（折算美元计算结果）　单位:%

		中国	美国	英国	法国	日本	德国
1978—1992 年	财富增速	5.72	6.55	—	7.34	—	—
	GDP 增速	5.18	7.56	—	7.54	—	—
1993—2002 年	财富增速	11.78	5.96	5.33	3.58	-3.65	2.30
	GDP 增速	12.02	5.30	4.12	-0.91	-2.20	-0.08
2003—2012 年	财富增速	19.68	3.06	6.70	9.26	4.47	5.49
	GDP 增速	19.27	4.05	4.25	5.98	4.13	3.60
2013—2022 年	财富增速	7.64	5.66	3.99	1.96	-1.78	4.48
	GDP 增速	7.30	4.09	1.84	1.09	-2.47	4.62

资料来源：中国数据来源于国家资产负债表研究中心（CNBS）；其他国家数据来源于各国统计部门公布的国家资产负债表，GDP 为名义值。

注：中国、美国、法国为 1978—2022 年数据；英国、日本、德国为 1995—2021 年数据。

第一阶段（1978—1992 年）是改革开放初期中国经济和财富积累的起飞阶段。这一时期，中国打开国门，与世界主要国家恢复邦交和经济往来，打破计划经济体制束缚，加快推进工业化建设，以本币衡量的社会净财富和名义 GDP 复合年均增速达到了 15.93% 和 15.36%。然而由于当时中国经济基础薄弱，产业结构落后，人民币汇率处于低位，因此财富和 GDP 折算为美元后，复合年均增速仅为 5.72% 和 5.18%，低于美国、法国等主要发达国家的年均增速。

第二阶段（1993—2002 年）是中国特色社会主义市场经济体制改革目标确立下的财富加速积累阶段。1992 年 10 月党的十四大召开，确立了"建设有中国特色的社会主义市场经济"的战略目标，中国经济增速开始在全球崭露头角。这一时期，以本币计算的社会净财富与名义 GDP 复合年均增速均超过 15%，折算为美元后，年均增速也高于 10%，远高于同一时期的发达国家增速。

第三阶段（2003—2012 年）是中国财富积累的腾飞时期。随着

2001年加入世界贸易组织，中国经济以更快速度增长的同时，人民币不断升值，以美元计价的社会净财富和名义GDP增速均超过19%，经济表现在全球"一枝独秀"。

第四阶段（2013—2022年）进入中国经济和财富积累的新常态。这一时期，社会财富和名义GDP从高速增长转为中高速增长，以本币计算的复合年均增速分别为8.93%和8.43%。这一增速虽仍然领先于世界大多数国家，但领先优势较此前阶段有所减弱。这一时期，美国财富和名义GDP增长仍然表现出相当强的韧性。特别是新冠疫情期间，2021年和2022年美国财富和名义GDP平均增速超过10%，拉高了新常态阶段美国的财富和名义GDP增速。

2 从未有一国财富如此"接近"美国

相较于GDP，财富在衡量一国综合经济实力方面无疑更具有代表性。因此，越来越多的研究也将国际竞争置于财富比较之上。事实上，最初的财富估算和研究（如配第的"政治算术"）主要是出于国家间竞争（甚至战争）的需要。正因为如此，财富角度的国际比较在大国竞争时代具有更为重要的参考价值。

从社会净财富来看，中国财富总量逼近美国，且远高于其他国家的财富水平。鉴于数据的可获得性，本书以2021年和2022年的数据作比较（见表0-3）。2021年，社会净财富和GDP排在全球前四位的国家分别是美国、中国、日本和德国。2022年，中国的GDP占美国的67.0%，社会净财富占美国的96.7%。并且，中国的社会净财富和GDP均超过紧随其后的日本、德国、法国、英国四国之和。

从中美两国财富的相对变化来看，改革开放以来，中国GDP占美比重以及中国社会净财富占美比重均在不断上升（见图0-4）。

·10· 中国国家资产负债表（1978—2022）

表0-3　　社会净财富与GDP的国际比较（2022年年末）　　单位：亿美元

	美国	中国	日本（2021年）	德国（2021年）
社会净财富	1128299	1091256	351574	251441
GDP	254579	170654	50062	42599
	法国	英国（2021年）	加拿大	澳大利亚
社会净财富	213874	140181	128844	121780
GDP	27829	31886	21379	16998

资料来源：中国数据来源于国家资产负债表研究中心（CNBS）；其他国家数据来源于各国统计部门公布的国家资产负债表，GDP为名义值。

注：除了日本、德国和英国，均为2022年年末数据。澳大利亚较为特殊，国家资产负债表以每年6月1日为核算期末，列报为2022年6月数据。后文国际比较部分，如不做特殊说明，都为这一时间。根据国际标准，各国汇率采用2022年期末汇率，具体数值为美元兑人民币（7.09）、日元兑美元（0.0076）、欧元兑美元（1.07）、英镑兑美元（1.28）、澳元兑美元（0.69）、加元兑美元（0.77）。下同。

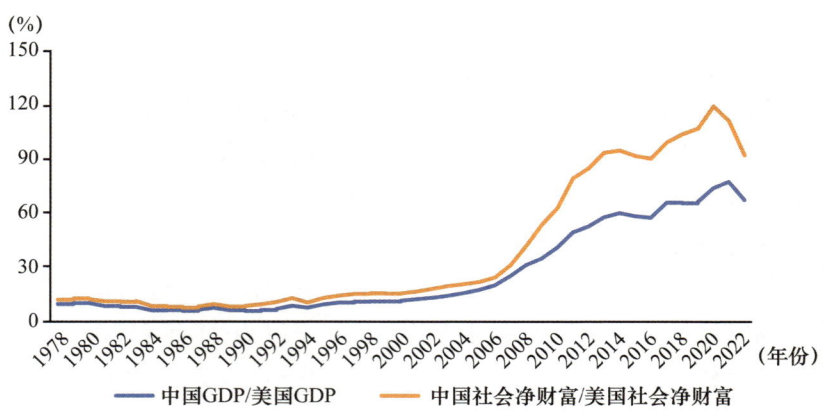

图0-4　存量赶超显著快于流量赶超

资料来源：国家资产负债表研究中心（CNBS）。

改革开放初期（1978—1992年），中国社会净财富逐步增长。但这一时期美国财富增长也较为强劲，受人民币汇率贬值影响，中国社会净财富占美国社会净财富比重反而略有下降。在中国财富追赶阶段（1993—2002年），中国社会净财富占美比重开始稳步上升，从1993

年的13.2%上升到2002年的18.5%。2001年加入世界贸易组织之后，中国GDP与社会净财富增长迅速，流量与存量进入快速追赶阶段。2008年国际金融危机之后，流量赶超"让位"于存量赶超。中国社会净财富占美国比重远远高于中国GDP占美国比重。这一时期存量赶超取得的成就尤为突出，中国财富占美国比重从2003年的19.9%上升至2012年的84.6%。这主要是由于2008年国际金融危机对美国的财富存量造成较为严重的负面冲击，而中国的财富存量仍以较快速度持续增长。2003—2012年（涵盖了21世纪以来中国经济快速增长以及次贷危机对美国财富的破坏），以美元计价的财富增速，中国为19.68%，而美国仅为3.06%。

2012年之后，中国经济进入新常态，经济从高速增长转向高质量发展，GDP增速出现结构性减速，财富赶超速度也有显著下滑。中国社会净财富占美国比重从2013年的93.3%一度增加到2020年超过美国，但在新冠疫情冲击下，这一占比又有所下降，2022年中国社会净财富占美国比重回落至96.7%。

中国经济对美国的流量赶超（GDP追赶），体现为中国GDP总量占美比重的不断上升，根本原因在于改革开放以来中国的GDP增速差不多是美国的4倍。而中国经济对美国的存量赶超（财富追赶），体现为中国社会净资产占美比重的不断上升。其背后的原因有三：一是GDP增长快，流量赶超是存量赶超的基础；二是消费少、储蓄多，中国的国民储蓄率是美国的两倍以上；三是估值因素，特别是汇率因素和房价因素也发挥了重要作用。

第一，储蓄因素。中国社会净财富相对于GDP以更快的速度追赶美国，主要源于中国较高的储蓄率。较高的储蓄率直接对应较高的固定资本形成率，各部门的固定资本形成带来了非金融资产的每期增量。在每期的总产出中，消费占比相对较小，而投资占比相对较高，促进了中国财富总量的更快增长。中国的总储蓄率（Gross Saving Rate）长期保持在40%—50%，而美国的总储蓄率不及中国的一半，其余各主要经济体储蓄率大体处于30%以下水平（见图0-5）。储蓄率决定了中国与其他主要经济体之间资本积累速度不同。近20年来，中国的年均资本形成率为40%，也就是说，总产出中有四成左右通过投资形成了财富积累,而发达经济体的产出大多用于消费,新增资本积累的比例较小。

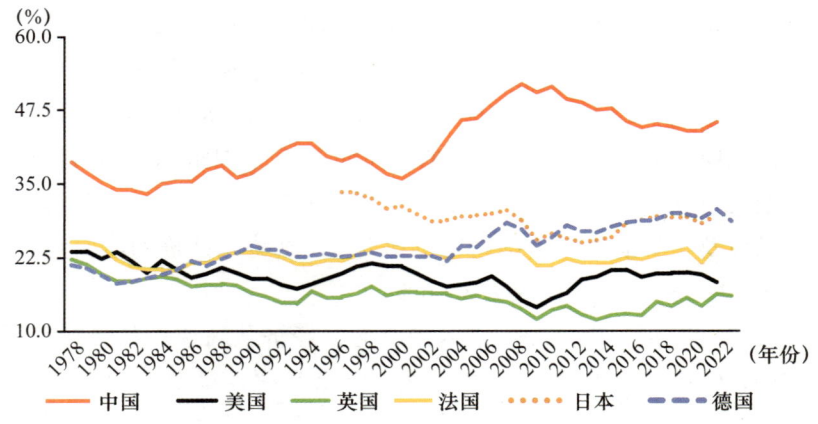

图 0-5　中国总储蓄率水平显著高于全球主要经济体

资料来源:世界银行 WDI 数据库。

第二,汇率因素。主要是人民币相对于美国的汇率波动。1978—1994 年,人民币汇率不断贬值,这一时期的中国社会净财富占美比重呈现轻微的下降趋势。而从 2005 年 "7·21" 汇改到 2015 年 7 月,10 年间人民币相对美元的较大幅度升值(美元兑人民币的汇率从 2005 年 6 月的 8.27,升值到 2015 年 7 月的 6.12,见图 0-6),是造成这一时期中国财富占美国比重较快上升的重要因素。2015 年 "8·11" 汇改之后,人民币兑美元汇率呈现出双向波动趋势,自此汇率因素对存量赶超的影响减弱。2022 年,由于美元升值幅度较大,导致中国社会净财富在折算为美元后较 2021 年出现下降,从而中国社会净财富占美国比重也出现了明显下降。

第三,房价因素。住房财富在社会净财富中占有较大比重,[①] 因此,房价波动对于社会净财富有非常大的影响。对比 21 世纪以来中美房价的变化可以发现(见图 0-7),以 2000 年为 100%,2022 年

---

① 本章第五节有更详细的分析。

中国房价已涨至523%，而美国仅为271%，两国相应复合年均增速分别为8.20%和4.85%。其中，在次贷危机及后续的"大衰退"过程中，两国房价走势分化又最为明显。①

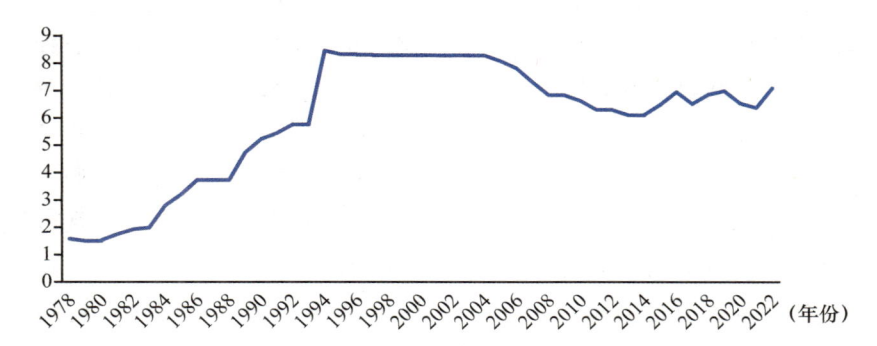

图0-6 美元兑人民币汇率（1978—2022年）

资料来源：CEIC。

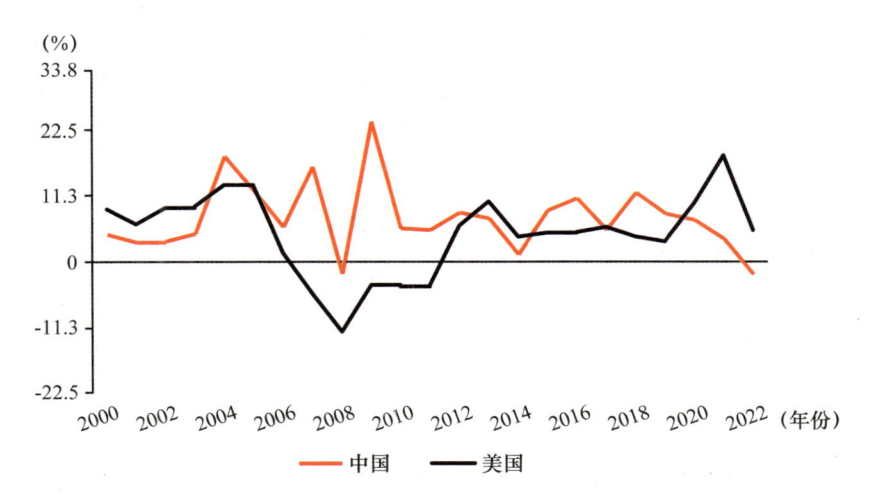

图0-7 中国和美国房价增速比较（2000—2022年）

资料来源：中国数据来自国家资产负债表研究中心（CNBS）；美国数据来自FRED。

注：中国序列为新房价格增速；美国序列为每年12月Case-Shiller房价指数增速。

---

① 当然，自2022年起，中国城市住房价格经受普遍、剧烈的下行压力，相关投资、交易均呈现明显的收缩态势。不难推知，这种此前罕有的现象会导致居民财富的扩张放缓乃至收缩，并拉大与美国在存量上的差距。

考虑到各国国家资产负债表统计口径不完全一致，在进行财富国际比较的时候要非常谨慎。仅就中国和美国的情况而言，两国财富比较就面临着非金融资产特别是土地资产处理方法不一致的问题。具体来说，美国在国家资产负债表估算中，将居民、非营利机构部门、非金融企业部门持有的建筑物与土地价值合并计算未做拆分。但在处理金融部门、联邦政府部门和州政府部门时，鉴于数据的可获得性，美国方面选择了只计算地面建筑物价值而忽略了土地价值。[①] 也就是说，在之前的国际比较中，美国的社会净财富未包含政府部门的土地价值，而中国的社会净财富则包含了国有建设用地的价值。从可比性角度，如果将国有建设用地价值（2022年为32.1万亿元人民币，约合4.5万亿美元）扣除，那么2022年中国的财富规模将缩减为104.6万亿美元，占美国财富的比重由原来的96.7%，下降为92.7%。

作为一种参考比对，这里也展示一下皮凯蒂团队在WID数据库中估算的中美财富情况。按照这一数据，中国财富占美国比重在2013年就已经达到94.9%；并且这一占比是从2003年的不到1/5上升到2013年的超九成水平（见表0-4和图0-8）。

表0-4　　　　　皮凯蒂团队估算中美净财富比较

	1979年	1993年	2003年	2013年	2022年
中国（亿美元）	10007	26900	86855	596298	1403679
美国（亿美元）	79600	220725	447868	628162	1290471
中国占美国比重（%）	12.6	12.2	19.4	94.9	108.8

资料来源：WID。

[①] 关于以上估算范围和方法的问题可进一步参考美国BEA公布的Wasshausen和Bond等相关论文。参见Wasshausen, D., "Sectoral Balance Sheets for Nonfinancial Assets", Bureau of Economic Analysis Working Paper, 2011; Bond, C. A., Martin, T., McIntosh, S. H., et al., "Integrated Macroeconomic Accounts for the United States", Bureau of Economic Analysis, Department of Commerce, Survey of Current Business, 2021。

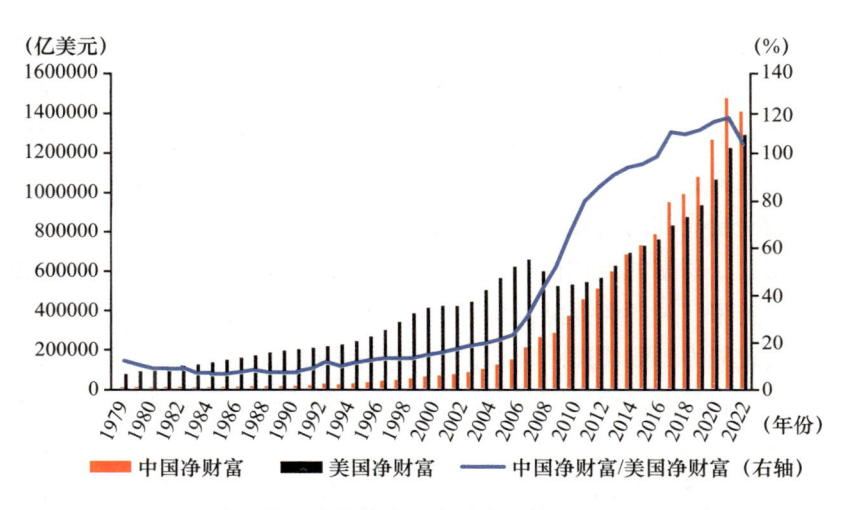

图 0-8 皮凯蒂团队估算中美净财富比较（1979—2022 年）

资料来源：WID。

麦肯锡全球研究院对占全球收入六成以上的十个国家的财富状态展开调查，并就中美财富进行了比较。① 该研究显示，全球净资产从 2000 年的 156 万亿美元增至 2020 年的 514 万亿美元，中国占增长额的近 1/3，超过美国跃居全球财富榜首。中国的社会净资产从 2000 年的 7 万亿美元飙升至 120 万亿美元，加速了中国经济的崛起；美国的资产净值在此期间翻了一倍多，达到 90 万亿美元。中国的财富在 2020 年达到美国的 1.3 倍。

综上，特别是有皮凯蒂团队的研究和麦肯锡的研究作为参照，本研究关于中国财富估算的结果——以财富来衡量的中国综合国力处于世界第二，而且比 GDP 所显示的更接近于美国的实力——总体上是站得住脚的。不过，中美财富比较需要审慎对待，除了此前提到的统计口径问题，还因为从资源配置效率与未来发展潜力看，中国的财富赶超远不如数据指标显示的那样乐观。

第一，"僵尸"企业与地方隐性债务问题。由于数据的可获得性，这个问题还未能在资产负债表中得到充分的反映。尽管部分地方

---

① McKinsey Global Institute, "The Rise and Rise of the Global Balance Sheet: How Productively are We Using our Wealth?", November 2021.

隐性债务如融资平台债务已在企业部门中得到体现，但其他形式的地方隐性债务则没有纳入。"僵尸"企业并非中国独有（如OECD国家有专门对于"僵尸"企业的估算），但这个问题在中国更为严重。因此，如果考虑"僵尸"企业与地方隐性债务，那么中国的社会净财富特别是政府部门财富将进一步缩水。

第二，财富的流动性和变现能力问题。由于中国金融市场发育程度低于美国，对各类商品及资产的国际定价权有限。在面临危机时，财富变现能力不如美国。例如，中国政府的大量对外净财富是以美国国债的形式持有，而这部分财富的最终变现尚依赖于美国政府和金融体系的"配合"。

第三，财富效率问题。财富存量是产生收入流量的基础。财富收入比越高，单位财富所产生的收入越低，产出效率相对越低。中国社会净财富与GDP之比自2000年的538.5%上升到2020年的685.0%，折射出这一时期财富效率的较快下降。之后受新冠疫情冲击，社会净财富与GDP之比下降至2022年的639.5%。尽管发达经济体的财富收入比也呈上升态势（反映出财富效率下降是共性的），但中国与美国财富效率的巨大差距仍然是财富赶超过程中需要高度关注的问题（见图0-9）。

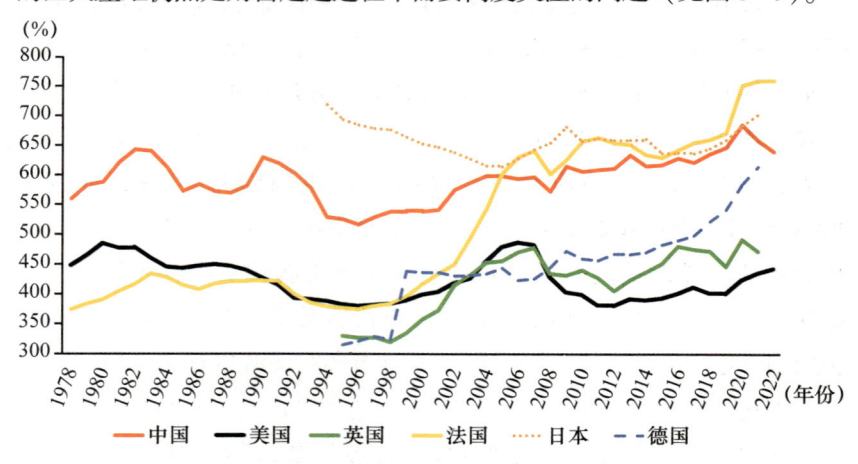

图0-9 社会净财富占GDP比重的国际比较（1978—2022年）

资料来源：中国数据来自国家资产负债表研究中心（CNBS）；其他国家数据来自各国资产负债表。

注：中国、美国、法国为1978—2022年数据；日本、德国、英国为1995—2021年数据。

3 宏观财富分配：国富 VS. 民富

前两节主要侧重的是改革开放以来中国的财富积累，本节关注的则是财富分配，特别是基于政府部门与居民部门的宏观财富分配。

根据本书的有关估算，① 改革开放以来中国居民部门的财富存量扩张明显快于政府部门。如图 0-10 所示，1978 年居民财富占全部国民财富②的比重仅为 13.0%。随着改革开放的不断深入，居民部门财富占比逐步上升，2000 年居民财富占比首次跨越 50%，超过了政府部门的财富占比。此后，中国居民财富占比持续上升，2016 年居民财富占比达到历史峰值 63.8%，之后保持在相对稳定水平，2022 年这一比例为 62.4%。由此也可以说，中国大致形成了一个以"民富"为主体的宏观财富分配格局。值得注意的是，"民富"占比在总体上升的大趋势下，也有起伏。一是在 2008 年国际金融危机的冲击下，中国出台了"四万亿"大规模刺激计划，各地政府通过"融资平台"等方式上马了若干配套投资项目。由于相关投资计划多由政府或国有企业主导，并大量用于高铁、公路、机场等公共交通基础设施，导致随后的四五年间，公共财富相对规模不再趋势性减少甚至时有增大。例如，2013 年公共财富占比达到 42.0%，高于 2007 年 40.5% 的水平。相应地，居民财富比重较快增加的态势也从 2008 年国际金融危机后开始放缓。二是 2016 年公共财富份额降至 36.2% 的阶段性最低值。但此后，在经济发展转型和各种重大内外部冲击影响下，政府部门发展相对加快，公共财富占比稳中有升，2022 年回升至 37.6%。

不过，需要强调的是，中国的宏观财富分配与发达国家相比，有着显著的不同，主要体现在政府部门财富占比虽然自改革开放以来一直处于回落之中，但 2022 年仍接近 40%，远远高于主要发达经济体

---

① 详见本书关于居民部门、企业部门和政府部门的章节。
② 此处"全部国民财富"是指居民净资产与政府净资产合计。

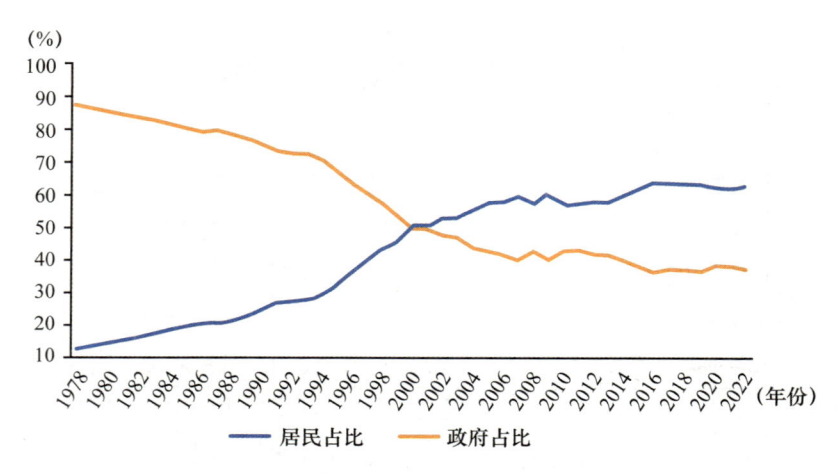

图 0–10　居民与政府（公共）部门在国民财富中的
份额变化（1978—2022 年）

资料来源：国家资产负债表研究中心（CNBS）。

的政府财富占比（见图 0–11）。这一方面充分反映出中国的制度优势（如应对风险能力以及集中力量办大事），另一方面也揭示出宏观分配格局方面的未来改进空间。

第一，宏观财富分配的国别差异与不同的所有制有着密切关联，体现出中国鲜明的制度性特征。中国的公有制为主体与西方的私有制有着根本区别，这也体现在公共财富占比上。核心有两点：一是土地，二是国有企业。中国的土地公有（国有和集体所有），使得土地财富完全归到政府部门；而私有制国家，将土地价值的主要财富归于私人部门。① 这就造成公私财富分配上的较大区别。此外，中国拥有较大规模的国有企业，而私有制国家国有企业的份额相对很小，有的可以忽略不计。

第二，公共财富相对规模不同，实际上同各国政府在经济中的角色差异密切相关。自改革开放以来，随着中国经济体制转轨，市场在资源配置中的地位逐渐提高。特别是在 2013 年 11 月召开的党的十八

---

①　即便是私有制国家如美国，政府部门也会拥有部分土地财富（如国家公园等）。

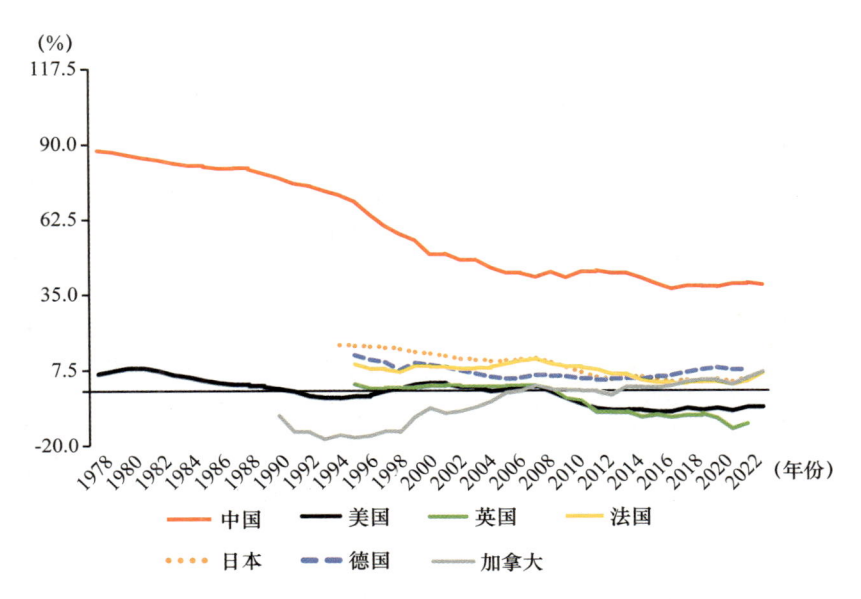

主报告　中国经济的伟大变迁：国家资产负债表的视角　·19·

图 0-11　政府部门财富占社会财富比重的国际比较（1978—2022 年）

资料来源：中国数据来自国家资产负债表研究中心（CNBS）；其他国家数据来自各国资产负债表。

注：由于各国对非金融企业及金融机构的净资产部门归属处理方法不同，所以为提高可比性，此处作为分母的社会财富合计仅包括居民和政府部门净资产。

届三中全会，明确提出"使市场在资源配置中起决定性作用"。[①] 然而，由于各种体制性、阶段性特征，政府在经济发展中的地位作用仍十分突出，尤其具有鲜明的"发展型政府"的色彩。这主要表现为政府通过直接掌握大量经济资源，参与甚至主导各项经济活动。其中，又以基础设施建设、城市化改造、能源资源供给等方面表现最为突出。对比而言，由于先发经济体的政府部门一般以提供市场、社会等机制不能覆盖的、带有正外部性的公共服务为主要责任，所以财富规模较小正是与这一定位相适应的长期制度性安排——尽管各种短期政策和执政理念的差异会对之产生扰动。特别是在逆周期调节中

---

① 《中共中央关于全面深化改革若干重大问题的决定》，人民出版社 2013 年版，第 3 页。

（本质上也是一种公共服务），"服务型政府"会通过调整自身的资产负债表，甚至借助增加债务、降低公共资产质量等方式主动使之"恶化"，以促进私人部门的资产负债表修复。

第三，从中央—地方的结构看，与中国情形迥异的是，发达经济体较小的（甚至为负值的）公共财富主要源自中央一级，而地方政府一般仍有较强财力。例如，2021年，美国联邦政府净资产和州与地方政府净资产分别为 -20万亿美元和11万亿美元；英国相应数值分别为 -1.9万亿英镑和0.5万亿英镑；作为典型的单一制国家，法国则分别为 -1.6万亿欧元和1.8万亿欧元。由此可见，上述的逆周期操作主要是中央政府的职责。特别是对于美国而言，其联邦政府借助国家信用和美元的国际货币地位，向全球发行国债，并以自身持续"亏损"的方式支持私人部门的财富积累与周期平抑。[1] 就此，也有研究表明，美国联邦政府资产负债率同居民部门资产负债率有显著的互动关联，特别是前者在吸收后者遇到的债务冲击中扮演了重要角色，而州与地方政府没有这种平抑债务杠杆的作用。[2] 与之形成对照的是，尽管通过宏观调控减弱周期波动仍主要是中央层面的政策目标，但中国中央政府财务状况在整体上较地方政府更加稳健。本书第四章将进一步展示，近年来公共债务的增加大部分来自地方政府。相应地，这也意味着在宏观调控中，中国中央政府实际上有着更多的财政政策空间与资源动员能力——无论是对比地方，还是横向对比其他国家。

第四，中国的宏观财富分配还有改进空间。与国际相比，中国相对较小的"民富"（居民财富）和较大的"国富"（公共财富）有利有弊，需要辩证看待。就其积极方面而言，在现代化的初级阶段，后发经济体往往面临市场制度尚未成熟、市场竞争较不充分、内部产业发展失调、与前沿国家差距巨大等诸多困境。此时，较大的政府部门

---

[1] 例如，在新冠疫情期间，美国特朗普和拜登政府均开展了规模逾万亿美元的针对私人部门的救助计划。

[2] Li, C., "Financial Leverage Interactions: Evidence from US Households and Government Sectors", *Applied Economics Letters*, Vol. 30, No. 6, 2023, pp. 838–842.

和较强的政策干预会在一定程度上造成"良性扭曲",并通过集中优势资源、优化产业发展次序、统筹发展与安全等途径,显著提升整体经济效率,实现工业化进程的"起飞"。① 同时,规模巨大的公共财富也为抵御外生冲击、平滑周期波动提供了充足的财力支持和政策空间,特别是有助于避免危机时刻在扩张政策与"财政整固"(Fiscal Consolidation)之间做出痛苦抉择。② 这一点在中国有效应对1997年亚洲金融危机、2008年国际金融危机以及新冠疫情等重大危机中表现得尤其明显。与之形成鲜明对照的是,公共财富贫弱甚至亏损的经济体,如许多南欧国家,则在这方面有过惨痛经历。③ 此外,从基础设施、保障性住房、公共事业服务等多方面看,"大"而"强"的公共财富为维护公平正义、防止贫富分化、实现共同富裕提供了坚实的物质基础,因而也成为中国特色社会主义市场经济的鲜明特征。就其不利方面而言,随着经济迈入更高发展阶段,市场经济制度逐渐完善,多元主体走向成熟,市场的高效配置资源能力相应增强,面对冲击的自发调节能力也得以提高。在这一新的背景条件下,过多(度)政府主导对资源配置的不利影响开始凸显。实际上,过量的公共财富存量在某种程度上恰恰反映了政府在提供公共服务方面的缺位与短板。而且,由于体制机制原因,持有巨额公共资产也会存在运营效率不高、供给需求失洽、经济社会效益偏低等一系列严重弊端,④ 更可能挤占私人部门面向市场的投资创新与财富积累,并抑制财富效应对居民消费的促进作用。后一点则从存量层面部分地解释了中国居民消

---

① 张晓晶、李成、李育:《扭曲、赶超与可持续增长——对政府与市场关系的重新审视》,《经济研究》2018年第1期。

② 李扬、张晓晶、常欣等:《中国主权资产负债表及其风险评估(上)》,《经济研究》2012年第6期;李扬、张晓晶、常欣等:《中国主权资产负债表及其风险评估(下)》,《经济研究》2012年第7期。

③ 这一两难之选主要是指:由于公共财政状况不佳,公债信誉下降,在面对危机时,政府一方面需要采取扩张性政策以平抑波动,另一方面又需要财政节约以减少赤字。这一状况在欧洲主权债务危机中表现得异常突出。参见张晓晶、李成《欧债危机的成因、演进路径及对中国经济的影响》,《开放导报》2010年第4期。

④ 当然,公共资产效率低下等问题并不仅限于中国等发展中国家,而是具有较强的普遍性。就此可参阅邓达德和福斯特所介绍的发达国家经验。参见[瑞典]邓达德、斯蒂芬·福斯特《新国富论:撬动隐秘的国家公共财富》,叶毓蔚、郑玺译,上海远东出版社2016年版。

费倾向长期偏弱这一制约中国经济持续健康发展的顽疾。

总之，随着经济社会的发展，市场与政府的角色定位也处于不断的转型、调试之中。这种变化在由计划经济向市场经济过渡的体制转轨中体现得尤其明显：市场在资源配置中的角色、地位日益突出，乃至上升为决定性力量，而政府面临如何更好地发挥作用，特别是实现从"发展型政府"向"服务型政府"的身份转化。在这一历史进程中，"民富"与"国富"的规模、结构及调整机制都将经历深刻变革，并与市场—政府的关系密切互动。尽管不能简单评判这种相对规模及其变化趋势的优劣和"适度性"，[①] 但各种稳增长、抑波动、调结构、促公平、保安全等公共政策目标都应考虑这一具有鲜明体制性和发展阶段性的存量分配结构，围绕贯彻新发展理念、构建新发展格局和推进高质量发展的要求，与时俱进，动态调整，以实现"民富"与"国富"的积极互动和可持续积累。

4 资产—负债扩张的同步与分离[②]

一个时期以来，对于中国宏观杠杆率的快速攀升以及债务规模的大量积累，国内外都给予了高度关注，国际评级公司也为此发出警告。中国的债务风险问题显然是不容忽视的现实存在。不过，如果只看到债务扩张而看不到资产积累，那么，对中国债务风险的评估就失之偏颇甚至具有极大的误导性。事实上，改革开放以来，中国资产—负债的同步扩张，恰恰构成中国经济发展的一个鲜明特色，这本身尽管蕴含着中国发展模式存在的一些结构性问题，[③] 但也带来中国发展

---

① 杨春学、杨新铭：《所有制适度结构：理论分析、推断与经验事实》，《中国社会科学》2020年第4期；杨春学、杨新铭：《多种所有制经济的共同发展：一种综合性的解释》，《中国工业经济》2023年第10期。

② 本节分析的总资产包括居民、非金融企业、政府三部门总资产；总负债包含居民、非金融企业、政府三部门贷款以及政府部门和企业部门发行的债券。

③ 典型的是高储蓄—高投资发展模式，使得债务扩张带来资本形成，但由此造成消费不足，特别是居民消费不足。这不仅妨碍了百姓福利以及获得感不能随着经济快速增长而得以提升，而且消费不足还是造成需求乏力从而妨碍增长的重要因素。但不能因此否定过去的高储蓄—高投资以及资产—负债同步扩张的模式。

的一大优势，即以大规模的资产积累来支持增长、集中力量办大事并应对潜在的债务风险，这与西方主要发达经济体迥然相异。未来，随着经济增速放缓以及人口老龄化加速，中国资产—负债扩张的同步性会被弱化，而呈现出二者的分离特征。这也是我们需要关注到的新变化和新挑战。

中国资产积累与负债积累的同步特征，在图 0－12 中得以呈现。就实体经济三部门（居民部门＋政府部门＋非金融企业部门①）而言，1978—2022 年，中国总资产从 2.6 万亿元上升到 1435.8 万亿元，复合年均增长率为 15.5%。中国总负债从 0.5 万亿元上升到 343.9 万亿元，复合年均增长率为 15.9%。虽然负债增速略高于资产增速，但总资产远远大于总负债，因此，最终保有较大规模的实体部门净资产。

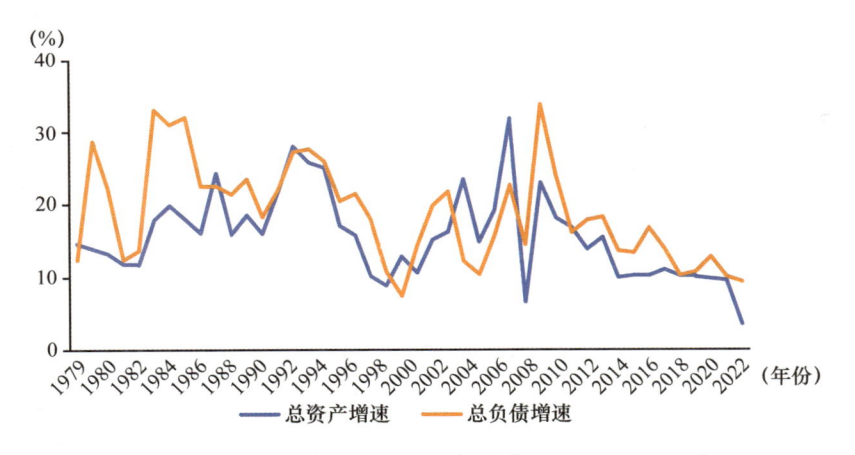

图 0－12　中国社会总资产和总负债增速（1979—2022 年）

资料来源：国家资产负债表研究中心（CNBS）。

中国的资产—负债扩张的同步性，在不同的发展阶段也呈现出不同的特点。

---

① 按照国家资产负债表的编制逻辑，非金融企业部门的净资产也是由居民部门和政府部门最终持有，因此居民、政府两部门与非金融企业部门的资产负债实际上存在部分重合。但鉴于本节内容重点在于刻画资产—负债的同步与分离，为更好地反映部门之间的资产—负债关系变动情况，因此选取上述三个实体部门作为研究对象。

在改革开放初期（1978—1992 年），农村改革大刀阔斧，农村居民收入较快增长；工业化较快推进，乡镇企业以及其他非公经济蓬勃发展，在吸纳大量农村剩余劳动力进城务工的同时，带动城乡居民财富快速增长，居民部门资产复合年均增长率高达 22.8%，增速处于 1978—2022 年的峰值水平，且显著高于其他部门资产增速。同时，中国的金融体系还处在计划向市场转型过程中，对于实体经济的支持有限，债务扩张保守，以企业贷款为主，居民部门仅有少量负债。因此，总体上呈现出资产增速远大于负债增速的特点。

改革开放之初，中国债务总体攀升速度快于资产积累速度（见图 0-12）。这主要是由于中国在 1978 年之前的负债极低（"既无外债，也无内债"是改革开放前占主导性的政策理念），1978 年实体经济部门总负债为 0.5 万亿元，同期总资产为 2.6 万亿元。到 1992 年，三部门的总负债增长至 3.2 万亿元，总资产增长至 22.2 万亿元。从资产端来看，这一时期，政府资产在社会总资产中占据最大份额，而居民部门资产增速最快。改革开放初期，中国工业化水平较低，农业地位突出，政府持有的国土资源资产在社会中占据重要位置。大致来看，政府资产在社会总资产中占比接近一半，而国土资源又在政府资产中占比接近一半。从资产增速来看，居民部门资产增速最快，复合年均增长率达 22.8%。这主要是由于乡镇企业以及私营企业、个体工商户、外资企业等非公经济在这一时期经历了"从无到有"的快速增长，带来居民收入的提高和居民存款［复合年均增长率（下同）33.1%］的大幅增长，以及家庭联产承包责任制的推广带来农村住房资产的快速增长（18.0%）。从负债端来看，企业贷款是负债的主要形式，从 1978 年的不到 2000 亿元增长到 1992 年达到 1.8 万亿元，复合年均增长率为 22.3%，1992 年企业贷款占全社会总负债的比例超过八成。这一时期，随着工业化进程的加速，企业开始通过银行贷款扩大投资，企业部门资产负债率也呈现稳步上升态势，从 1978 年的不到 20% 增长至 1992 年的接近 40%。而同期居民和政府的负债则比较有限：1978 年，居民部门和政府部门均无负债；1992 年，居民部门出现一些经营性贷款，约 2000 亿元；政府部门负债包括贷款和债券两种形式，1992 年二者合计约 3000 亿元。

中国经济加速赶超阶段（1993—2012 年），1992 年邓小平同志南方谈话吹响了建设社会主义市场经济的号角，1992 年 10 月党的十四大召开后，中国市场经济活力进一步释放。财富创造与财富积累都有了快速提高。这一时期，在城镇化加速发展和加入世界贸易组织等的推动下，居民资产仍然处于快速扩张阶段，复合年均增速仍然处于高位；但由于房产构成居民资产的主要部分，居民负债也快速增长，复合年均增速为 25.1%，政府部门社会保险、债券等负债也增长较快，总体上形成了资产与负债齐头并进、共同高速增长的局面。

2000 年前后，住房制度改革与城镇化的快速推进，很大程度上改变了过去工业化主导时期的资产—负债扩张模式，使得资产积累以房地产和基础设施为主，而负债扩张则以居民抵押贷款、房地产开发贷款增长为主。在 2008 年国际金融危机冲击下，中国推出"四万亿"刺激计划，带来政府部门资产积累（包括国有企业资产以及基础设施建设）；同时，地方债务（包括融资平台债务）也出现大幅攀升。从资产端来看，这一时期增长最快的仍然是居民部门，复合年均增速为 21.2%，主要由城镇居民住房拉动。在城镇化的快速发展和城镇居民住房市场化改革的推动下，中国城镇居民住房资产从 1993 年的 1 万亿元左右上升至 2012 年的 87.5 万亿元，复合年均增速高达 25.0%。同时，居民存款快速增长（19.4%），持有的股权、基金、股票、保险、债券等各类金融资产也保持了较高增长，增速超过 20%。政府部门这一时期加大基础设施建设力度，在建工程（37.2%）、公共基础设施（24.2%）、建设用地（20.9%）均保持高速增长；同时，由于国有企业的做大做强，政府持有的股权资产也保持了较快增长（14.9%）。非金融企业部门资产同样增长迅速（17.2%），固定资产及各类金融资产均快速增长，存货资产占比则进一步下降。这一时期，中国对外开放的步伐不断加快，特别是加入世界贸易组织带来中国出口的大幅增长，国际收支呈现贸易—投资双顺差的局面，也带动了整个社会总资产的强劲增长。在负债端，居民和企业两部门负债与资产的增速大体相当，而政府部门负债增速则高于资产增速。居民部门负债增速最高（25.1%）。受房地产市场繁荣的影响，居民住房贷款从 0 元增长至 7.5 万亿元，复合年均增速21.3%；同时，居民部门的经营性贷款、消费贷款也开始逐步增长。政府部门复合年均增长率达到22.2%，主要是因为社会保险（28.9%）和债券（23.6%）增长较快。非金融企业部门负债的特点是：随着金融市场的发展，企业的债券融资、股票融资占比显著增长，银行贷款占比则相对下降。

随着中国经济进入新常态（2013—2022年），中国经济由高速增长转向高质量发展，经济增速有所下降，中国资产—负债的积累速度也显著放缓。居民部门资产复合年均增速降至10.5%，政府部门资产复合年均增速也降至9.4%，全社会资产增速不到前一时期增速的一半。负债增速也有所下降，但居民部门负债复合年均增速为16.5%，政府部门负债复合年均增速为17.1%，显著高于同期的资产增速。这一时期，全社会负债增速高于资产增速，各部门均出现了不同程度的债务高企问题，随着经济下行压力加大，房地产、地方债务风险不断集聚。

从资产端来看，三部门各自总资产的增速显著下降。居民部门总资产增速下降幅度最大，2013—2022年复合年均增速为10.5%，较前一阶段下降了10.7个百分点。居民城镇住房（10.5%）、汽车（9.2%）、存款（11.6%）等主要资产的增速均较前一时期明显下降，保险、债券、股票、基金等金融资产增速均超过10%，但增速不及前一时期增速的一半。政府部门这一时期总资产增速降至9.4%，公共基础设施建设增速也降至8.7%，但在建工程增速却高达82.8%，表明这一时期政府拉动经济增长意愿仍然十分强烈，但很可能有大量投资尚未完工交付，出现了阶段性的资源闲置问题。企业部门总资产复合年均增速降至9.9%，主要特征是金融资产波动性增强，这是因为各类资产增速下降后，股票、基金等资产的价值受金融市场行情的影响更为明显。从负债端来看，各部门负债增速也显著下降。居民部门总负债复合年均增速降至16.5%，住房贷款、经营性贷款增速均有不同程度下降，消费贷款增速则有所上升（21.1%）。政府部门总负债增速高于居民部门，为17.1%，主要是由于政府债券的增速仍然较高（21.8%）；同时，由于中国人口老龄化，社保缴纳增速下降而支出增速上升，由此政府部门的社会保险增速（12.0%）

也开始下降。企业部门的负债增速降至 10.0%，同时也表现出波动性增强的特点。

纵观改革开放以来的资产—负债演变，可以看出二者的匹配关系在不断发生变化。总体而言，1978—2022 年，中国实体部门资产—负债增长速度大致相当。值得指出的是，中国资产—负债扩张的同步特征，与主要发达经济体有着较大区别。正如国际货币基金组织的一项研究指出的，过去四十多年里，尽管总债务与 GDP 的比重增加了一倍多，实际投资与 GDP 的比重却保持不变甚至下降。原因在于，这些债务主要是为非生产性负债需求即主要为家庭和政府的非生产性消费提供资金，而不是为投资提供资金。[①] 这一点在发达经济体中表现得最为明显，而中国与之截然不同。发达经济体资本形成不足问题，早在 20 世纪 70 年代就引起了西方经济学界的关注。世界银行数据显示，随着 20 世纪 70—80 年代实际利率的上升，发达国家总投资率出现下滑，就 OECD 成员国平均而言，固定资本形成总额占 GDP 比重由 1970—1979 年的 26.4% 下降到 2010—2022 年的 22.2%。而中国固定资本形成总额占 GDP 比重则从 1970—1979 年的 34.0% 上升到 2010—2022 年的 44.4%，始终高于发达国家平均水平。[②] 考察一下发达经济体当前的债务结构，可以发现，截至 2023 年第四季度，企业部门债务占实体经济总债务比重不到 1/3，而政府与居民债务略超 2/3。[③] 一般来说，企业债务更多用于投资，而政府与居民债务更多用于消费。尽管居民抵押贷款也会形成房地产投资，但发达经济体居民抵押贷款的增长也主要是用于购买存量房产，而非形成新增房地产投资。发达经济体的政府负债则主要用于社保、转移支付、补贴低收入群体以及政府运转等非生产性支出，也未能形成相应的资产。而在中国的债务结构中，国家资产负债表研究中心数据显示，截至 2023 年年末，企业、居民和政府债务分别占 58.5%、22.1% 和 19.4%。中国居民债务支持消费的很少，其主体是抵押贷款，主要支撑了房地产

[①] Mian, A., "Breaking the Debt Supercycle", Finance Development Magazine, IMF, 2024.
[②] https：//data.worldbank.org/indicator/NE.GDI.TOTL.ZS? view = chart.
[③] https：//data.bis.org/topics/DSS/data.

投资；中国地方政府负债（包括大量融资平台债务）也主要用于投资特别是基础设施建设。中国资产—负债扩张的同步性与经济快速增长时期的高储蓄、高投资完全契合：正是有了高储蓄——收入中用于消费的部分较少，用于积累的部分较多，才有了高投资——通过资本形成，完成财富积累。

不过，随着中国经济进入新常态以及人口老龄化加速阶段，中国资产—负债扩张也可能出现分离（正如当今的发达经济体一样），这是中国经济即将面临的新局面，也是新挑战。概括起来，未来中国债务积累与资产积累的分离原因主要有以下四个方面。

第一，信贷密集度上升。也就是说，单位信贷产生的收入在下降，即信贷增长与收入增长出现了喇叭口。这里的原因有很多：一个重要的原因是信贷配置效率在下降，如信贷支持了低效率企业甚至是"僵尸"企业；另一个重要的原因是现存资产融资导致的信贷扩张对产出增长作用甚微。以发达国家为例，截至2010年，17个发达经济体房地产信贷占全部银行信贷接近60%。但这些信贷主要是为存量资产（房地产）融资，往往并不伴随新的投资和资本形成。中国将来也会面临这样的情况。

第二，大量债务用于还本付息而非扩大投资。由于债务规模庞大，利率相对较高，利息负担很重，导致新增债务主要用于还本付息，不能形成新增投资。

第三，随着中国经济增长由投资驱动模式转向消费驱动模式，大量债务攀升用于支持消费而不是投资，这和发达经济体曾经走过的路较为一致，必然导致债务积累与财富积累的分离。

第四，人口老龄化和共同富裕考量带来的影响。随着人口峰值的提前到来加上人口老龄化加速，养老保障缺口不断扩大，形成政府的或有债务；共同富裕考量，使得在政府收入增速下降情况下，更多的发债主要用于支持转移支付以及社保医疗教育等方面。这个时候，由债务攀升到资本形成，就出现了缺口。

以上几个因素共同作用，使得债务攀升与资产积累产生分离。这意味着，尽管债务积累与资产积累同步是中国经济快速增长时期的鲜明特点，但这个特点也将会随着中国进入新的发展阶段而发生变化。

我们需要用动态的眼光来审视中国的发展，关注其中的功绩与风险。①

5 长时段的房地产财富演进规律

21世纪初，随着城镇化的加速推进以及住房制度改革，中国的房地产业快速发展，成为拉动经济增长名副其实的"支柱产业"。相应地，房地产价值也在不断攀升，在国民财富中的占比逐步提高。不过，随着经济减速、城镇化进程放缓、人口老龄化加剧，再加上新冠疫情冲击与调控因素，中国房地产面临前所未有的下行压力。一方面，所谓的中国房地产"顶峰论"甚嚣尘上；② 另一方面，中国城镇房地产价值在2022年出现了首次缩水，社会上也几乎出现了一边倒的房地产悲观论。

近期，中国房地产市场供求关系发生重大变化，房地产的大调整不可避免。从这个角度，房地产出现阶段性峰值有一定道理。但从中长期来看，基于主要发达经济体房地产财富长期演进的规律性认识、数字技术革命带来的要素价值重估效应以及中国新型城镇化的持续推进，那些鼓吹中国房地产"顶峰论"、唱衰中国房地产的论调恐怕就站不住脚了。

我们利用国家资产负债表数据，估计了美国、英国、德国、法国、日本、加拿大、澳大利亚和中国共8个主要经济体住房资产占社会净资产比重的数据，并进行国际比较。③ 作为参照，此处展示了

---

① 资产—负债扩张的分离，一方面，意味着可能有更多的债务扩张支持了消费，这会提升人民的福利，可以说是"功绩"；另一方面，意味着更多债务对应着较少的生产性投资和资本形成，使得债务与资产之间不匹配，从而加大债务风险。

② Rogoff, K. S., and Yang, Y., "Peak China Housing", NBER Working Paper 27697, 2020.

③ 需要说明的是，本节定义的住房资产价值是指住房建筑和其所占土地的价值总和，并不包括其他建筑物和其土地价值。国家资产负债表研究中心（CNBS）发布的中国国家资产负债表住房价值中包含了住房土地价值，从概念上与美国国家资产负债表中的房地产类似。由于中国房地产开发所需费用中包含了土地购置费用，住房资产的市场价格是由房地产开发商在考虑土地购置费用后成本加成形成的。因此，我们认为，利用经折旧调整的住房面积和新房出售价格估算的住房资产价值中已经包含了住宅土地价值。

本节估算结果与皮凯蒂研究团队在世界不平等数据库（WID）中公布数据的比较情况（见表0-5）。可以看到，使用本节估算方法计算的"住房资产/社会净资产"指标与使用WID数据计算的结果相差不大。

表0-5　与皮凯蒂团队"住房资产/社会净资产"估算结果比较　　单位：%

国家	皮凯蒂团队估算结果	本节估算结果
中国	35.68	35.71
美国	45.75	44.61
加拿大	53.99	50.03
澳大利亚	57.38	55.74
日本	29.87	30.05
法国	55.22	51.92
德国	48.09	48.35
英国	63.97	66.12

资料来源：国家资产负债表研究中心（CNBS）；相关国家统计当局。

注：比较年份为2015年，选择该年份的原因是WID中中国相关数据截至2015年。

从截面数据来看（见图0-13），2022年中国住房资产占社会净资产比例为37.96%，对比其他国家仍处于较低水平。德国、加拿大、美国和法国住房资产占比相差不大，都处于50%左右。澳大利亚和英国住房资产占比较高，尤其是英国，其比重达到66.30%的高位。

从时间序列来看，住房资产价值规模扩大并不必然导致其在社会财富中的比重上升。中国、美国、英国和加拿大呈现出住房资产价值规模和财富占比同时扩大的态势，住房资产价值相对其他社会财富拥有更高的增长速度。法国在2005年之前呈现出与上述四国相同的趋势，2005年之后与德国、澳大利亚一样，呈现出住房资产价值规模扩大但其财富占比相对稳定的特征。尤其是德国，2022年住房资产价值规模相比于2000年扩大了2.43倍，其在社会财富中所占比例却连续22年基本不变，这表明了德国社会财富中住房资产和其他财富的增长维持在一个较为平衡的水平上。日本是唯一一个住房资产价值规模和财富占比都长期下降的国家，20世纪90年代日本房地产泡沫破裂和人口长期负增长带来的持久性影响可能是造成日本有别于其他国家的重要原因。

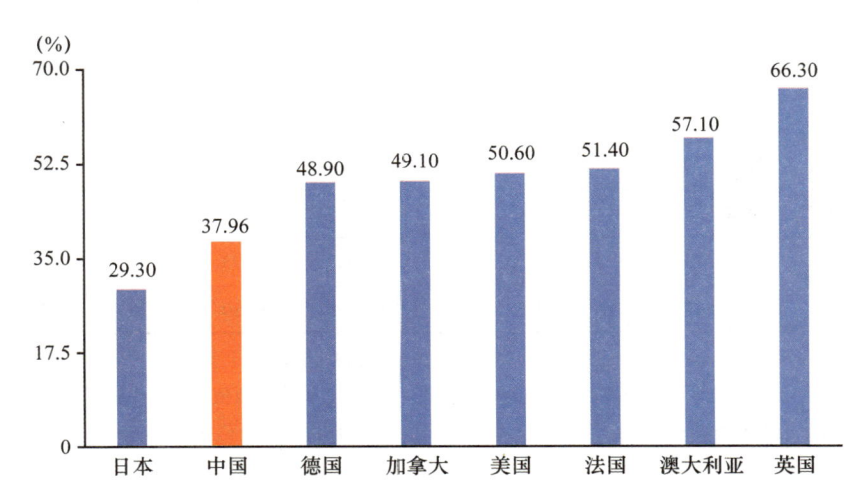

图 0-13 住房资产占社会净资产比重（2022 年）

资料来源：国家资产负债表研究中心（CNBS）；相关国家统计当局。

注：英国和日本数据为 2021 年数据。

表 0-6 住房资产价值相对规模和其在社会净资产中的占比

		1995 年	2000 年	2005 年	2010 年	2015 年	2020 年	2022 年
中国	规模倍数	1	2.12	5.11	10.25	19.23	33.95	35.38
	财富占比	0.25	0.31	0.36	0.32	0.36	0.39	0.38
美国	规模倍数	1	1.50	2.64	2.17	2.74	3.88	4.90
	财富占比	0.40	0.43	0.49	0.42	0.45	0.51	0.51
加拿大	规模倍数	1	1.36	1.96	2.87	4.03	5.74	6.66
	财富占比	0.44	0.39	0.42	0.48	0.50	0.52	0.49
英国	规模倍数	1	1.62	3.33	3.66	4.78	5.88	—
	财富占比	0.44	0.52	0.65	0.63	0.66	0.67	—

续表

		1995 年	2000 年	2005 年	2010 年	2015 年	2020 年	2022 年
法国	规模倍数	1	1.35	2.57	3.21	3.35	4.25	4.80
	财富占比	0.46	0.47	0.52	0.53	0.53	0.52	0.51
德国	规模倍数	—	1	1.13	1.31	1.60	2.15	2.43
	财富占比	—	0.49	0.49	0.49	0.48	0.48	0.49
澳大利亚	规模倍数	—	—	—	1	1.29	1.63	2.25
	财富占比	—	—	—	0.54	0.56	0.56	0.57
日本	规模倍数	1	0.93	0.77	0.75	0.73	0.77	—
	财富占比	0.39	0.38	0.33	0.32	0.30	0.29	—

资料来源：国家资产负债表研究中心（CNBS）；相关国家统计当局。

注：规模倍数的计算方法是选定各国数据集中的特定年份（数值为1）作为基期，之后用其他年份住房资产价值除以基期数值。财富占比是住房资产价值在社会净资产中的比重，与前文的定义相同。

如果我们从更长时段来考察房地产财富占比的变化，或许能够更好地把握房地产财富演进的规律。

房地产作为社会财富的重要构成，在从农业社会向工业社会转型的过程中，其角色也在不断地演变。从农地财富占社会净财富的比重来看，英国农地财富1664年为61.0%（来自配第的估算），1750年为54.0%；法国在18世纪初为66.7%，拿破仑战争期间为50.6%；美国在独立战争前的1774年为52.9%；加拿大1860年仍为50.8%，之后，农地财富逐步回落，而房产财富较快上升。尤其是第二次世界大战后，房产财富占社会财富比重大幅上升。英国由1945年的31.0%，上升到2022年的61.9%。法国由1945年的28.6%上升到2022年的72.0%。德国从1950年的27.0%上升到2022年的53.7%。美国由1945年的35.8%上升到20世纪50年代平均超过50%的水平，这也是美国房产财富占比的高峰。此后，房产财富占比起起落落，2022年回落到41.3%。美国之所以如此，或许是因为其他财富（如科技创新所带来的财富）增长更快。加拿大在1955年超过了40%，20世纪90年代初超过了60%，之后有所回落，目前为

54.0%。日本1970年为42.0%，1990年泡沫经济破灭前达到顶峰（48.1%），之后回落（主要受泡沫经济破灭影响），2021年占比仅为36.2%。①

基于以上数据分析发现，传统农业社会，农地财富占比一般会达到1/2—2/3，之后逐步回落，到现在基本上是在5%以下，甚至更低。而房产财富占比，在传统农业社会一般只占十分之一二，但第二次世界大战后均有一个快速的攀升，目前主要发达经济体的房产财富占比都接近或超过社会净财富的一半。相关数据显示，2001年至今的平均占比，英国为55.5%，法国为68.8%，德国为49.3%，美国为43.9%，加拿大为54.1%，日本为37.2%，澳大利亚为57.5%，中国为34.8%。麦肯锡的研究也表明，2020年，包括土地在内的住房资产价值占全球净资产比重已经达到46%，是全球财富中占比份额最大的资产类型；而包括企业和政府大楼以及与之相关土地在内的价值又占到额外的20%。②

在农业社会，农地财富是整个社会财富中的主要构成；从农业社会到工业社会，农地价值占比在下降（因为农业产出占整个社会产出的比重在下降），但房产价值占比在上升（工业化与城镇化使得城市房地产价值大幅上升）。那么，在工业社会向后工业社会转型过程中，特别是随着数字化技术以及人工智能革命的出现，土地和房产价值将会继续上升还是大幅回落呢？按照ChatGPT之父奥特曼的说法，在万物摩尔定律作用下，土地价值将会以更快的速度增长。"美国还有价值约30万亿美元的私人土地（不包括土地上的改良）。假设这个价值在未来十年也将翻一番——这比历史增长率要快一些，但随着世界真正开始理解人工智能将导致的变化，土地作为为数不多的真正有限的资产，其价值应该以更快的速度增长。"③ 诺贝尔经济学奖获

---

① 以上估算数据源自三份材料：《21世纪资本论》图表数据、"Capital is Back: Wealth-Income Ratios in Rich Countries, 1700–2010"数据附录和 WID 数据库。依据数据编写时间距离当下的远近，优先采用 WID 数据，其次为文章数据，最后为书中数据。

② McKinsey Global Institute, "The Rise and Rise of the Global Balance Sheet: How Productively are We Using our Wealth?", November 2021.

③ Altman, S., "More's Law for Everything", 2021, March 16, https://More's.samaltman.com.

得者斯蒂格利茨通过构建模型也得出了类似的结论：[1] 与工业发展的早期相比，不可再生资源与劳动和资本间的互补性降低，即不可再生资源要素的约束越来越难以用劳动与资本替代。以土地为例，只要土地与其他生产要素（资本和劳动）之间的替代弹性足够小，土地所占份额就会随着时间的推移而增加。极限条件下，一旦人类劳动完全可以被机器劳动所替代，土地就会成为约束条件。经济中的主体将会竞争稀缺的不可再生资源（如土地），从而推高其价格。事实上，历史上任何重大的技术变革，必然带来要素价值的重估；数字技术革命带来土地及与之相关的房地产价值的重估也就不足为奇了。

以上分析表明，就发达经济体而言，虽然其城镇化早已完成，并受人口老龄化的困扰，但是这并不妨碍房地产仍然是社会财富的主要形式——占比很高且相对稳定。这与土地本身的稀缺性，人们对于居者有其屋的基本诉求，房产财富在实际功用、价值储存和代际传递方面的独特优势，以及人工智能等新一代技术革命带来要素资源、商品服务等相对价格的变化，都有着非常密切的关系。正因为如此，我们需要从更长时段来准确把握房地产的演进规律，促进中国房地产的高质量发展。

第一，坚持稳中求进，"先立后破"，给予房地产合理定位。房地产业链条长、涉及面广，事关经济增长、地方财力、金融稳定和民生福祉，在经济社会发展中具有不容忽视的地位，对宏观经济运行具有系统性影响。与房地产相关的贷款占银行信贷的比重接近40%，房地产业相关收入占地方综合财力的50%，房地产占城镇居民资产的60%。过去高度依赖房地产拉动经济增长的模式确实需要转变，但这需要一个过程，"先立后破"。并且，新的增长动能（如绿色低碳产业、高新科技产业、新基建等）也并不是对房地产的完全替代，而是让房地产回归到一个合理的位置。

第二，中国新型城镇化仍在持续推进，房地产高质量发展还有相

---

[1] Korinek, A., and Stiglitz, J. E., "Artificial Intelligence and Its Implications for Income Distribution and Unemployment", in Agrawal, A., Gans, J., and Goldfarb, A., eds., *The Economics of Artificial Intelligence: An Agenda*, University of Chicago Press, 2018, pp. 349–390.

当大的空间。2023年中国的人口城镇化率为66.16%，而户籍城镇化率仅为47%左右，相差近20个百分点。从这个角度，中国仍处在新型城镇化较快推进阶段，因此对于住房需求的支撑是存在的，包括新增住房需求、改善性住房需求以及存量房的更新改造需求等。从贯彻落实好党的二十届三中全会精神的角度，应加快建立租购并举的住房制度，加快构建房地产发展新模式，消除过去"高负债、高周转、高杠杆"的模式弊端，加大保障性住房建设和供给，满足工薪群体刚性住房需求。支持城乡居民多样化改善性住房需求。充分赋予各城市政府房地产市场调控自主权，因城施策，允许有关城市取消或调减住房限购政策、取消普通住宅和非普通住宅标准，并建立与之相适应的融资、财税、土地、销售等基础性制度。

第三，就长时段而言，中国房地产价值占社会净财富的比重还有上升空间。相较于主要发达经济体房地产财富占社会净财富比重都在50%，有的甚至达到60%—70%（如英国、澳大利亚），2022年中国这一占比仅为38%。这表明，随着人均GDP不断提升，中国逐步进入更加富裕的社会，房地产价值占比并不是下降而可能是有所上升；再考虑到数字技术革命与人工智能发展对土地与房地产的价值重估效应，从更长时段来看，要抛弃房地产一片悲观的论调，那种鼓吹中国房地产"顶峰论"的说法是完全站不住脚的。

6　结语和进一步讨论

从国家资产负债表视角展示改革开放以来中国经济的伟大变迁，是一次前所未有的尝试，借此可以看到一个形象更立体、颗粒度更细的宏观中国。

财富积累展现出中国存量赶超的非凡成就。近代以来求富求强成为中国摆脱落后挨打、走向现代化的主基调。改革开放以来，中国国民财富呈现前所未有的历史性增长，正在把近代以来国人的梦想变成现实，让老百姓真正获得了"经济的幸福"。中国和美国比较显示，中国的财富赶超明显快于GDP赶超，这一发现既增强了对中国国力的自信，也揭示了存量赶超背后的隐忧。毕竟，财富赶超快于GDP赶超，既有较少消费、较多储蓄的因素，也有价值重估特别是汇率与房价变动的因素。未来，随着中国GDP增速下滑，人口老龄化加速，消费上升，储蓄回落，明显快于美国的财富积累速度将放缓。同时，价值重估因素也可能会起反向作用（如房价下跌、汇率贬值直接带来近两年中国财富占美国比重的下降）。未来，中国的存量赶超，既要求较快的GDP增速，也要求较高的储蓄和资本形成，并且要通过新质生产力发展和全要素生产率的提升，来实现汇率的稳中有升，这些都是中国式现代化进程中值得关注的大问题。

宏观财富分配展现出"藏富于民"的总体态势。一方面，改革开放以来，居民财富呈现前所未有的历史性增长，居民财富占社会财富的比重不断上升，从1978年的13.0%，到2000年首次超过50%，再到2022年的62.4%，呈现出"藏富于民"的宏观分配总体格局。另一方面，中国政府部门财富在全社会财富中的占比，尽管自改革开放以来是一个逐步回落的过程，但2022年仍接近40%，比主要发达经济体要高得多，这既反映了制度性优势（更好地应对风险和集中力量办大事），也意味着未来的国民财富配置存在着优化提升空间。本书的估算显示，中国政府净资产由1978年的1.4万亿元上升到2022年的290万亿元，其中国有股权占比由1978年的20%左右上升到2022年的50%左右。如果考虑到地方政府的隐性债务，① 政府净资产可能会减少50万亿元左右（主要基于IMF以及CNBS的估算）。即便如此，中国政府的净资产规模还是相当可观的，差不多是GDP的两倍。为此，一方面要推进市场化改革，提高公共资源的效率。大幅减少政府对资源的直接配置，盘活政府存量资产［如推出不动产投资信托基金（REITs），盘活基础设施资产］，更多引入市场机制和市场化手段（包括改革"科教文卫"，创新公共服务供给方式），进而提高政府资产的利用效率和效益。另一方面推进再平衡改革，促进财富由政府部门向居民部门的转移。近期讨论较多的是居民消费上不去，原因

---

① 在国家资产负债表编制中，这部分隐性债务主要是融资平台债务，大都归入企业部门。

在于居民收入增长较慢。未来，完全依赖居民收入较快增长来提升消费是不够的。因为在经济增速放缓大背景下，扩大就业和提高居民收入增速也面临困难。事实上，在流量（收入）增长较难解决问题的情况下，可以考虑存量改革的方案。例如，考虑将较多的政府存量财富以一定方式向居民部门"转移"，来支撑居民消费，包括政府在医疗、教育、社保以及保障性住房方面进行支持，解除居民的后顾之忧，从而放心地消费。

资产—负债扩张的同步与分离，既把握了中国发展的鲜明特色，也揭示了未来的挑战。"同步"意味着负债积累的同时有相应的资产积累，意味着不必过于担心债务风险，因为有资产形成作为后盾。"分离"则意味着过去的发展模式到了转型的时候，大量负债积累可能用于非生产性支出（如用于福利国家的建设），[1] 由此可能带来的债务风险也在加大。因此，需要建立起可持续的债务积累模式。一方面，在宏观上，把握经济增速（g）与利率（r）的关系，保持 $g>r$，以支持债务可持续性；另一方面，在体制机制上，将风险定价交给市场，减少信贷资源配置的扭曲。一是强化国企与地方政府的预算约束，弱化扩张或赶超冲动，破除隐性担保和兜底幻觉。二是突出竞争中性，纠正金融体系的体制性偏好，让不同性质的企业，在获得金融信贷方面享有相对平等的待遇。三是稳步推进破产重组，让市场清理机制发挥"强制性"作用。这包括推进国有企业的破产重组，清理"僵尸"企业，以及对债务问题较为严重的地方政府进行债务重整，形成较强外部压力。四是允许国企（甚至地方政府）债务违约，打破"国企信仰"，让风险定价真正走向市场化。

从资产负债表视角看房地产财富的长期演进规律，有力驳斥了中国房地产"顶峰论"。房地产在国家资产负债表中居于十分重要的位置。在资产方，房地产是居民最重要的资产；在负债方，房地产抵押贷款、开发贷款以及房企的债券发行等，构成居民与企业债务的较大比重。由资产负债表透视房地产的长期演进规律，是一个全新的维度。根据长时段的各国资产负债表数据，自 18 世纪以来，尤其是第

---

[1] 蔡昉、贾朋：《构建中国式福利国家的理论和实践依据》，《比较》2022 年第 3 期。

二次世界大战以来，房地产价值占社会净资产的比重处于一个较快攀升的态势，当前主要发达经济体基本在50%左右甚至更高，而中国还不到40%，仍有一定的上升空间。考虑到未来中国新型城镇化在持续推进中、中国人对于"有家得有房"的执念，以及新一轮科技革命对土地要素相对价格的影响，中国房地产高质量发展还有相当大的空间，中国房地产"顶峰论"站不住脚。

基于国家资产负债表的重要发现还远不止以上这些。事实上，后续各章的分部门研究，还有着更细的颗粒度，更加全方位地展示四十五年来中国经济的历史变迁：涉及工业化、城镇化、市场化、国际化的推进，产业结构、社会结构的变迁，以及中国与世界关系的变化，等等。未来的研究，不仅要拓展国家资产负债表的时间序列长度，更要努力发掘这些存量数据中所蕴含的中国经济发展的密码，更全面地展示中华民族伟大复兴的壮阔历程！

附录：各国房地产价值估算方法与数据来源

美国经济分析局（BEA）公布的国家资产负债表中并没有区分建筑价值和建筑土地价值，而是合成为了房地产（Real Estates）一项数据。这带来了两个问题，第一，本书无法剔除房地产中除住宅建筑（Dwellings）以外的建筑物和建筑物土地的价值；第二，政府也可能持有一定住房，本书无法提取政府部门中持有的住房资产价值。针对存在的问题，本书借鉴了皮凯蒂①的假设：由于居民部门的其他建筑物房地产占居民部门总房地产比例过低，可以忽略；政府部门的住房资产占整个国家总住房资产比例过低，可以忽略。另外需要说明的是，由于美国居民部门资产负债表并没有像其他国家一样包含非金融非公司部门（个体工商户），从数据可比性考虑，本书对两个部门的数据进行了加总，形成了标准意义上的"居民部门"。总的来说，本

---

① Piketty, T., and Zucman, G., "Capital is Back: Wealth-income Ratios in Rich Countries 1700 – 2010", *Quarterly Journal of Economics*, Vol. 129, No. 3, 2014, pp. 1255 – 1310.

书把美国居民部门和非金融非公司部门的房地产价值加总作为全部住房资产价值。

英国统计局（ONS）公布的国家资产负债表数据中记录了各部门持有的住宅建筑价值数据，但是并没有对总土地（Land）价值区分，所以无法获得住宅土地价值（Land Underlying Dwellings）数据。但是，英国统计局于2022年开启了一项名为"Improving Estimates of Land Underlying Dwellings in the National Balance Sheet，UK：2022"的项目，该项目公布了1995—2021年住宅土地价值数据。于是，本书把英国国家资产负债表中住宅建筑价值和项目中住宅土地价值加总，得到了英国的住房资产价值数据。

德国和法国比较相似，两国统计局公布的国家资产负债表数据中只公布了各部门总建筑物土地价值（Land Underlying Buildings and Structures）数据，没有单独的住宅土地价值数据。本书采取估计美国住房资产价值时的两项假设，认为居民部门总建筑物土地价值数据是住宅土地价值的良好替代。于是，本书把两国资产负债表中的住宅建筑价值数据和居民部门总建筑物土地价值数据进行加总，得到了德国和法国住房资产价值数据。

日本统计局（CO）公布的国家资产负债表虽然公布了各部门的住宅建筑价值，但是并没有公布各部门的住宅土地价值数据。而且，总建筑物土地价值数据也只在总量表中公布，并没有细分到各部门。以上情况导致了德国和法国的估算方法对日本并不适用。衡量日本住宅土地价值有两种方法：第一种，采用日本统计局公布的"Value of Land by Prefectures（Owned by Private Sectors）"项目中居民部门总建筑物土地价值数据作为住宅土地价值的替代，这种方法除了利用额外资料，与估算法国和德国时相同。但是，该项目在2013年之后并没有继续公布，所以其余年份必须采用第二种方法。第二种方法有一个额外假设：居民部门土地价值占总土地价值的比例和居民部门总建筑物土地价值占国家整体的总建筑物土地价值比例相同。在这个假设下，可以按照居民部门土地价值占比分解总表中公布的国家总建筑物土地价值数据，得到日本住宅土地价值的替代。在使用两种方法得到了日本住宅土地价值的估计数据后，加总住宅建筑价值数据就可以得到日本住房资产价值数据。

加拿大统计局（CS）公布的国家资产负债表数据中公布了各部门住宅建筑价值和住宅土地价值数据，直接加总总表中的两项数据即可得到加拿大住房资产价值数据。

澳大利亚统计局（ABS）公布的国家资产负债表数据中仅公布了各部门住宅建筑价值数据和土地价值数据，无论在总表还是部门分表中都没有公布总建筑物土地价值或住宅土地价值数据。但是，澳大利亚《国家资产负债表说明文件（2022）》中提到在计算国家资产负债表相关数据的过程中，使用"Residential Property Price Index"（RPPI）项目计算住房资产价值。作为 RPPI 的更新版本，澳大利亚统计局近年开始的"Total Value of Dwellings"项目则直接公布了澳大利亚总住房资产价值数据。所以，本书使用"Total Value of Dwellings"项目数据作为澳大利亚总住房资产价值数据。

1

"藏富于民"：居民部门资产负债表

在社会主义革命和建设时期，尽管经历严重曲折，中国在政治、经济、社会、文化、科技、国防等多个领域仍取得了举世瞩目的发展成就，并"为在新的历史时期开创中国特色社会主义提供了宝贵经验、理论准备、物质基础"。[①] 在这一崭新的起点上，1978年12月召开的党的十一届三中全会标志着中国进入改革开放和社会主义现代化建设的新时期。自此，中国经济实现了持续四十多年的快速增长，人民生活水平大幅改善，并正在跨入高收入经济体的门槛。同时，在经济存量层面，得益于多年的高速增长、较高积累比率以及持续深入的金融发展，中国居民部门的资产、负债以及净资产也实现了快速扩张，并发生了深刻的结构变革。从纵向对比看，这种趋势体现为从改革开放之初温饱不足、积累匮乏的状况向新时代打赢脱贫攻坚战、全面建成小康社会、"民富"初具规模的发展历程；从横向国际比较看，则表现为中国居民正在持续缩小同先发经济体在财富水平上的差距，亦即实现了某种程度的"存量赶超"。[②]

在前期成果[③]的基础之上，本章将视野放宽至整个改革开放时

[①] 《中共中央关于党的百年奋斗重大成就和历史经验的决议》，人民出版社2021年版，第14页。
[②] 张晓晶：《中国共产党领导中国走向富强的百年探索》，《中国社会科学》2021年第11期。
[③] 前期成果包括《中国国家资产负债表2020》（李扬、张晓晶等，中国社会科学出版社2020年版）、《中国国家资产负债表2018》（李扬、张晓晶等，中国社会科学出版社2018年版）、《中国国家资产负债表2015——杠杆调整与风险管理》（李扬、张晓晶、常欣等，中国社会科学出版社2015年版）、《中国国家资产负债表2013——理论、方法与风险评估》（李扬等，中国社会科学出版社2013年版），行文中简称2020版、2018版，以此类推。

期，即利用改进的估算方法及更为丰富的数据信息，编制 1978—2022 年的居民部门资产负债表。以此为基础，并结合四十多年的经济社会发展轨迹与体制变革，剖析居民资产—债务、财富存量等的规模扩张与结构变化，从"藏富于民"这一侧面来反映改革开放以来中国经济的伟大变迁。

1.1 "居民部门"的概念、口径及编制方法

依据前例，按照中国国民经济核算标准，"居民"（或称住户、家庭）部门的涵盖范围为城镇、乡村居民，也包括个体工商户。这一概念或统计口径同加拿大、日本等国家近似，即都包括非公司制的个人企业。还应指出，由于数据限制，本章对于"非营利服务居民组织"（Non-profit Institutions Serving Households）未予考虑。[①] 在各国国民经济核算实践中，这一部门的报表有时独立呈现，也常与居民部门合并。但由于其规模极小，所以对其的不同处理与分类方法对相关分析影响较小。

根据资产负债表的相关规范，居民资产由非金融资产和金融资产两项大类构成。[②] 其中，非金融资产仍旧对应于实物资产，而未考虑规模极小的知识产权等无形非金融资产。同时，由于中国土地、矿产等自然资源的公有制属性，居民部门也未涵盖"非生产性"（Non-produced）的自然资产（另见相关章节）。

[①] "非营利服务居民组织"部门一般包括民办学校、民办卫生机构、民间慈善组织、基金会、宗教团体等。由于其在形式上不隶属于行政事业单位，因此本质上同居民类似，都属于私人部门。中国情况与之虽有所差异，但大体也类似。有关概念，参见杜金富、阮健弘、朱尔茜主编《住户部门资产负债表编制：国际准则与实践》，中国金融出版社2020年版。

[②] 值得一提的是，此处的资产口径基本符合国民核算的通行标准，即不包括人力资本。在经济学意义上，后者当然也是应归属于居民的"资产"，并能带来未来收入。而且据世界银行的估算，实际上该项目相对规模巨大，常占到国民财富的近六成，从而也构成了国别财富差异的重要来源。参见 World Bank, *The Changing Wealth of Nations 2021*, Washington, D. C.: World Bank, 2021。

整体来看,本次更新的项目及含义基本未变,但相关核算方法有如下改进和调整。

其一,城镇住房。其基本估算原则是以经折旧调整的住房总面积乘以当年新房单价得出。具体方法如下:第一,由于相关数据缺失严重,1978—1997年城镇住房总面积(经折旧调整)按照当年城镇居民人均面积及城镇人口之积,再乘以70%作为折旧调整系数估算。这一比例是1998年以来折旧前后的比例经验值。资料来自历年《中国统计年鉴》。第二,1978—1986年房屋每平方米价格按照基本建设住宅造价增速回溯。资料来自历年《中国固定资产投资统计年鉴》。第三,1987—1999年房屋单价来自历年《中国统计年鉴》。第四,2020年、2021年数据根据此前方法更新,即按照人均居住面积、城镇人口、新房单价及2.4%折旧率计算(直线折旧法)。相关资料来自历年《中国统计年鉴》和统计信息发布(居住面积)。第五,2022年数据暂时按照此前5年年均增速外推。第六,其余年份估算未作调整。第七,由于住房并不全部由居民所有,所以需要考虑其产权的最终部门归属。具体方法为:1985—1999年份额根据Piketty等估算及线性外推;[1] 由于在改革开放初期,城镇住房基本仍在计划体制下配置,所以假设1978—1985年上述比例未变,即私房占比为21%(1986年值);2000—2022年份额根据第五至第七次全国人口普查中公布的城市住房来源估计及外推,其中公(廉)租房全部归政府所有,经济适用房及"两限"房的20%(共有产权份额)归政府所有,其余划归私人部门。当然,现实中这一比例因地域、项目而异,而此处援用的是较为常见的划分标准。相关资料来自历年《中国人口普查年鉴》。[2]

---

[1] Piketty等根据北京、广东等6地公布的住房归属性质推算全国城镇住房公私比例。参见Piketty, T., Yang, L., and Zucman, G., "Capital Accumulation, Private Property, and Rising Inequality in China, 1978 – 2015", *American Economic Review*, Vol. 109, No. 7, 2019, pp. 2469 – 2496。

[2] 此外,为检验城镇居民住房价值计算,本书还应用了2020年第七次全国人口普查数据中的城市居民住房年限数据,估算当年存量房平均房龄为15年。如仍假设住房总年限为42年(2.4%折旧率对应的年限),按照这一数据进行折旧计算出的城镇住房价值为234万亿元,与本书同期估算结果(241万亿元)基本一致。

其二，农村住房。第一，1978—1999 年根据每间住房价值、间数、农户数计算。其中，缺失的 1978 年、1979 年数据按照增速外推；1981—1983 年数据按照线性插值法补充。第二，2020—2022 年住宅单价则按照竣工住宅造价增速及此前单价近似计算。第三，2022 年人均住房面积按照此前 5 年平均增速外推。第四，其余年份估算方法未做调整。第五，假设农村住房全部归私人所有。以上资料来自历年《中国统计年鉴》和《中国农村统计年鉴》。

需要说明的是，从不同信息来源和方法假设等出发，对于中国城乡居民住房价值已有多种估算，但其时间跨度均较为短暂。其中比较有代表性的研究包括马骏等、[1] 谢宇等、[2] Piketty 等、[3] 杨业伟和许宪春[4]以及任泽平等[5]等。[6] 在 2020 版中，笔者曾介绍和比较了其中的异同：大致来说，对相应年份的估算同多数研究结果基本接近，而存在的差异主要来自对折旧的处理方法不同。[7]

还应指出的是，本书的折旧方法同 Piketty 等[8]不同，也造成了结果上的差异。实际上，Piketty 等根据国家统计局[9]给出的参考数值，

---

[1] 马骏、张晓蓉、李治国等：《中国国家资产负债表研究》，社会科学文献出版社 2012 年版。

[2] 谢宇、张晓波、李建新等：《中国民生发展报告 2016》，北京大学出版社 2017 年版。

[3] Piketty, T., Yang, L., and Zucman, G., "Capital Accumulation, Private Property, and Rising Inequality in China, 1978 - 2015", *American Economic Review*, Vol. 109, No. 7, 2019, pp. 2469 - 2496.

[4] 杨业伟、许宪春：《中国城镇居民住房资产估算》，《财贸经济》2020 年第 10 期。

[5] 任泽平、熊柴、白学松：《2019 中国住房市值报告：一线住房市值占全国四分之一》，恒大研究院，2019 年。

[6] 还值得参考的是，尽管未涉及资产价值，但任泽平对中国城镇住房存量（套数、面积）进行了更新估算。参见任泽平《中国住房存量研究报告》，2023 年 7 月 10 日，https://finance.sina.com.cn/cj/2023-07-10/doc-imzacnqc5652912.shtml?finpagefr=p_104_js&cref=cj。

[7] 此外，李实等通过中国家庭收入调查数据（CHIP）估计了包括净房产（住房市场价值 - 房贷余额）在内的家庭财产状况。但其计算方法本质上仍较多依赖于二手房交易价格，所以也存在高估倾向。参见李实、詹鹏、陶彦君《财富积累与共同富裕：中国居民财产积累机制（2002—2018）》，《社会学研究》2023 年第 4 期。

[8] Piketty, T., Yang, L., and Zucman, G., "Capital Accumulation, Private Property, and Rising Inequality in China, 1978 - 2015", *American Economic Review*, Vol. 109, No. 7, 2019, pp. 2469 - 2496.

[9] 国家统计局国民经济核算司编著：《中国资产负债表编制方法》，中国统计出版社 2007 年版。

援用了与本章相近的 2% 年折旧率,但采取了指数形式的折旧方法。计算可得,即使房龄 50 年的住房价值,残值仍能达到新房价值的 36% 以上（0.98 的 50 次方）。这一方法似与中国住房使用年限较短的实际相去甚远。①

关于折旧还应澄清的是,尽管在现实中,一线、二线热门城市"老破小"等旧房单价往往偏高,但其价值来源主要得自区位溢价,即在城市化背景下,旧房往往位于市区中心,并且享有更为优质的教育、医疗等公共服务,而新房位置则相对偏远,配套服务也有待完善。显然,不能认为在其他条件相同的状况下,旧房价格接近甚至高于新房价格。

其三,汽车资产。需要强调的是,在通行的国民经济核算体系（SNA2008）中,汽车等"耐用消费品"不列入居民资产,而仅作为"备忘项目"（Memorandum Item）。但由于其固有的资产属性（如在多期消费）,在实践中某些国家仍将之视作一种非金融资产,计入居民资产负债表中（如美国、加拿大、法国等）。考虑到私人汽车是中国居民的一项重要耐用品,所以本书沿用了此前思路,继续考虑此项。② 其估算仍以历年汽车销售收入为基础,并经过私人汽车比例及折旧（10 年）的调整。但此次有如下改进和更新：第一,关于私人汽车比例,按照 1995—2021 年私人汽车保有量占比进行了重新估算;③ 1985—1994 年的比例则根据历年私人汽车保有量增幅及 1995 年估值计算。资料来自历年《中国统计年鉴》。第二,2016—2021 年汽车销售额按照历年汽车制造业营业收入乘以 2015 年汽车主导产品

---

① 如按 Piketty 等的方法,本书对 2021 年城镇住房资产（公私合计）的估算值将从 252.5 万亿元升至 339.6 万亿元（2% 折旧率）。参见 Piketty, T., Yang, L., and Zucman, G., "Capital Accumulation, Private Property, and Rising Inequality in China, 1978 – 2015", *American Economic Review*, Vol. 109, No. 7, 2019, pp. 2469 – 2496.

② 刘向耘、牛慕鸿、杨娉：《中国居民资产负债表分析》,《金融研究》2009 年第 10 期。

③ 在此前研究中,我们仅参考刘向耘等的简单假设,即历年汽车私有率统一设定为 76%。显然,这一方法并未充分反映同期中国私人汽车保有量的急剧变化。参见刘向耘、牛慕鸿、杨娉《中国居民资产负债表分析》,《金融研究》2009 年第 10 期。

销售收入占汽车制造业营业收入的比例估算。其余年份数据未做调整。资料来自历年《中国汽车工业年鉴》。第三，1978—1984年、2022年资产价值按照最近5年平均增速回溯或外推。

其四，农村生产性固定资产。第一，1986—1999年数据根据每户"农村居民家庭生产性固定资产原值"以及户数计算。资料来自历年《中国统计年鉴》。第二，1983年、1984年资产原值数据直接来自历年《中国农村统计年鉴》。第三，1978—1982年数据根据1984—1988年5年平均增速外推。第四，由于2013年起不再公布农户固定资产原值，2013—2021年数据按照此前基值和农村住户非住宅固定资产投资增速估算。资料来自历年《中国农村统计年鉴》。第五，2022年估值按照近5年增速外推得出。第六，其余年份估算方法未做调整。居民金融资产仍旧包括通货（现金）、存款、债券、股票、股权等科目；负债则对应于长、短期贷款，[①] 包括消费性贷款和经营性贷款。前者也包括个人住房贷款和公积金贷款，后者包含农户贷款——在早期占比较大。另外，关于金融资产，本书对比2020版有几处调整需要注意：第一，借助更丰富的信息和改进的核算方法，本次编制对非金融企业部门的资产、负债项目，以及部门划分做了大幅调整，致使体现为居民（也包括政府）金融资产的非上市企业股权规模相应发生较大变化。第二，由于本书聚焦各部门层面的资产负债状况及其加总，因此"个人贷款"（P2P）等发生于居民部门内部的债权债务关系不再予以核算。第三，根据相关金融监管政策的变化，居民"保本理财"和"非保本理财"等混合类金融投资项目全部划入"基金"。作为上述调整的结果，本书的研究同2020版并不直接可比，在数值上也存在一定差异，如居民总资产、净资产规模缩小。关于金融资产与负债的详细估算方法参见相应章节。

[①] 从国际经验看，居民负债虽有其他项目（如应付账款等），但也主要由贷款构成。如在美国、日本等国家，近年贷款占比一般均在96%左右。因此，尽管中国居民负债的口径略窄，但这对相应国际比较不会有显著影响。

1.2 主要估算结果及整体扩张趋势

主要估算结果

按照上述方法，编制的主要结果如表 1-1 所示。在具体展开分析之前需要说明，从整体看，由于数据的限制，非金融资产项目借助了较多估算，而金融资产（除股权资产）、负债等项目多直接来自官方数据。

不同发展阶段的扩张趋势

从表 1-1 可见，得益于经济体制变革、深刻的结构转型，以及优异的经济增长，中国居民资产和负债规模迅速扩大。1978—2022 年，二者的名义值分别从 2263 亿元和 149 亿元增长至 564 万亿元和 82 万亿元。相应地，作为二者的差值，即反映居民持有的净资产，从 2114 亿元增长至 482 万亿元。其扩张速度远高于 GDP 这一往往最受瞩目的收入流量指标，也高于同期美国等发达经济体居民部门的相应指标。

表 1-1　居民部门资产负债表（1978—2022 年）　　单位：亿元

年份	非金融资产	金融资产	总资产	负债（贷款）	净资产	净金融资产	GDP
1978	1800	463	2263	149	2114	314	3679
1979	2130	620	2750	173	2577	447	4101
1980	2537	853	3390	242	3148	611	4588
1981	3015	1074	4089	274	3815	800	4936
1982	3561	1322	4884	316	4568	1006	5373
1983	4209	1677	5886	374	5513	1303	6021
1984	5000	2459	7459	700	6758	1758	7279
1985	6339	2972	9311	786	8524	2186	9099

续表

年份	非金融资产	金融资产	总资产	负债（贷款）	净资产	净金融资产	GDP
1986	7566	3863	11429	1109	10320	2754	10376
1987	8518	4764	13282	1450	11832	3314	12175
1988	10290	6334	16624	1309	15315	5025	15180
1989	12156	7977	20133	1017	19116	6960	17180
1990	15159	10459	25617	1284	24333	9175	18873
1991	19147	13106	32253	1612	30642	11494	22006
1992	23021	17245	40266	2051	38214	15194	27195
1993	29419	23972	53391	2510	50881	21462	35673
1994	37132	32981	70113	1300	68813	31681	48638
1995	52250	43768	96018	1741	94277	42027	61340
1996	69209	58660	127869	2199	125670	56461	71814
1997	91438	72837	164274	3701	160573	69135	79715
1998	106263	86494	192757	4916	187841	81578	85196
1999	121143	93664	214808	6566	208242	87098	90564
2000	156391	110635	267026	11505	255521	99130	100280
2001	174265	121699	295964	15823	280141	105876	110863
2002	221885	139515	361400	21257	340142	118257	121717
2003	252081	167229	419310	28599	390712	138631	137422
2004	314348	224071	538419	31647	506772	192424	161840
2005	391268	258448	649716	35364	614352	223084	187319
2006	443035	326426	769460	42817	726643	283608	219439
2007	562392	444711	1007104	56247	950857	388464	270092
2008	585883	459094	1044977	63568	981409	395526	319245
2009	755162	576193	1331356	91543	1239812	484650	348518
2010	843511	676249	1519759	123773	1395986	552476	412119
2011	1025138	787218	1812356	148770	1663586	638447	487940
2012	1151070	921206	2072276	177936	1894340	743270	538580
2013	1313631	1110307	2423938	220335	2203603	889972	592963

1 "藏富于民"：居民部门资产负债表 ·49·

续表

年份	非金融资产	金融资产	总资产	负债（贷款）	净资产	净金融资产	GDP
2014	1407411	1306180	2713590	257033	2456558	1049147	643563
2015	1592505	1499691	3092196	303178	2789019	1196514	688858
2016	1817264	1699876	3517140	374265	3142875	1325611	746395
2017	1944723	1833949	3778672	450200	3328472	1383749	832036
2018	2312594	1901123	4213717	528800	3684917	1372323	919281
2019	2542191	2087272	4629463	609179	4020284	1478093	986515
2020	2748472	2298601	5047072	694215	4352857	1604386	1013567
2021	2871322	2568463	5439785	780031	4659754	1788432	1149237
2022	2868150	2774120	5642270	822381	4819889	1951739	1210207
2022/1978 数值比例（倍）	1593	5992	2493	5519	2280	6216	329
年均复合增速（%）	18.2	21.9	19.5	21.6	19.2	22.0	14.1

资料来源：国家资产负债表研究中心（CNBS）；国家统计局（GDP数据）。

注：由于数值的"四舍五入"处理，各分项之和与合计项存在细微差异。下同。

图1-1展示了不同时期居民总资产、负债和净资产年均复合增速，进一步凸显了在社会主义现代化建设新时期，中国居民资产负债积累的不同阶段性特征。

1978—1992年，从市场化改革的初步探索到党的十四大确定建立社会主义市场经济体制，中国GDP实现了年均9.6%的高速增长。同时，私营企业、个体工商户、外资企业等非公有制经济成分几乎"从无到有"，并日益成为社会主义公有制经济的重要补充。[1] 例如，在这一时期，仅城镇私营单位从业人员就从15万人攀升至838万人，个体经济固定资产投资从119亿元（1980年数据）升至1222亿元，均快于同期国有经济相关指标。作为结果，这一时期私人部门总资产年均增长高达22.8%，并快于负债积累（20.6%）。相应地，在极低

---

[1] 蔡昉主编：《新中国经济建设70年》，中国社会科学出版社2019年版。

的起点之上，居民净资产年均增速达到23.0%，高于以上两项，也高于此后的发展时期。

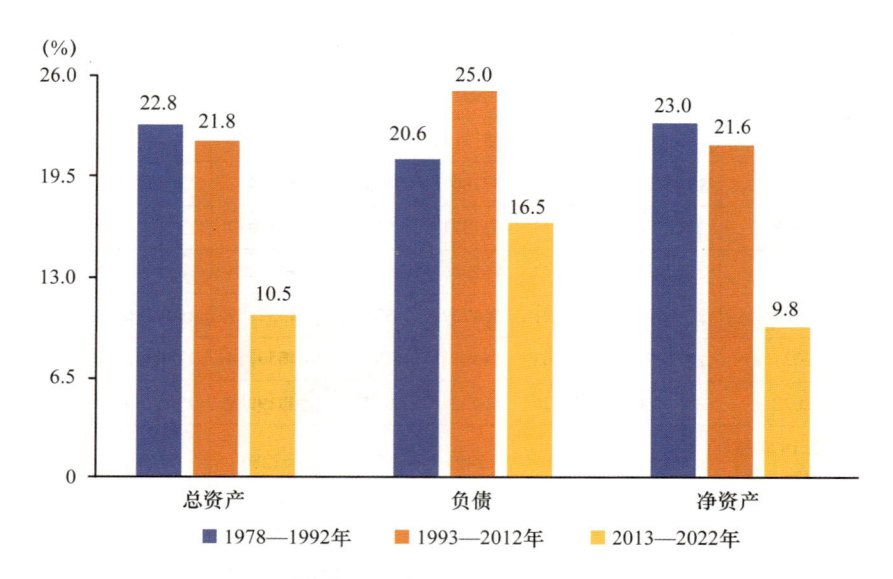

图1-1 不同时期居民总资产、负债和净资产年均复合增速

	总资产	负债	净资产
1978—1992年	22.8	20.6	23.0
1993—2012年	21.8	25.0	21.6
2013—2022年	10.5	16.5	9.8

资料来源：国家资产负债表研究中心（CNBS）。

1993—2012年，得益于国企、财政、金融等各项改革的全面推进，以及深度参与国际分工（以2001年加入世界贸易组织为标志）等关键举措，中国经济增长进一步加快，GDP年均增速达到10.0%。同时，随着国内金融体系深化发展、城镇化进程加速以及与之密切相关的住房市场化改革不断推进，中国居民在"扩表"中也呈现出一个鲜明特点，即债务膨胀明显加快——不仅快于其他时段，也快于同期的资产扩张。这在一定程度上也可被视为在消除所谓"金融抑制"后，中国居民部门被压抑的负债（融资）能力的某种释放。此外，如下文将要进一步讨论的，这种趋势又主要发生于2008年国际金融危机之后，同美国等世界主要经济体在此时的"减债"或"去杠杆"趋势迥异。相应地，这既导致了居民净资产增速下降，也意味着居民债务压力上升、风险偏好增强。

从中国特色社会主义进入新时代以来，中国经济迈入高质量发展阶段。其间，在产业结构、人口特征、城镇化进程、国际分工格局等若干内外因素变化的影响下，加之受到持续近三年的新冠疫情的冲击，经济增速出现结构性放缓，居民资产负债表扩张速度也明显放缓。但在这一时期，负债增速仍快于资产增长。二者差值达到近6个百分点，明显高于此前水平。净资产年均增速也相应下降至不足10%，仅约为此前速度的一半。究其原因，主要在于：在资产端，随着房地产业发展趋缓、相关调控力度渐强，住房等主要资产项目的规模扩张受到一定抑制。实际上，1993—2012年，城镇住房资产价值年均增速曾高达27.2%，但在这一时期已经降为12.0%。此外不难理解，随着收入增长放缓，居民储蓄的增速也相应下降。而在负债端，由于债务的刚性特征以及风险偏好的惯性，加之服务居民的金融业务的快速发展，居民总体负债及其中的房贷增速回落幅度则相对较小。

存量赶超：中美居民财富对比

从国际对比看，多年的高增长和高积累，使得中国居民不仅在收入层面，而且在存量财富层面都缩小了同美国等先发国家的差距。实际上，如图1-2所示，1978年中国人均GDP和人均居民净资产分别仅为美国的2.1%和0.4%。在此后的近二十年，以上比例虽有增长，但整体变化幅度较小，其中，20世纪80年代中期至90年代中期，两国GDP差距甚至还有所扩大。然而，随着2001年中国加入世界贸易组织以后，中国深度融入国际分工体系，经济增长与对外开放全面提速，上述的收入与财富的追赶也明显加快。2022年，中国人均GDP和人均居民净资产分别达到美国的16.7%和11.6%。此外，从居民可支配收入这一直接衡量家庭购买力的指标看，中美之间的差距大致位于GDP和居民财富二者之间，并呈现出近似的逐渐收缩态势。

需要强调的是，尽管从纵向看，中国居民人均财富的增长快于人均收入（无论以GDP还是可支配收入衡量），但横向对比美国，中国在前者上的差距始终大于后者。这一现象由诸多原因造成，但关键原因仍是分配：其一，正如本书总论中所论述的，由于以公有制为主体

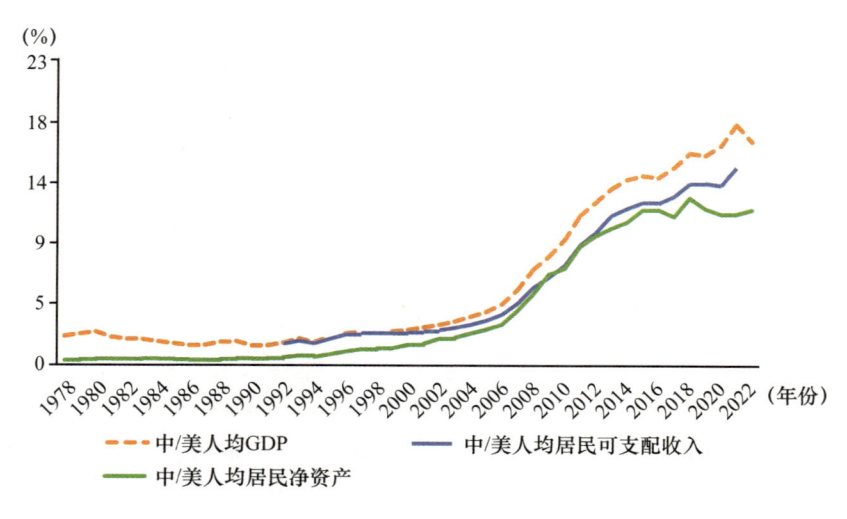

图1-2 中美收入和财富对比（1978—2022年）

资料来源：国家资产负债表研究中心（CNBS）；国家统计局（中国GDP、可支配收入、汇率）；Bureau of Economic Analysis（美国）。

注：中国数据按照历年平均汇率折合成美元值；中国居民可支配收入为调整后的资金流量表口径；美国=1。

的所有制结构，在中国的宏观分配中，居民（或私人）部门份额较小，包括国有企业在内的广义公共部门份额较大，这尤其反映在居民财富在占全部国家财富比重的差异上。例如，根据本书的估计，尽管随着市场化改革，居民财富的占比几乎持续上升，但近年来也仅达到60%—70%，而美国的居民财富往往超过全部国家财富，即占比超过100%。相应地，政府部门，特别是联邦政府，净资产一般为负值。当然，由此也可推知，如果从人均的全部国民财富看，两国差距将会缩小。其二，近年来，在中美贸易摩擦、新冠疫情大流行、科技和产业竞争加剧、全球化面临逆风等重大冲击与挑战下，中国政府在维护经济安全自立、防范化解系统性风险等方面的角色地位不断凸显，相应也表现在以国有企业为主体的公有制经济的发展壮大，公共部门财富占比有所上升。

1.3 资产负债表的基本结构分析

除了上述总体趋势，中国居民的资产与负债配置也呈现出鲜明的结构性特征，并在四十多年的经济发展与体制转型中发生持续而深刻的变化。

非金融与金融项目的结构变化

首先，从资产类别结构看，居民非金融资产扩张速度明显慢于金融资产。如表1-2所示，前者以住房为最主要构成——2022年占比高达93.3%。而进一步观察，在城镇化和住房市场化改革的背景下，城镇和乡村居民住房资产的相对规模也发生了较大变化，特别是曾居于次要地位的城镇住房已经成长为居民最大的资产项目。

表1-2　　居民非金融资产项目（1978—2022年）　　单位：亿元

年份	城镇住房	农村住房	城乡住房合计	汽车	农村居民生产性固定资产	非金融资产合计
1978	284	1124	1408	23	369	1800
1979	353	1318	1670	29	431	2130
1980	429	1570	1999	36	503	2537
1981	550	1834	2383	44	587	3015
1982	657	2163	2821	55	686	3561
1983	809	2531	3340	68	801	4209
1984	967	2941	3908	84	1008	5000
1985	1231	3754	4985	104	1250	6339
1986	1827	4281	6108	127	1331	7566
1987	2191	4691	6883	155	1481	8518
1988	2928	5419	8347	221	1722	10290

续表

年份	城镇住房	农村住房	城乡住房合计	汽车	农村居民生产性固定资产	非金融资产合计
1989	3652	6311	9962	267	1927	12156
1990	4758	7897	12655	298	2205	15159
1991	5626	10481	16107	351	2690	19147
1992	8167	11430	19597	432	2992	23021
1993	12688	12535	25224	569	3626	29419
1994	17522	14429	31951	751	4431	37132
1995	27627	18387	46014	913	5322	52250
1996	36390	24696	61086	1184	6940	69209
1997	54037	28311	82348	1550	7540	91438
1998	67040	29625	96665	1919	7679	106263
1999	79556	31289	110845	2489	7809	121143
2000	106764	37601	144365	3025	9002	156391
2001	120928	40102	161030	3872	9363	174265
2002	164726	42044	206770	5223	9892	221885
2003	188726	45442	234168	7442	10471	252081
2004	245660	47762	293423	9873	11052	314348
2005	306638	59241	365879	12283	13106	391268
2006	348691	64526	413216	16004	13814	443035
2007	456118	70918	527036	20472	14884	562392
2008	468621	75963	544584	25403	15897	585883
2009	621044	83185	704229	33663	17270	755162
2010	691022	89590	780612	44707	18191	843511
2011	788271	153947	942218	56112	26808	1025138
2012	875394	179736	1055130	68052	27888	1151070
2013	995448	211624	1207073	78511	28048	1313631
2014	1061320	228357	1289677	88935	28799	1407411

续表

年份	城镇住房	农村住房	城乡住房合计	汽车	农村居民生产性固定资产	非金融资产合计
2015	1221983	241425	1463408	101863	27234	1592505
2016	1423759	250772	1674531	115989	26744	1817264
2017	1536563	252824	1789387	128433	26902	1944723
2018	1877592	266981	2144574	137445	30576	2312594
2019	2099831	268115	2367946	143774	30471	2542191
2020	2296864	272460	2569324	148833	30315	2748472
2021	2409003	278983	2687986	154739	28597	2871322
2022	2385588	289550	2675138	163973	29039	2868150

资料来源：国家资产负债表研究中心（CNBS）。

相比之下，各种金融项目的扩张则更为显著。实际上，2022年居民金融资产、负债、净金融资产（金融资产与负债的差额）等项的规模均已达到1978年水平的5000—6000倍，年均复合增速超过20%（见表1-1）。而同期非金融资产扩张比例则仅为1593倍，其中住房扩张1899倍，相应的复合年增速分别为18.2%和18.7%。如表1-3进一步显示的，金融资产中又以股票、基金、非上市公司股权、债券、保险等计划体制时期几乎并不存在的资产项目增长最为显著。现金、存款等相对规模则明显收缩。实际上，在改革开放初期，现金在金融资产中的份额曾高至50%左右，此后几乎持续下行，在近年已经落至约3%的水平。由于存量财富较少，在20世纪80年代中期之前，存款的份额基本维持在45%—55%。此后随着经济积累速度加快，这一比例一度升至近70%。随后，在金融多元化发展的背景下，存款份额又降至约40%的水平。尽管有所起伏，但从总体趋势看，自市场化改革以来，随着非公有制经济的发展和金融体系的深化，中国居民金融投资（或称金融资产的配置）开始不限于现金、存款等传统途径，并通过股票、股权、基金等多种资金项目，同实体产业和金融市场日益紧密地关联起来。

表1-3　　居民金融资产项目（1978—2022年）　　单位：亿元

年份	通货	存款	保险	债券	股票	股权	基金	金融资产	金融相关比（%）
1978	245	211	0	7	0	0	0	463	25.7
1979	289	281	0	39	0	11	0	620	29.1
1980	362	396	0	70	0	25	0	853	33.6
1981	421	523	0	91	0	39	0	1074	35.6
1982	463	675	0	129	0	55	0	1322	37.1
1983	542	893	0	165	0	77	0	1677	39.8
1984	893	1215	0	237	0	114	0	2459	49.2
1985	1084	1623	0	87	0	179	0	2972	46.9
1986	1318	2238	0	68	0	239	0	3863	51.1
1987	1347	3083	0	15	0	319	0	4764	55.9
1988	1882	3819	0	177	0	456	0	6334	61.6
1989	1875	5184	82	276	0	559	0	7977	65.6
1990	2116	7034	117	521	0	671	0	10459	69.0
1991	2542	9107	170	397	9	881	0	13106	68.4
1992	3430	11545	253	504	263	1251	0	17245	74.9
1993	4593	15024	785	411	1101	1786	272	23972	81.5
1994	5697	21518	942	941	1110	2458	314	32981	88.8
1995	6160	29662	1130	2179	1072	3201	363	43768	83.8
1996	6978	38521	1356	4451	3326	3603	424	58660	84.8
1997	8200	46280	1628	7319	5816	3133	461	72837	79.7
1998	9051	53408	1953	11921	6572	3015	576	86494	81.4
1999	10919	61613	2604	5624	8832	3671	401	93664	77.3
2000	11913	67209	3374	7397	15598	5003	142	110635	70.7
2001	12787	77434	4591	6003	14061	6654	169	121699	69.8
2002	14106	91314	6494	6824	12376	7975	426	139515	62.9
2003	16154	108601	9123	9121	12875	10839	515	167229	66.3
2004	17588	131977	11854	10457	12338	38137	1723	224071	71.3

续表

年份	通货	存款	保险	债券	股票	股权	基金	金融资产	金融相关比（%）
2005	19715	155560	15226	12754	10182	43307	1705	258448	66.1
2006	22240	176865	19731	21200	28829	53498	4063	326426	73.7
2007	24980	188814	29004	20665	103021	56915	21312	444711	79.1
2008	28125	236450	33418	21970	36680	82848	19603	459094	78.4
2009	31465	284856	40635	29123	75558	82642	31914	576193	76.3
2010	36740	330946	50482	36688	82051	99508	39834	676249	80.2
2011	41812	373120	60138	38610	62755	158831	51951	787218	76.8
2012	45090	437006	73546	47481	65917	172660	79506	921206	80.0
2013	48370	497116	82887	57674	70759	237954	115546	1110307	84.5
2014	49768	543937	101591	66319	101734	277013	165818	1306180	92.8
2015	52222	592604	123598	74554	142641	290279	223793	1499691	94.2
2016	56739	652150	151169	94321	140988	355400	249110	1699876	93.5
2017	58824	703604	167489	111120	155938	356257	280717	1833949	94.3
2018	60793	782373	183309	131234	128881	352557	261976	1901123	82.2
2019	64330	886669	205645	161930	165139	328423	275136	2087272	82.1
2020	70995	1007425	232984	195850	215470	282344	293533	2298601	83.6
2021	76835	1115000	248874	231403	256176	303616	336558	2568463	89.5
2022	88578	1304565	271467	242922	226017	314785	325786	2774120	96.7

资料来源：国家资产负债表研究中心（CNBS）。

融资结构与债务风险

以上资产、负债等存量指标也为分析、评判居民部门整体的融资结构和债务风险提供了丰富信息。如图1-3所示，从最常用的存量财务指标——资产负债率（负债/总资产）来看，在改革开放初期，由于居民资产存量较小，并且存在较大规模的农户贷款，因此资产负债率维持在5%—10%这一相对较高水平（见表1-4）。但从20世纪80年代末开始，随着农户贷款的大幅下降和居民资产的上升，这一比率开始下行，特别是在90年代中期已不足3%。然而，自此以来，由于若干促进个人信贷发展的政策举措，① 非农户的居民贷款（特别是消费性贷款）快速增加，资产负债率也相应走高。值得指出的是，在2008年国际金融危机的冲击之下，该比率仍持续上升。这表明居民资产配置的风险偏好并未受到危机的持续影响。就此，同样衡量债务压力的另一指标——居民债务与GDP之比（有时也被称为宏观杠杆率）所反映出的趋势也颇为明显：2008—2020年，该比率从19.9%飙升至68.5%的阶段峰值，进而也成为这一时期加杠杆最为激进的部门。此后，随着"防风险""去杠杆"以及加强金融监管等举措的逐渐显效，这一比率才在2021年开始下降并趋稳。作为参照，在2008年国际金融危机之后的十余年间，美国居民资产负债率和居民债务与GDP之比则双双回落。根据Bureau of Economic Analysis（BEA）的数据，前者从19.1%降到11.8%，后者从98.1%降到77.0%。

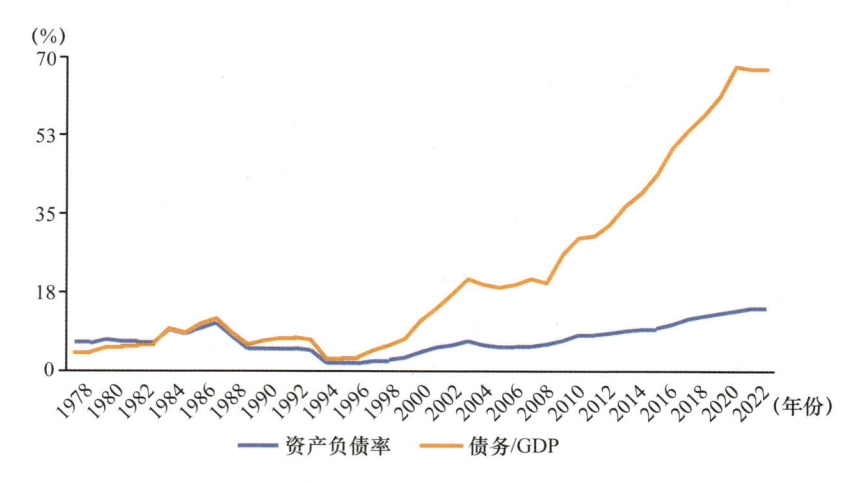

图1-3 居民部门资产负债率和居民债务占GDP比重（1978—2022年）

资料来源：国家资产负债表研究中心（CNBS）；国家统计局（GDP数据）。

---

① 例如，1998年5月，中国人民银行颁布《个人住房贷款管理办法》，为相关业务展开提供了制度性的支持与规范；1999年2月，中国人民银行颁布《关于开展个人消费信贷的指导意见》（银发〔1999〕73号），提出允许所有中资商业银行开办消费信贷业务。

表 1-4　　居民资产负债相关比率（1978—2022 年）　　　　　单位:%

年份	资产负债率	金融资产负债率	债务/GDP	债务/可支配收入
1978	6.58	32.16	4.04	9.04
1979	6.28	27.85	4.21	8.55
1980	7.13	28.36	5.27	9.92
1981	6.70	25.52	5.55	9.82
1982	6.47	23.90	5.88	9.54
1983	6.35	22.28	6.21	9.94
1984	9.39	28.48	9.62	15.83
1985	8.44	26.45	8.64	15.51
1986	9.70	28.70	10.69	19.06
1987	10.92	30.44	11.91	22.15
1988	7.87	20.67	8.62	16.63
1989	5.05	12.75	5.92	11.22
1990	5.01	12.28	6.80	12.42
1991	5.00	12.30	7.32	14.26
1992	5.09	11.90	7.54	10.60
1993	4.70	10.47	7.04	10.52
1994	1.85	3.94	2.67	3.88
1995	1.81	3.98	2.84	4.21
1996	1.72	3.75	3.06	4.37
1997	2.25	5.08	4.64	6.70
1998	2.55	5.68	5.77	8.35
1999	3.06	7.01	7.25	10.74
2000	4.31	10.40	11.47	17.06
2001	5.35	13.00	14.27	21.68
2002	5.88	15.24	17.46	26.92
2003	6.82	17.10	20.81	32.66
2004	5.88	14.12	19.55	31.73
2005	5.44	13.68	18.88	31.18
2006	5.56	13.12	19.51	32.27
2007	5.59	12.65	20.83	34.77

续表

年份	资产负债率	金融资产负债率	债务/GDP	债务/可支配收入
2008	6.08	13.85	19.91	33.01
2009	6.88	15.89	26.27	43.04
2010	8.14	18.30	30.03	49.86
2011	8.21	18.90	30.49	49.90
2012	8.59	19.32	33.04	52.73
2013	9.09	19.84	37.16	58.94
2014	9.47	19.68	39.94	62.86
2015	9.80	20.22	44.01	67.85
2016	10.64	22.02	50.14	76.81
2017	11.91	24.55	54.11	83.40
2018	12.55	27.82	57.52	88.29
2019	13.16	29.19	61.75	92.84
2020	13.75	30.20	68.49	100.06
2021	14.34	30.37	67.87	103.33
2022	14.58	29.64	67.95	—

资料来源：国家资产负债表研究中心（CNBS）；国家统计局（GDP、居民可支配收入）。

注：1978—1991年可支配收入为统计局调查口径；1992—2022年为资金流量表口径。

此外，另一个更加直观的杠杆率指标——债务与居民可支配收入的比率，也大体呈现出类似的起伏变化，但其在近年的上升趋势更为陡峭。[1] 从图1-4的国际比较看，2008年国际金融危机以来，以此衡量的中国居民负债水平持续攀升，并已经超过或接近美国、欧盟、日本等发达经济体。2020—2022年，在新冠疫情的冲击下，该比率上行态势未改，且已高于100%。这也意味着中国居民平均债务余额

---

[1] 由于资料来源、统计口径等差异，国家统计局入户调查得来的居民可支配收入一般明显低于资金流量表中的同类指标（无论是否经实物调整）。因本书集中于总量分析，根据后者似更为合理。所以除另有说明，均采纳这一口径。参见许宪春《准确理解中国居民可支配收入》，《经济学报》2023年第1期。

超过了其一年的可支配收入。同时，对于一向以低储蓄、高负债著称的美国居民，这一比率已经从次贷危机时的近1.4倍降至1倍以下。造成这一现象的原因可以从该指标的分子（债务）和分母（可支配收入）两个方面理解：一方面，债务膨胀的主要原因在于城镇化进程中，"新市民"住房和改善型住房需求持续上升，同时又伴随面向居民部门的金融深化的加速。此外，在房价整体长期上行条件下，家庭资产配置的风险偏好发生改变，以负债方式投资于房产也变得有利可图。另一方面，可支配收入偏低则可归因于在中国国民经济宏观分配中，居民部门所得份额较小。① 当然，如前文指出的，这种收入分配格局实际上最终由国民财富存量的分配结构所决定。

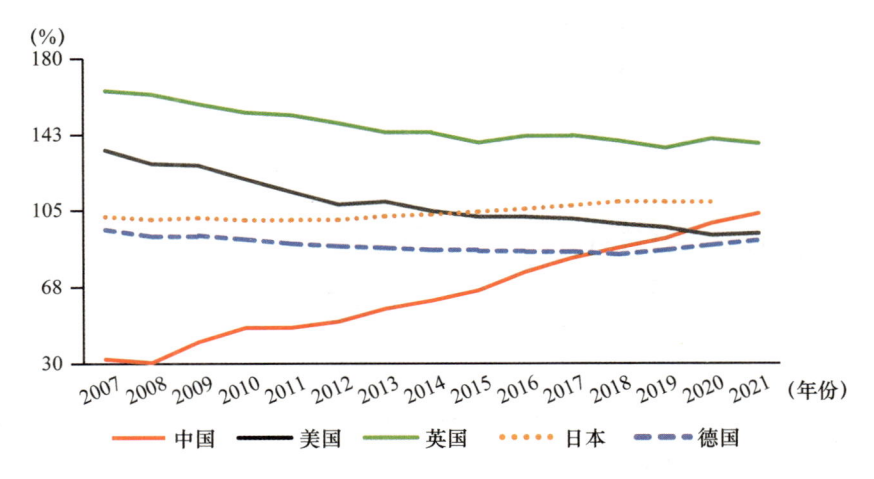

图1-4 居民债务占可支配收入比重的国际比较（2007—2021年）

资料来源：国家资产负债表研究中心（CNBS）；国家统计局（可支配收入数据）；OECD。

最后，从项目看，自20世纪90年代末推行住房商品化改革以来，住房和房贷在居民资产、负债配置中居于主导地位，因此也在很大程度上影响了部门的融资结构及债务风险变化，甚至能左右宏观经

---

① 根据《中国统计年鉴2020》，2020年未经实物调整后的居民部门可支配收入仅占GDP的61.7%，而同年美国相应比率为83.5%。

济的周期波动。这一现象在国际经验中具有一定普遍性,① 而在中国则尤其明显。

居民净资产(或财富)结构

从资产负债表的编制逻辑来看,居民部门的净资产或财富由非金融资产和净金融资产(金融资产与负债的差额)构成,由此也可以进一步辨识、分析其结构特征与变化趋势。图1-5呈现了城乡住房资产、股票和股权资产以及其他净资产项目的构成变化。

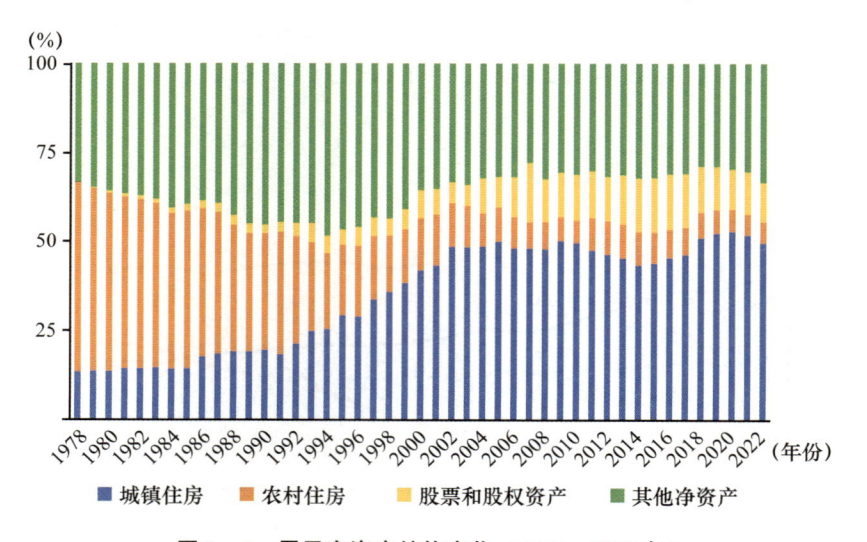

图1-5 居民净资产结构变化(1978—2022年)

资料来源:国家资产负债表研究中心(CNBS)。

其一,从整体看,在改革开放初期,居民净资产的结构变化较大,而进入21世纪以来,相关结构趋于稳定。上述现象在很大程度上可以归因于:在前一时期,住房、户籍、企业、金融市场等一系列改革全面启动,导致相应的资产项目(如下文进一步论述的住房和股票股权资产)量、价变化都十分剧烈,某些类别甚至是从无到有。而在近年,随着经济发展迈向新阶段,社会主义市场经济体制逐渐成

---

① [美]阿蒂夫·迈恩、阿米尔·苏非:《债居时代:房贷如何影响经济》,何志强、邢增艺译,中信出版社2021年版。

熟，各项改革举措稳步推进，城镇化、金融化等发展也呈现"减速换挡""提质增效"的倾向。因此，财富构成的变动幅度也趋于平缓。

其二，城乡住房资产构成了居民净资产的最主要构成部分。其中，在城镇化进程和20世纪90年代末的房地产市场化改革的推动下，城镇住房资产的"量""价"齐升，其占居民净资产的比重在近年来已经超过50%。相应地，在改革开放初期，农村住房一度在净资产中占比近半，但此后这一相对规模几乎持续缩小，在近年比重已经降至约5%，这也是居民部门中相对规模减小幅度最大的资产项目。①

其三，股票及股权资产增长较快。在市场化改革的背景下，非公有制经济得以快速发展，相应使得私人部门（居民）持有的此类资产项目几乎从"零"开始，并迅速积累。其中，以广受关注的股票为例，1991—2022年，② 这一资产类别的市值从9亿元飙升至22.6万亿元，占GDP比重则从0.04%升至18.7%，占居民净资产的比例从0.03%升至4.7%。当然，也应注意的是，这一资产类别虽然流动性较高，但其价值同股市行情密切相关，波动性较大。例如，在2007年的所谓"牛市"中，上证指数一度突破6000点，相应带动股票占净资产比例达到10.8%的阶段性峰值，但在2008年国际金融危机的冲击下，上证指数一度下探至1800点以下，股票占比骤降至3.7%。这充分提示了该资产类别存在较高的估值风险。同时，居民持有的股权资产也从1979年的11亿元升至2022年的31.5万亿元，后者甚至已经超过GDP的1/4，占净资产的6.5%。这一变化当然主要得益于非公有制经济的较快发展，但由此也容易引发误解，即普通百姓对此无感，觉得自己的净资产是"被平均"和"被拉升"了！由于居民部门的股权资产主要对应于非上市公司净资产的私人部分，因此高度集中于少数投资人或企业主，相关信息一般也较少披露。相

---

① 鉴于住房资产的特殊地位，下节对之另有详细分析，此处不再赘述。
② 上海、深圳两交易所于1990年年末成立，因此改革开放以来的个人股票交易基本始于1991年。

对而言，大多数居民并不持有该类资产项目，实际上也基本没有相关渠道。这一点同普遍持有的现金、存款甚至股票有明显差异。作为结果，股权资产配置高度集中，进而导致宏观层面的统计估算和微观层面的个体感受并不相符。当然，这也是本书借助的"加总"意义上的资产负债表框架的一个局限。

1.4 住房财富及风险走势

体制变革中的住房资产积累

如前文提及的，无论从相对意义还是绝对意义来看，住房资产都构成了中国居民部门的最大资产项目，即最主要的财富持有形式。但从四十多年的发展历程来看，住房资产的地位和内部结构又发生了显著变化。在较早时期（1978—1992 年），居民部门非金融资产整体规模极小，其中的农村住房又构成了主要项目，1978 年占总资产的近一半。相应地，若干经济、制度因素制约了彼时城镇住房资产的增长。如图 1-6 所示，这一时期城镇人口占比较小且增长缓慢，城镇人口比重年均仅增长 0.7 个百分点。此外，尽管在 20 世纪 80 年代起已经明确了住房商品化的改革方向并开始若干局地试点举措，[1] 住房价格也开始较快上升，但整体影响有限。作为结果，90 年代中期前，在城镇住房中各类公有住房（包括直管、系统管理以及单位自管）占比依然较高，[2] 其作为单位职工"实物福利"的性质仍旧突出。[3] 综合以上原因，此时期城镇居民持有的住房资产规模不大。实际上，

---

[1] 例如，1988 年 1 月，国务院召开第一次全国住房制度改革工作会议，明确提出了实现住房商品化的改革目标，并提出了"提高房租，增加工资，鼓励职工买房"等主要工作思路。

[2] 例如，Piketty 等根据部分地区数据的估计，1992 年之前中国城市公房占比高于 3/4。参见 Piketty, T., Yang, L., and Zucman, G., "Capital Accumulation, Private Property, and Rising Inequality in China, 1978–2015", *American Economic Review*, Vol. 109, No. 7, 2019, pp. 2469–2496.

[3] 陈钊、陈杰、刘晓峰：《安得广厦千万间：中国城镇住房体制市场化改革的回顾与展望》，《世界经济文汇》2008 年第 1 期。

1 "藏富于民"：居民部门资产负债表

如表 1-2 所示，在四项非金融资产项目中，城镇住房在 1982 年及之前仅位列第三；在 1992 年及之前，其规模也小于农村住房。从城乡合计看，尽管相对于 GDP 或可支配收入等流量指标看，住房资产的相对规模不断扩大，但在金融深化的背景下，其增速明显慢于同期的现金、存款、股票、债券等金融类资产，其在总资产中的份额几乎持续下降。

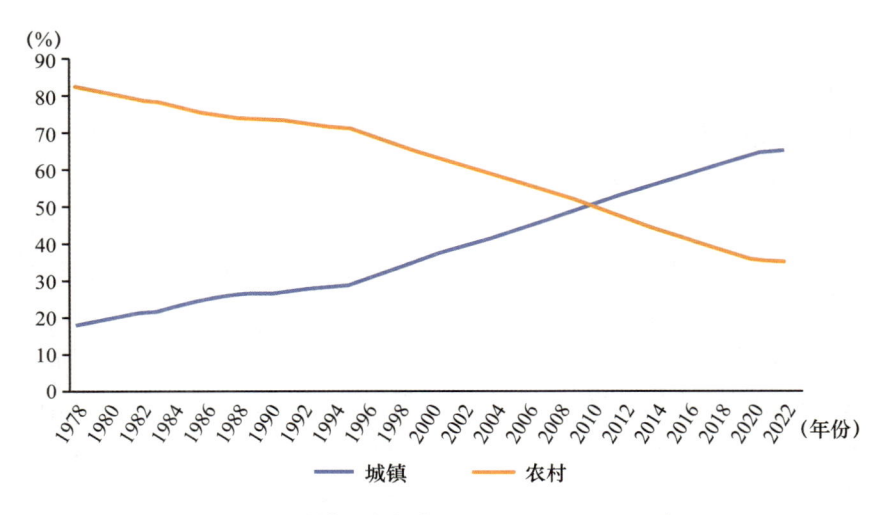

图 1-6 城镇和农村人口比重（1978—2022 年）

资料来源：国家统计局。

注：1978—1981 年口径为户籍人口，1982—2022 年口径为常住人口。

随着党的十四大明确提出建立社会主义市场经济体制的改革目标，城乡人口流动开始逐步活跃，城镇化进程也随之加快。实际上，仍从城乡人口分布看，1992—2012 年城镇人口比重年均增幅提高到 1.3 个百分点，并且在 2011 年超过农村人口——这当然也是数千年中华文明历史中的首次。值得强调的是，在与这一进程相伴的诸多重大改革中，20 世纪 90 年代末全面开启的住房商品化改革对住房资产的供需调整和价格变化的影响最为直接。其中，具有里程碑意义的举措包括 1998 年 7 月发布的《国务院关于进一步深化城镇住房制度改革加快住房建设的通知》（国发〔1998〕23 号），明确提出停止住房实物分配，逐渐转向住房分配货币化。由此，曾长期存在的、带有计划体制色彩的"福利分房"制度走向终结。同时，通过出售公房、新建商品房等多种渠道，城镇个人住房占比快速攀升。根据本书估计，1992—2012年，这一比例从24.6%上升到95.9%。相应地，随着房地产市场的兴起与繁荣，城镇住房单价也快速上涨。例如，1992年全国商品房（住宅）销售均价仅为996元/平方米，而到2012年已经升到5430元/平方米，为前者的5.5倍。这明显快于同期固定资产投资价格增幅（2.2倍）和居民消费价格增幅（2.4倍）。从积极层面看，房地产市场的持续繁荣带动了房地产开发投资和购房需求，也极大地促进了人民居住条件的改善。这一时期，城镇居民人均住宅建筑面积从14.8平方米上升到32.9平方米。作为结果，城镇住房资产规模迅速膨胀。到2012年，该项目已占居民非金融资产的76%，也接近农村住房资产的5倍之多。而整体看，自全面推进住房市场化改革以来，城乡住房资产价值的增长不仅明显快于同期GDP，而且在总资产中的比重也开始由降转升。当然也应看到，在住房资产的快速增值过程中，居民收入增长相对缓慢，导致住房—收入比率持续上升——尤其以城镇居民更为明显：1992—2012年，相应指标从1.25攀升至5.03，即需要耗费约5年的可支配收入才能以平均单价购买人均住房面积的住宅。这也导致了在住房财富快速积累过程中，在居住层面的不平等问题开始凸显。针对这一问题，中央在2008年推出大规模的保障性"安居工程"。各类公租、廉租、"经适"、"两限"等保障性住房及棚户区改造等建设陆续启动，这也成为住房市场化改革的重要补充与完善举措。

　　进入新时代，城镇化进程迈入高质量发展阶段，但城镇人口占比仍以年均1.3个百分点的幅度提升，人均住宅面积、住房单价也维持较快增长。相应地，到2022年，城镇住房占非金融资产的比重进一步提高到83.2%，更达到同期农村住房价值的8.2倍之多。然而不容忽视的是，随着房地产市场的多年繁荣，住房的金融属性日益明显，相关风险不断积聚，民众购房的财务压力也在升高。面对新形势，在2016年年末召开的中央经济工作会议首次提出"房子是用来

1 "藏富于民"：居民部门资产负债表

住的，不是用来炒的"。① 在这一定位之下，各地政府按照因城施策的原则，出台了若干调控举措，旨在防止住房资产的泡沫化和相关的过度"加杠杆"行为。从实践看，有关政策在一定程度上抑制了住房资产和房贷规模的过快扩张。此外，在前期"安居工程"的基础上，新时代的住房政策以更大力度促进居住公平，特别是保障中低收入人群、青年人、"新市民"的刚性和改善性住房需求。为此，各级政府在这一时期加大了各类保障性住房的供给，并继续推进棚户区和老旧小区改造。相关财政支出也反映了上述变化："十三五"时期，地方财政"住房保障支出"累计投入达3.1万亿元，超过"十二五"时期的1.4倍。作为结果，城镇住房公有比例相应稳中有升，兼顾市场配置与政府配置的"双轨"住房体制逐渐形成。② 部分地由于上述原因，这一时期住房资产在居民部门总资产中的占比略有下降。

表1-5 居民住房资产与贷款相关比率（1978—2022年）

年份	住房资产/总资产（%）	住房资产/GDP（%）	城镇住房—收入比	农村住房—收入比	住房贷款/贷款（%）
1978	62.2	38.3	0.48	1.06	—
1979	60.8	40.7	0.47	1.04	—
1980	59.0	43.6	0.47	1.03	—
1981	58.3	48.3	0.55	1.03	—
1982	57.8	52.5	0.57	1.00	—
1983	56.7	55.5	0.64	1.01	—
1984	52.4	53.7	0.62	1.03	—
1985	53.5	54.8	0.66	1.17	—
1986	53.4	58.9	0.77	1.24	—
1987	51.8	56.5	0.79	1.24	—
1988	50.2	55.0	0.87	1.21	—
1989	49.5	58.0	0.90	1.26	—

---

① 习近平：《习近平谈治国理政》第二卷，外文出版社2017年版，第367页。
② 贾康等：《中国住房制度与房地产税改革》，企业管理出版社2017年版。

续表

年份	住房资产/总资产（%）	住房资产/GDP（%）	城镇住房—收入比	农村住房—收入比	住房贷款/贷款（%）
1990	49.4	67.1	1.04	1.37	—
1991	49.9	73.2	1.06	1.75	—
1992	48.7	72.1	1.25	1.72	—
1993	47.2	70.7	1.48	1.59	—
1994	45.6	65.7	1.47	1.38	—
1995	47.9	75.0	1.83	1.36	—
1996	47.8	85.1	2.02	1.51	—
1997	50.1	103.3	2.65	1.61	—
1998	50.1	113.5	2.97	1.64	—
1999	51.6	122.4	3.11	1.71	—
2000	54.1	144.0	3.72	2.04	—
2001	54.4	145.3	3.69	2.09	—
2002	57.2	169.9	4.29	2.12	—
2003	55.8	170.4	4.29	2.20	—
2004	54.5	181.3	4.85	2.08	61.5
2005	56.3	195.3	5.25	2.36	62.7
2006	53.7	188.3	5.15	2.36	63.6
2007	52.3	195.1	5.53	2.29	63.2
2008	52.1	170.6	4.83	2.16	57.1
2009	52.9	202.1	5.70	2.22	62.6
2010	51.4	189.4	5.49	2.13	59.1
2011	52.0	193.1	5.26	3.20	56.5
2012	50.9	195.9	5.03	3.36	51.5
2013	49.8	203.6	5.05	3.61	50.7
2014	47.5	200.4	4.79	3.57	51.2
2015	47.3	212.4	4.94	3.58	54.0
2016	47.6	224.3	5.17	3.54	58.9
2017	47.4	215.1	5.01	3.38	58.7
2018	50.9	233.3	5.53	3.38	58.2

续表

年份	住房资产/总资产（%）	住房资产/GDP（%）	城镇住房—收入比	农村住房—收入比	住房贷款/贷款（%）
2019	51.1	240.0	5.61	3.18	58.7
2020	50.9	253.5	5.81	3.12	58.7
2021	49.4	233.9	5.56	2.96	57.9
2022	47.4	221.0	5.26	2.93	56.1

资料来源：国家资产负债表研究中心（CNBS）；国家统计局（居民可支配收入、GDP）。

注：由于资金流量表口径下的可支配收入不能区分城乡居民，所以表中涉及的可支配收入为入户调查口径。如前所述，这一口径可能低估了实际的收入水平，因此高估了住房—收入比率。

对比一般国际经验（见图1-7），中国城乡住房资产在居民总资产中的比重接近50%，不仅高于美欧等地，而且也高于日本、韩国等家庭和居住观念较为接近的东亚经济体。[1] 考虑到居民其他资产项目的统计差异，本书还将住房资产与口径较为一致的GDP进行了对比。其基本特征也与前述的资产结构类似：2022年中国居民住房已经是GDP的2.2倍，明显超过美国（1.8倍）、日本（0.8倍）、韩国（1倍）等其他主要经济体。[2]

总之，从多个角度衡量，持有较大的住房资产构成了中国居民财富积累的最突出特征。因此也不难理解，其量、值变化，以及房地产

---

[1] 中国人民银行调查统计司在2019年10月进行的家庭调查显示，住房资产占城镇居民总资产的59.1%，占实物资产的近七成。需要指出的是，由于这一数据仅针对城镇家庭，而后者的住房价值显著大于农村家庭，导致上述比例大于基于全体居民的住房资产/总资产比例。此外，一般认为家庭调查可能较易忽视财富分配中的顶部和尾部人群，而这两者也最可能是房产/总资产比例最低的人群——这也部分地解释了中国人民银行的数据中较大的住房资产比重的原因。参见中国人民银行调查统计司《中国城镇居民家庭资产负债调查》，《上海商业》2020年第5期。

[2] 此外，综合瑞士信贷（Credit Suisse Research Institute）和OECD对印度居民非金融资产及金融资产的测算，并经过有关城乡人口及资产结构数据的调整，可以估算2019年印度居民住房资产在总资产中的占比约为22%，与GDP之比约为1.2倍，均远低于中国。参见 Credit Suisse Research Institute, *Global Wealth Report 2022: Leading Perspectives to Navigate the Future*, Zurich: Credit Suisse Group, 2022。

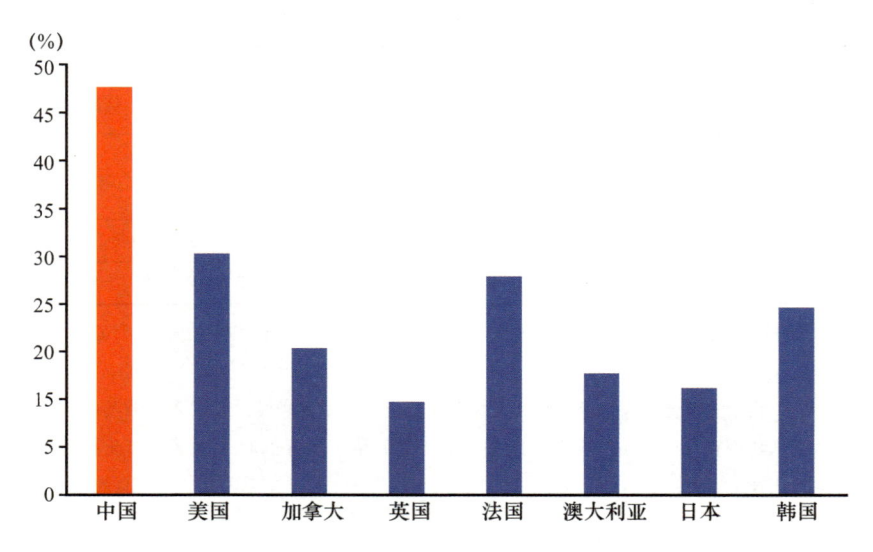

图 1-7 住房资产占居民总资产比重的国际比较

资料来源：国家资产负债表研究中心（CNBS）（中国）；BEA（美国）、Statistics Canada（加拿大）、ONS（英国）、INSEE（法国）、ABS（澳大利亚）、Cabinet Office（日本）、OECD（韩国）。

注：中国、美国为2022年数据，其余国家为2021年数据。

相关产业的起伏，将对居民消费、储蓄、择居、就业、生育等行为产生一系列重要影响。究其原因，不能简单归因于民众对自有住房的过度"偏好"，或者"炒房"等投机行为。实际上，更为深层的原因在于：在公有制为主体，多种经济成分共同发展的基本经济制度之下，除了住房，居民或私人部门尚缺乏规模足够的"安全资产"以吸纳长期的储蓄积累。例如，在日本、英国、法国、加拿大、澳大利亚等相关数据较完备的国家，25%—50%的居民资产以作为自然资源的"土地"形式存在，占比均远超过住房。同时，由于较严格的资本管制和渠道欠缺等因素，中国私人部门在海外配置的资产规模尚小，且存在地域过于集中、收益率偏低等问题。[①] 此外，由于城乡之间、区域之间公共服务的显著差异，中国城镇住房又被赋予了诸多"居住"

---

① 张明：《中国海外资产配置：特征事实、问题挑战与应对策略》，《中国金融》2023年第7期。

之外的功能，如与子女教育和医疗资源的质量挂钩，这也导致了热门城市、热门地段房价的高企。当前，中国房地产处在一个大调整时期，房地产市场供求关系发生了重大变化。但正如主报告所指出的，鉴于中国未来城镇化仍有较大推进空间，房产价值占社会净财富比重随着人均收入水平提高还会有所上升的演进规律，以及数字技术革命与人工智能发展对土地与房地产的价值重估效应，所谓的中国房地产"顶峰论"是完全站不住脚的。未来，住房仍将继续作为居民财富积累的重要构成。

住房贷款及相关风险走势

转向负债端，以住房为主导的居民部门资产扩张，也必然伴随相关债务的增长。如表1-5所示，从住房市场化改革以来，房贷（其中约1/5为公积金贷款）也相应成为居民负债的主体——近年来其份额接近六成。当然横向看，由于较严格的调控政策（如首付比、限贷、限购等），中国居民房贷在贷款中的占比低于美国同类指标，后者为65%—70%。

与之相一致的是，从房贷—房值比率（Loan-to-Value Ratio）这一重要的贷款风险指标看，中国也明显低于美国（见图1-8）。然而，与前文述及的整体资产—负债结构走势类似，在2008年国际金融危机的冲击下，两国在这一风险指标上也呈现出分化趋势：中国的比率延续了此前的上升趋势，并在2022年达到19.3%，约为2004年水平的两倍。而美国的比率在次贷泡沫破裂后虽短暂上升（主要由房价大幅下调所致），但自2009年达到局部高位（50.3%）后便开始持续下降，到2022年已经下探至27.9%。由此可见，中国居民住房贷款风险的绝对水平虽低，但其长期上行的走势也意味着相关风险的持续抬升。

此外，从住房贷款（含公积金贷款）利息支出看，近年来其绝对规模也随着房贷增长而持续扩张，到2021年已经高达2.4万亿元，为2008年的14倍之多（见表1-6）。同时，可能更为重要的是，利息支出相对于收入与消费的规模也在扩大。实际上，同样在2021年，该项支出已经接近居民可支配收入的6%、消费支出的9%。后一比

·72· 中国国家资产负债表（1978—2022）

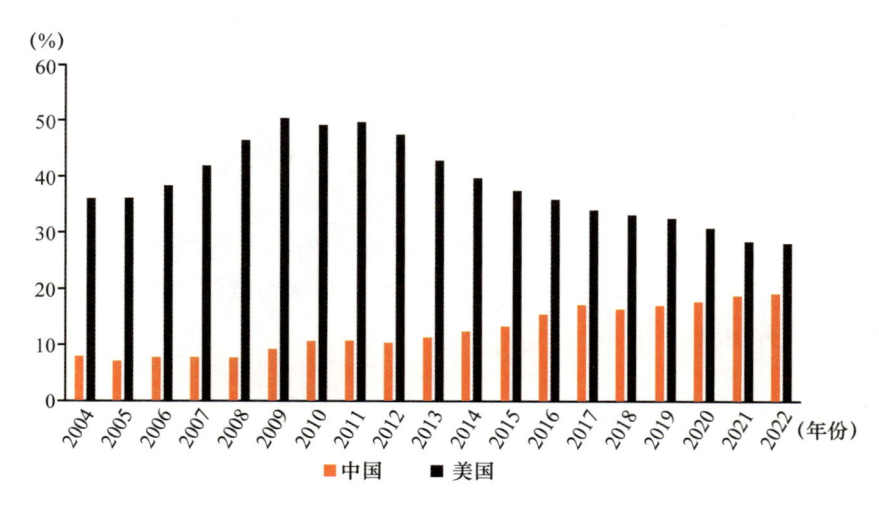

图1-8 中国和美国"房贷—房值比率"比较（2004—2022年）

资料来源：国家资产负债表研究中心（CNBS）；BEA（美国）。

注：中国"房值"仅为城镇住房资产价值。

例甚至超过了个人"医疗保健"支出。而且，以上仅指利息负担，如果再考虑每期的"还本"金额（按经验值，为利息支出的3—5倍），近年来居民部门的还债压力和流动性风险不容忽视。当然，在新冠疫情冲击严重的2022年，随着利率下行和房地产市场的转弱，居民房贷负担大幅下降，并且已低于疫情前2019年的水平。不过，这种变化是否持续还有待观察，并且如果随着收入增长放缓，相应债务压力升降与否也需要再进行评估。

表1-6 居民房贷利息支出及相对规模（2008—2022年）

年份	房贷利息年支出总额（亿元）	房贷利息占可支配收入比重（%）	房贷利息占消费支出比重（%）
2008	1695.2	1.75	2.36
2009	2387.9	2.19	2.95
2010	3740.4	2.97	4.04
2011	6217.8	4.15	5.72

续表

年份	房贷利息年支出总额（亿元）	房贷利息占可支配收入比重（%）	房贷利息占消费支出比重（%）
2012	5446.3	3.13	4.41
2013	6970.2	3.53	5.06
2014	7837.3	3.54	5.11
2015	7208.7	2.91	4.25
2016	9360.2	3.40	4.95
2017	13213.3	4.30	6.41
2018	16953.4	5.00	7.51
2019	19274.8	5.15	7.77
2020	20815.8	5.26	8.54
2021	24409.8	5.63	8.81
2022	18543.2	4.09	6.63

资料来源：国家资产负债表研究中心（CNBS）；国家统计局（可支配收入与消费支出）；Wind（贷款利率）。

注：个人住房商业贷款为平均加权利率，每年12月值；由于公积金利率缺失，此处以同期商业贷款利率减去1.5%的优惠额度估算；由于住房贷款基本集中于城镇，所以表中可支配收入和消费支出仅限于城镇居民。

综合以上分析，长期以来，住房资产及相关债务的积累，成为中国居民资产负债表扩张的主要动力。从积极方面看，房产财富的积累成为改革开放以来"民富"崛起的主要源泉；从消极方面看，居民财富及负债高度集中于住房，也使得房地产市场的变动对居民财富水平及相关贷款风险干系重大，甚至会诱发系统性的经济活动收缩和金融动荡。值得指出的是，从近期房地产市场的形势变化看，如何实现房地产及相关行业的健康平稳发展，也成为促进经济复苏、防范系统性风险的关键。

最后，关于住房资产及相关贷款还有几点补充：其一，本书分析主要集中于全国层面，而在实际中，不同地域的住房市场情况千差万别。特别是东部经济发达城市和内陆经济欠发达城市、超大特大城市和其他城市之间的市场分化较为明显。因此，在整体的较快财富积累之下，地区间居民住房价格及财富存量尚存巨大差距，甚至还有扩大的态势。如表1-7所示，以35个主要城市住宅（新房）单价的变化情况来看，2003—2022年，尽管受到2008年国际金融危机等扰动，但房价样本的变异系数（标准差/平均数）还是呈现出明显的上行趋势，这也意味着城市间的价格存在分化之势。其中尤值得关注的是，2003年北京的住宅均价仅约为35城合计均价的1.8倍，而至2022年已经升为后者的近3倍。[①] 还应指出，在这种总体上涨、内部分化的态势下，宏观的平均意义上的财务稳健指标往往也会掩盖局部的风险。这一点在相关风险分析和政策讨论中应予以高度重视。

表1-7　　35个大中城市住宅（新房）销售价格分化情况

年份	2003	2007	2009	2013	2021	2022
平均单价（元/平方米）	2426	4596	5706	8373	17310	16972
标准差	1019	2605	3055	4425	12273	12040
变异系数	0.42	0.57	0.54	0.53	0.71	0.71
北京均价/35城均价	1.84	2.32	2.32	2.13	2.71	2.82

资料来源：国家资产负债表研究中心（CNBS）；国家统计局（住房单价）。

注：变异系数＝标准差/平均单价。

其二，本书所依据的官方数据可能低估了房贷规模。前期为防止房地产市场的过热，"限贷"等调控政策被普遍采用。为规避有关限制，部分本属于短期消费性贷款和经营性贷款的资金实际上流入了房市。以居民短期消费贷款为例，在2017年，即中央明确提出"房住不炒"定位的次年，该项贷款全年增加1.9万亿元，而往年增额均未超过万亿元。此后，短期消费贷在2018年又继续大增2万亿元。

[①] 需要强调的是，这一样本仅限于大中城市。不难想见，如果涵盖大量位于三线、四线、五线的中小城市，房价分化将会更加突出。实际上，部分资源枯竭型或人口大量外流的城市，近年来房价不但增幅放缓，甚至已经出现了绝对意义上的下跌。

虽然不能认为这种"超常"增额全部转做房贷，但这为相关估计提供了思路线索。此外，得益于近年来针对"小微"企业的金融支持政策，个人经营性贷款利率一般明显低于房贷利率。在利差诱使下，少数个人和中介违规将房贷置换为经营贷。显然，这种操作严重扰乱了金融和房地产市场秩序，并使得住房贷款的规模、风险进一步被低估。[①] 2019—2023 年，经营性贷款余额年均增速达到 18%，同期住房贷款增速仅为 6%。正是以上因素，使得真实的房贷规模以及潜在信贷风险可能会高于居民抵押贷款所呈现的水平。

其三，从上述分析可知，得益于较为严格的监管措施和高额储蓄，中国居民房贷风险水平同他国相比尚处于较低水平。然而需要注意的是，由于住房等资产价格通常具有明显的顺周期性，即在经济上行时市场表现良好，反则反之。而在另一端，不同于股权，债务融资一般则具有较强的刚性，即对按时还本付息有较强约束。在面对较大波动或冲击时，这种资产负债表两端的特征差异又会更加突出，使得风险常常出人意料地爆发，并经过信贷链条及抵押品途径层层放大。因此，基于通常情景的静态考察（如财务比率分析），实际上难以准确识别其中的风险。而这也意味着需要某种私人部门或市场之外的力量，如政府资产负债表的逆周期调整来发挥作用。这一点将在后续章节展开讨论。

1.5 结 语

改革开放以来，中国居民收入与生活水平大幅改善。同时，从存量视角看，居民部门的财富规模实现了前所未有的增长，逐渐形成了"藏富于民"的宏观分配格局。本章通过编制 1978—2022 年居民部门资产负债表，分析了其规模扩张与结构变化的主要特点及趋势，并对其中蕴含的政策启示进行了探讨。其主要发现及基本结论如下。

---

① 事实上，相关问题在近年来也受到了决策层的高度重视。参见《国务院关于 2021 年度中央预算执行和其他财政收支的审计工作报告》。

第一，居民资产负债表快速扩张，增速快于同期GDP。1978—2022年，居民总资产从2263亿元增至564万亿元，年均增长19.5%；负债从149亿元增至82万亿元，年均增长21.6%；相应地，作为二者之差，居民财富（或净资产）也从2114亿元增至482万亿元，年均增长19.2%。

第二，尽管在市场化改革进程中，中国居民财富在国民财富中的相对比重几乎持续上升，但横向对比美国等发达经济体，其比重仍偏低。当然，同GDP类似，中国居民人均财富的增速仍明显快于同期的美国。作为结果，1978—2022年，两国居民人均财富差距大幅缩小：二者之比（中国/美国）从1978年的0.4%升至2022年的11.6%。

第三，从资产结构看，在改革开放初期，中国居民资产主要由农村住房构成。随着城镇化进程加快、住房商品化改革全面推进，城镇住房资产迅速增长，自1993年起成为居民最大的资产项目。这也意味着，城镇住房价值的起落成为影响居民财富变化乃至相关经济行为的最重要因素之一。同时，由于金融体系的发展深化，居民金融资产扩张快于住房等非金融资产，并逐渐从以现金、存款为主的传统配置方式向更为多元化的方式演变。

第四，与资产或收入相比，居民负债扩张幅度更为迅猛，导致居民负债水平及相关风险有所上升。1978—2022年，居民资产负债率、居民债务/GDP、居民债务/可支配收入等财务比率大致呈现持续上升态势。其中，作为存量比例的关键指标，居民资产负债率从1978年的6.6%升至2022年的14.6%——而其中的债务扩张主要发生在2008年国际金融危机之后。这一点同美国等先发国家在危机后的家庭去杠杆趋势迥异。分项目来看，在开放住房抵押贷款业务以来，其在居民负债中的占比为50%—60%，因而也构成了居民债务风险的主要潜在来源。

通过上述研究发现可以得出若干政策启示。从资产角度看，住房是居民财富的重要构成，促进房地产市场及相关行业平稳健康发展对于实现居民财富积累尤为重要。为此，应在新型城镇化战略等背景下，加快构建房地产发展新模式和长效调控机制，充分发挥住房资产持续积累对消费、投资等经济活动的积极作用，抑制"挤出效应"等消极方面。从负债角度看，应精准辨识、努力缓解居民部门的债务压力，防范房地产市场引发的部门及系统性风险。为此，可通过因城施策的差异化调控政策，合理引导市场预期及微观行为，避免出现资产价格的大幅起落，并抑制相关的投机炒作、杠杆操作、以债养债等高风险行为。此外，还需加强对各类隐性房贷的监管，防范风险滋生蔓延。从长远视角看，要进一步发展多层次资本市场和财富管理服务，为居民提供更广泛的资产保值增值渠道，减少财富配置中对住房资产的过度依赖，分散、降低相关风险。同时，与多元化资产配置相适应的服务、监管体系也需进一步完善。从国民经济整体视角看，需要存量、流量双管齐下，完善分配制度，促进"藏富于民"，保障财富分配公平合理。就此，应通过财税、金融、户籍、社保、农地等多个领域的改革，稳步提高居民部门在国民财富中的份额，并努力缩小居民之间的财富分配差距，推动共同富裕的实现。

2

市场经济微观基础的演进：
非金融企业部门资产负债表

中国非金融企业作为市场经济的微观基础，在国民经济发展中扮演着重要的角色，其经营活动涵盖了从生产到消费的各个环节，对推动经济增长和社会发展具有重要意义。自1978年改革开放以来，中国非金融企业经历了巨大的变迁。乡镇企业、私营企业、外资企业的"增量发展"，国有企业改革、转型、转制的"存量改革"，以及股份制企业和混合所有制企业的兴起，构成了一幅中国企业蓬勃发展的壮阔图景，展现了改革开放以来市场经济微观基础的演进，从一个侧面反映了中国经济从计划向市场转型、从封闭到开放的大趋势。非金融企业部门资产负债表为反映这一大趋势提供了不可替代的全新的分析视角。

2.1 编制框架

中国非金融企业部门是指中国国民经济中除金融行业以外的所有企业，包括从事制造业、建筑业和服务业等各种非金融商业活动的企业。需要注意的是，本章中的非金融企业部门不包括附属于行政事业单位的非独立核算企业和个体企业，前者归属政府部门，后者归属居民部门。

本章充分利用已有的中国非金融企业部门的数据统计资料，在国际通用的国民经济核算体系（SNA）下，编制了1978—2022年中国

2 市场经济微观基础的演进：非金融企业部门资产负债表

非金融企业部门资产负债表。本章沿袭并改进了2020版的框架和方法，更新了中国非金融企业部门资产负债表至2022年，并将时间回溯至1978年。本次编制的一大重要贡献在于首次估算了1978—1999年的中国非金融企业部门资产负债表。对早年资产负债的估算意味着我们需要使用额外的数据来源，并增加对历史统计资料的运用。1978—1999年资产负债数据的补充和完善，有助于更加清晰地展现改革开放以来中国非金融企业部门的演进趋势和变化特征，从而更加深入和全面地认识中国非金融企业部门。

就估算所需基础数据而言，我们主要利用四个方面的数据：历年《中国统计年鉴》和不同口径非金融企业部门资产负债表、经济普查数据、资金流量表以及金融统计数据（见图2-1）。相比2020版，由于我们增加了对1978—1999年的估算，因此历年《中国统计年鉴》和《新中国六十年统计资料汇编》[①] 成为新的重要原始数据来源。

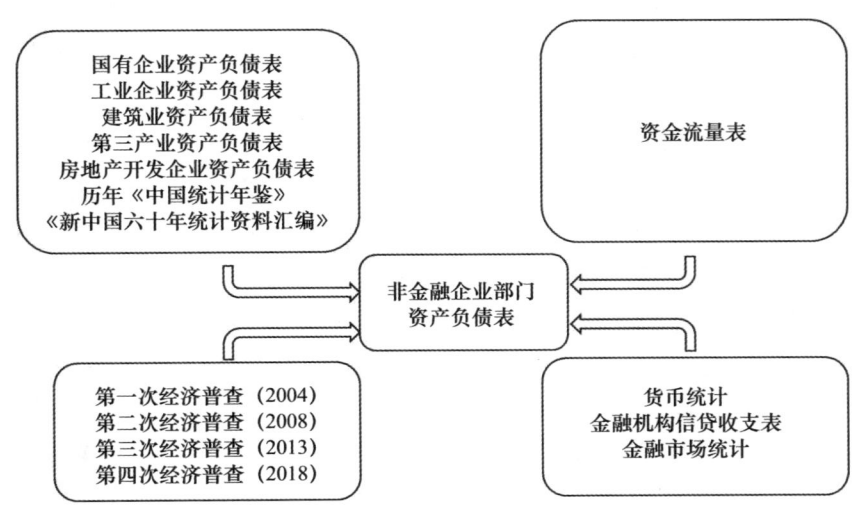

图2-1 主要数据框架

资料来源：笔者自制。

[①] 国家统计局国民经济综合统计司编：《新中国六十年统计资料汇编》，中国统计出版社2009年版。

2.2 编制方法与主要结果

根据图2-1以及上述的估算框架，整个估算过程分为三步。第一步，对资产负债表中总资产、总负债和所有者权益的估算；第二步，对非金融资产项目的估算；第三步最为烦琐，对金融资产和负债项目的估算，涉及金融中介信用和企业间信用，而金融中介信用又涉及银行业和非银金融业。此外，本章还对企业部门进行了公私划分，专门估算了公有制非金融企业净资产。

资产总量估算

与2020版相同，对非金融企业的资产总量，本章主要采用直接的方法进行估算。所谓"直接法"，是指分别估算出各年不同行业的资产，然后将其进行加总，从而得到整个非金融企业部门的资产总量。如图2-1所示，我们已经得到非金融企业部门4次经济普查年份（2004年、2008年、2013年和2018年）的资产总量，以及分行业的资产总量。以此为基础，借助各行业的增加值数据，可以估算出非金融企业部门非经济普查年份资产总量。

具体来说，第一，根据1978—2022年《中国统计年鉴》可以查到历年工业、建筑业、批发和零售业、住宿和餐饮业、房地产业、交通运输、仓储和邮政业以及其他第三产业七大非金融企业部门的增加值数据。第二，我们可以计算出经济普查年份各行业增加值与资产的比例关系，即2004年、2008年、2013年和2018年的各行业增加值与资产的比率。第三，假设增加值/资产比率线性调整，我们可以估算出2005—2007年、2009—2012年和2014—2017年相邻普查年份之间的各行业增加值/资产比率。对于1978—2003年和2019—2022年两个时间段，由于分别缺少开始和结束期的增加值/资产比率，无法对比率进行线性插值，因此为保持一致性，我们简单假设1978—2003年的增加值/资产比率等于2004年增加值/资产比率，2019—2022年增加值/资产比率等于2018年增加值/资产比率。如此，可以

2 市场经济微观基础的演进：非金融企业部门资产负债表

得到 1978—2022 年完整时期的各行业增加值/资产比率。第四，通过这些比率关系和历年各行业的增加值数据，可以分别估算出七大非金融企业部门的资产数据，最后将这些行业的资产数据加总得到整个非金融企业部门的资产总量。

非金融资产估算

在介绍完非金融企业部门资产总量的估算方法后，接下来介绍非金融资产项目的估算方法和过程。关于非金融资产项目的构成，此次估算对此前《中国国家资产负债表》的分类方法进行了修正。在 2020 版及更早期版本（如 2018 版）中，非金融资产主要分成三大部分，即固定资产、存货和其他非金融资产（包括无形资产和递延资产）。非金融资产的这种分类方法是依据企业的会计核算准则，如果我们可以按照自下而上的方法，分别找到每一家非金融企业的固定资产、存货和其他非金融资产具体数据，加总得到整个非金融企业部门的固定资产、存货和其他非金融资产的总量数据，这种方法无疑是最为精确的。但这种自下而上的估算方法在实际中是不可行的，因为我们无法掌握每一家非金融企业的资产负债表信息。在实际估算中，我们更多采用的是自上而下的估算方法，即根据国家统计部门公布的数据进行估算；由于统计部门的相关数据大多遵循的是国民经济核算原则，如果仍然按照会计核算准则对非金融资产进行分类，会存在数据统计口径不一致和重复估算的问题，关于这一点，2018 版有所提及。

具体来说，非金融企业部门固定资产和存货数据主要来自《资金流量表》实物交易中非金融企业的资本形成总额。根据《资金流量表》，资本形成总额包括固定资产和存货两部分。在这里需要注意的是，资本形成总额中的固定资产统计是根据国民经济核算原则，它的统计范围与企业会计准则下的固定资产不完全一致。根据《中国统计年鉴 2006》的表述，资本形成总额是指常住单位在一定时期内获得的资产减去处置的固定资产和存货之后的净额，包括固定资本形成总额和存货变动两部分。固定资本形成总额是指常住单位在一定时期内所获得的固定资产减处置的固定资产的价值总额。固定资产是通过生产活动生产出来，且其使用年限在 1 年以上、单位价值在规定标准以上的资产，不包括自然资产，可分为有形固定资产形成总额和无形固定资产形成总额。有形固定资产形成总额包括一定时期内完成的建筑工程、安装工程和设备工器具购置（减处置）价值以及土地改良，新增役、种、奶、毛、娱乐用牲畜和新增经济林木价值。无形固定资产形成总额包括矿藏的勘探、计算机软件等获得减处置。由此可见，由于采用的是国民经济核算原则，资本形成总额中的固定资产是包括无形资产等其他非金融资产在内的，如果固定资产数据来自《资金流量表》，那么固定资产科目是包括企业会计核算准则下的固定资产加上其他非金融资产科目，此时无须再估算其他非金融资产，否则会带来非金融资产的重复计算，造成整个非金融资产项目的高估。因此，此次估算我们对非金融资产项目进行了调整，依据国民经济核算原则，只包括《资金流量表》中的固定资产和存货两个部分，如此方能避免非金融资产的重复计算和高估，这是本书对 2018 版和 2020 版估算方法所做出的调整。

在固定资产和存货的估算方法方面，与文献中的常见做法类似，本书采用的是永续盘存的方法，即根据每年新增流量进行永续盘存来估算存量，其中固定资产新增流量数据来自《资金流量表》中非金融企业资本形成总额中的固定资本形成总额，存货新增流量数据来自《资金流量表》中非金融企业资本形成总额中存货增加。对于固定资产来说，永续盘存法的公式为：

$$K_t = I_t/P_t + (1-\delta) K_{t-1}$$

其中，K_t 为 t 期实际固定资产存量，I_t 是以当期价格计价的新增固定资产，P_t 为 t 期定基价格指数，δ 为折旧率。为了估算固定资产总量，除了需要每年新增流量数据，还需要估计基期固定资产存量 K_0、构造价格指数 P_t 和设定折旧率 δ。

关于 K_0 的估算，文献中存在较大差异，最终使得 1952 年的资本

2 市场经济微观基础的演进：非金融企业部门资产负债表

产出比分布在 0.6[①] 到 3.75[②] 的区间范围内。虽然文献中 K_0 的确定具有较大主观性，但它的选择对本章固定资产存量估算的影响较小，因为 K_0 的时间通常设在 1952 年，本章的估算针对 1978 年及之后的时段，随着 K_0 的逐渐折旧，以及未来新增流量的越来越高，K_0 的取值对后期固定资产存量的影响将越来越小。[③] 最终本章参照 Holz 的研究，[④] 假设 1952 年资本产出比为 0.6，与之对应的基期固定资本存量为 458.2 亿元（1952 年价格）。

关于 P_t 的估算，1990—2022 年的数据直接来自历年《中国统计年鉴》中的固定资本形成总额指数，1978—1989 年的数据参考张军等[⑤]的做法，参照固定资本形成可比增速计算投资隐含平减指数，数据来自《中国国内生产总值核算历史资料：1952—2004》。[⑥]

关于折旧率 δ 的估算，文献中的设定主要有三种，第一种是 5%，这是早期文献[⑦]中的常见取值；第二种是 10% 左右，这是根据资本品的平均使用寿命和财政部建议的 3%—5% 残值率计算得出（如张军等[⑧]设定的 9.6%，单豪杰[⑨]选择的 10.96%）；第三种是根据分省的折旧额累加得到全国的折旧额，此时不需有明确的折旧率。本章在参考相关文献后，将折旧率设为 10%。在确定了基期存量、价

[①] Holz, C. A., "New Capital Estimates for China", *China Economic Review*, Vol. 17, No. 2, 2006, pp. 142–185.

[②] Chow, G. C., and Li, K. W., "China's Economic Growth: 1952–2010", *Economic Development and Cultural Change*, Vol. 51, No. 1, 2002, pp. 247–256.

[③] Barro, R., and Sala-i-Martin, X., *Economic Growth*, Second Edition, MIT Press, 2004.

[④] Holz, C. A., "New Capital Estimates for China", *China Economic Review*, Vol. 17, No. 2, 2006, pp. 142–185.

[⑤] 张军、吴桂英、张吉鹏：《中国省际物质资本存量估算：1952—2000》，《经济研究》2004 年第 10 期。

[⑥] 国家统计局国民经济核算司编：《中国国内生产总值核算历史资料：1952—2004》，中国统计出版社 2007 年版。

[⑦] 王小鲁、樊纲、刘鹏：《中国经济增长方式转换和增长可持续性》，《经济研究》2009 年第 1 期。

[⑧] 张军、吴桂英、张吉鹏：《中国省际物质资本存量估算：1952—2000》，《经济研究》2004 年第 10 期。

[⑨] 单豪杰：《中国资本存量 K 的再估算：1952—2006 年》，《数量经济技术经济研究》2008 年第 10 期。

格指数、折旧率以及每年新增流量后，便可根据永续盘存法计算出历年的固定资产存量。最后，对于存货来说，永续盘存法相对简单，因为存货不涉及价格指数调整和折旧问题，我们将每年的存货增加直接加总得到历年的存货存量。最终非金融企业部门资产负债表的估算结果如表2-1所示。

表2-1　非金融企业部门资产负债表（1978—2022年）

A：资产净值　　　　　　　　　　　　　　　　单位：亿元

年份	总资产	总负债	资产净值
1978	9378	5008	4370
1979	10349	5417	4932
1980	11759	6191	5568
1981	13209	6744	6465
1982	14208	7266	6942
1983	15454	8109	7344
1984	18214	10139	8075
1985	20546	13499	7047
1986	24512	16559	7953
1987	28402	19734	8668
1988	34588	24974	9614
1989	40555	29520	11035
1990	47891	34315	13576
1991	56307	41430	14876
1992	69311	52254	17057
1993	93995	70701	23294
1994	115207	91703	23504
1995	138877	113124	25753
1996	164997	137761	27236
1997	192928	165748	27180
1998	211884	183449	28435

2 市场经济微观基础的演进：非金融企业部门资产负债表

续表

年份	总资产	总负债	资产净值
1999	240357	204743	35615
2000	277684	237725	39959
2001	305184	255652	49532
2002	341311	282043	59268
2003	399396	328906	70490
2004	501132	438166	62966
2005	557572	498503	59069
2006	680746	629252	51494
2007	944937	933217	11720
2008	1000843	877192	123652
2009	1230956	1166668	64288
2010	1466127	1396914	69213
2011	1634227	1577753	56473
2012	1903274	1879625	23650
2013	2158140	2197844	-39704
2014	2422496	2571497	-149001
2015	2643347	2892741	-249393
2016	2852918	3086745	-233828
2017	3267270	3405571	-138301
2018	3533777	3545257	-11479
2019	3923015	3914539	8476
2020	4226099	4307536	-81438
2021	4719363	4755189	-35826
2022	4889888	4886887	3001

B：总资产

年份	固定资产	存货	通货	准备金	存款	贷款	债券	股票	股权	基金	其他
1978	4753	3465	52	0	604	0	3	0	0	0	501

续表

年份	固定资产	存货	通货	准备金	存款	贷款	债券	股票	股权	基金	其他
1979	5264	3790	61	0	761	0	17	0	27	0	429
1980	5887	4068	77	0	930	0	30	0	61	0	705
1981	6504	4349	89	0	1157	0	218	0	95	0	797
1982	7154	4550	98	0	1327	0	235	0	133	0	710
1983	7900	4775	115	0	1457	0	274	0	186	0	746
1984	9039	5143	190	0	2046	0	323	0	275	0	1198
1985	10847	5929	230	0	2325	0	263	0	432	0	519
1986	12858	6631	280	0	3098	0	260	0	577	0	808
1987	15032	7454	286	0	3669	0	253	0	769	0	938
1988	18984	8673	400	0	4481	0	340	0	1100	0	612
1989	21922	10666	398	0	4819	0	429	0	1292	0	1028
1990	24786	12585	450	0	6265	0	539	0	1542	0	1724
1991	28771	14683	540	0	8020	0	446	14	2000	0	1833
1992	36176	17056	763	0	11077	0	477	394	2845	0	524
1993	51382	19264	1087	1292	13889	0	478	1652	3466	181	1303
1994	64241	21992	1392	1866	18345	0	948	1665	4915	209	-368
1995	76866	25978	1520	2513	23380	0	1461	1609	6614	242	-1306
1996	89746	30214	1610	3099	29011	0	2490	4989	7806	283	-4250
1997	100918	33817	1749	3537	35572	0	3700	8724	6402	308	-1799
1998	110865	35463	1846	4527	41396	0	5796	9858	6096	384	-4346
1999	120732	36887	2049	3822	48411	0	3110	13248	6952	268	4879
2000	133554	37885	2156	4534	57911	0	3870	23397	8896	95	5386
2001	146842	40200	2250	5894	67802	0	3273	21092	11643	112	6078
2002	163398	41533	2393	7411	79778	6114	3625	18564	13930	284	4282
2003	189062	43405	2615	9043	97286	8728	4609	19313	17809	344	7182
2004	225155	47156	2770	79	112057	11591	5181	18507	68767	1148	8721
2005	254783	48880	3001	98	131616	12589	6232	15273	69641	1136	14322
2006	296607	51480	3275	160	149787	15941	9721	43244	86315	2708	21509

续表

年份	固定资产	存货	通货	准备金	存款	贷款	债券	股票	股权	基金	其他
2007	356979	58475	3572	158	182809	25969	9464	154532	94723	14208	44050
2008	446905	68715	3942	0	208037	31225	9888	55019	114484	13068	49558
2009	511767	74099	4306	0	278867	42492	12982	113337	122914	21276	48916
2010	621462	84925	4892	0	327689	77008	16284	123076	145305	26556	38932
2011	757817	98581	5447	0	332516	94795	17181	94133	144768	34634	54355
2012	865722	109220	5768	0	369692	112828	21167	98876	198895	53004	68103
2013	976934	120369	6089	0	402948	141053	25628	106139	199981	77031	101967
2014	1090300	133033	6241	0	427670	161960	29401	152601	202452	110545	108293
2015	1177508	140890	6507	0	478563	168642	33084	213962	146401	149196	128595
2016	1301847	148943	6965	0	556285	171188	44019	211481	98173	166073	147942
2017	1527370	158529	7176	995	595146	184334	53683	233906	160331	187145	158655
2018	1720165	167267	7407	16300	615795	161886	67137	193322	256477	174650	153371
2019	1906712	171494	7765	15292	648839	147697	81855	247709	345546	183424	166683
2020	2002352	180420	8406	17699	719815	145700	99168	323205	333393	195688	200253
2021	2305324	194084	8992	20930	764714	138800	119179	384265	376985	224372	181719
2022	2463345	196025	10366	23067	815851	139000	127331	339025	384668	217191	174018

C：总负债

年份	贷款	央行贷款	债券	股票	股权	其他	资产净值
1978	1751	0	0	0	3257	0	4370
1979	1929	0	0	0	3488	0	4932
1980	2274	0	0	0	3917	0	5568
1981	2655	0	0	0	4089	0	6465
1982	2967	0	0	0	4299	0	6942
1983	3336	0	0	0	4774	0	7344
1984	4300	0	0	0	5839	0	8075
1985	5813	0	0	0	7686	0	7047
1986	7696	0	0	0	8864	0	7953

续表

年份	贷款	央行贷款	债券	股票	股权	其他	资产净值
1987	9350	0	0	0	10384	0	8668
1988	11839	0	0	0	13135	0	9614
1989	14822	0	0	0	14697	0	11035
1990	18392	0	0	0	15923	0	13576
1991	21959	0	0	111	19360	0	14876
1992	26820	0	0	786	24649	0	17057
1993	34191	682	5	3437	32306	81	23294
1994	45056	728	5	3610	42152	151	23504
1995	56186	680	1	3413	52701	143	25753
1996	66990	659	10	9631	60248	223	27236
1997	80336	171	39	17089	67851	262	27180
1998	90565	104	97	19036	73485	162	28435
1999	97607	102	269	25860	80669	238	35615
2000	98655	110	397	47008	91250	305	39959
2001	110143	196	397	42569	102072	275	49532
2002	130312	207	609	37540	113458	-81	59268
2003	154984	206	1418	41627	130186	485	70490
2004	173582	136	1474	36389	225491	1094	62966
2005	189890	67	3378	31925	258965	14278	59069
2006	219529	66	5698	87904	301310	14746	51494
2007	257583	64	8034	292128	354480	20928	11720
2008	296590	44	14358	109730	443571	12900	123652
2009	393101	44	26734	219432	503575	23781	64288
2010	480446	25	38042	243423	600988	33988	69213
2011	552215	25	51814	198245	737963	37492	56473
2012	643584	25	74819	208885	892550	59762	23650
2013	753415	25	92925	219286	1053529	78664	-39704
2014	841038	12	116900	330363	1199752	83433	-149001
2015	896679	72	146258	484650	1265421	99660	-249393

续表

年份	贷款	央行贷款	债券	股票	股权	其他	资产净值
2016	975203	81	181460	465091	1417044	47867	-233828
2017	1084863	102	188467	514460	1580683	36997	-138301
2018	1147716	28	207017	391990	1775130	23376	-11479
2019	1228134	0	235622	528689	1887680	34414	8476
2020	1343413	0	275500	722195	1924242	42186	-81438
2021	1445777	0	299300	854648	2143905	11559	-35826
2022	1605837	0	310100	734189	2230477	6284	3001

资料来源：国家资产负债表研究中心（CNBS）。

2.3 资产—负债总量分析

非金融企业部门资产负债表的分析一般包括资产—负债总量、资产负债—结构和债务风险分析三个方面。资产—负债总量反映的是非金融企业一个时期内拥有的资产和承担的债务，可以全面分析非金融企业部门的整体资产负债情况。通过对资产—负债结构的分析可以了解非金融企业内部非金融资产、金融资产和负债的构成及其变化情况，并进一步分析产生这些结构变化的动因。最后，基于资产负债表的存量指标，我们可以进一步构建资产负债率和宏观杠杆率等指标，以分析非金融企业面临的债务风险。本节对1978—2022年非金融企业部门资产—负债总量进行分析。

不同时期资产—负债总量扩张趋势

从非金融企业资产和负债总量上来看（见表2-1），改革开放四十五年，中国非金融企业部门总资产和总负债迅速扩张，二者的复合年均增速分别达到15.3%和16.9%。非金融企业资产负债总量的扩张，成就了中国非金融企业的繁荣，壮大了中国经济的实力，也构筑了中国特色社会主义市场经济坚实的微观基础。

为进一步分析非金融企业资产—负债总量的变化趋势，我们将非金融企业发展大致分为三个时期：1978—1992年的初步发展时期、1993—2012年的发展深化时期以及2013—2022年的高质量发展时期。图2-2展示了在不同时期非金融企业总资产和总负债的复合年均增速。

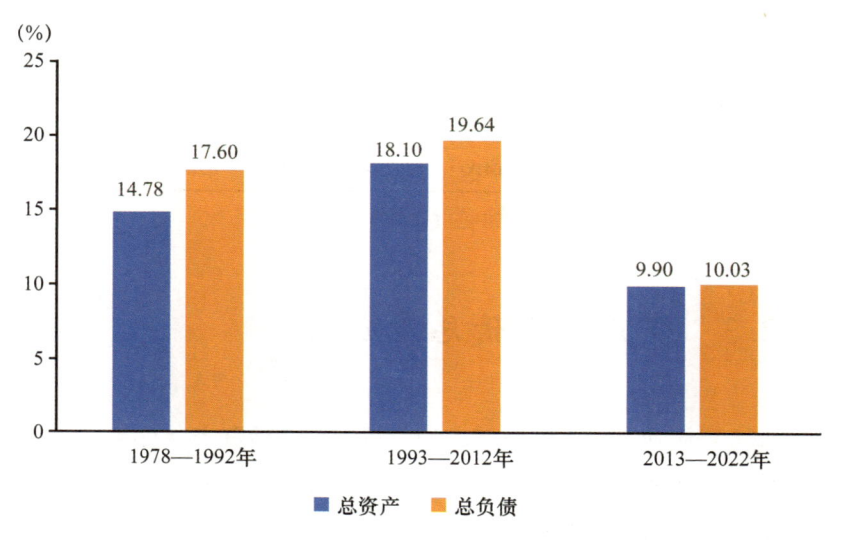

图2-2　不同时期非金融企业总资产和总负债的复合年均增速

资料来源：国家资产负债表研究中心（CNBS）。

1978—1992年是中国非金融企业的初步发展时期。1978年开始的市场化取向改革推动中国经济体制从计划经济转向市场经济，非金融企业也走向自主经营和初步发展时期。在这一时期，一系列改革举措如家庭联产承包责任制、双轨制价格体系、外贸体制改革等，极大地放宽了企业的经营自主权和市场参与度。这些政策推动了非金融企业的自主经营，使得资产年均增速达到14.78%。同时，负债年均增速为17.60%，较资产增速略高，反映了随着自主性和经营规模的扩大，企业的融资需求也在增加。此外，这一时期是中国刚从计划经济体制向市场经济体制的过渡时期，以国有企业为代表的生产资料公有制结构仍是主要的企业所有制类型，但乡镇企业的大发展，改变了单一的公有制结构。1992年，全国登记的乡镇企业单位数有2092万

2 市场经济微观基础的演进：非金融企业部门资产负债表

个，总产值为17880亿元。同时，个体私营企业和各类非公企业类型开始出现，掀起了中国的民营企业发展浪潮。1992年，全国登记注册的私营企业单位数为90.2万个，从业人员771万人，总产值为1214.5亿元；全国登记的个体企业单位数为1849.1万个，从业人员共4678万人，总产值为4674.8亿元。[①] 这些改革大大增强了企业的市场反应能力和竞争力，为非金融企业规模的快速扩张奠定了重要的制度基础。

1993—2012年是中国企业开始快速发展壮大并呈现多元化发展时期。以2001年中国加入世界贸易组织为分水岭，1993—2001年为企业的加速发展时期，2002—2012年为企业的全面深化发展时期。1992年邓小平同志发表南方谈话，随后的政策调整如取消价格双轨制、国企改革的"抓大放小"策略以及中国加入世界贸易组织等，都显著提高了非金融企业的市场参与度和竞争力。尤其是2001年中国加入世界贸易组织后，与国际市场的接轨以及国内改革的配套，为非金融企业提供了广阔的发展空间。在国有企业改革方面，1999年，党的十五届四中全会通过了《中共中央关于国有企业改革和发展若干重大问题的决定》，提出了国有企业改革的目标是建立"产权清晰、权责明确、政企分开、管理科学"的现代企业制度。2006年国资委发布《关于推进国有资本调整和国有企业重组指导意见》，提出了国有资本调整和国有企业重组的基本原则、主要目标和政策措施，同时明确了中央企业集中的关键领域和重组的目标。在私营企业改革方面，2005年《国务院关于鼓励支持和引导个体私营等非公有制经济发展的若干意见》（国发〔2005〕3号）明确提出，要促进非公有制经济发展。在税收政策领域，2008年新修正的《中华人民共和国企业所得税法》实施，统一内外资企业所得税率，公平税负；2012年增值税改革试点启动，营业税逐步转为增值税，以减轻企业负担。这些政策和法规的制定和执行，一方面，对中国非金融企业的发展产生了巨大的推动作用，促进了企业经济效益和国际竞争力的提升，加快了中国经济结构的优化和升级。另一方面，这些举措导致了非金融

---

① 《中国乡镇企业年鉴1993》。

企业部门资产和负债的快速增长，其中资产年均增速达到18.10%，而负债增速更是达到19.64%。

2013—2022年是中国非金融企业由高速增长迈向高质量发展时期。为应对2008年国际金融危机，中国出台了"四万亿"刺激计划，企业（特别是国有企业）资产大幅扩张，企业债务水平也因之大幅上升。2014年，中国进入"三期叠加"的经济新常态。中央通过推进供给侧结构性改革，包括"三去一降一补"（去产能、去库存、去杠杆、降成本、补短板），对前期刺激政策进行"消化"，并将政策重点转向提升企业效率和市场竞争力，非金融企业的资产—负债增速开始换挡，资产年均增速降至9.90%，负债年均增速降至10.03%。

总体来看，非金融企业资产—负债规模的扩张是改革开放四十多年中国经济持续增长的最直观体现，没有企业制度的变革以及由此带来的企业的繁荣发展，中国经济也无法取得今天的成就。

净资产总量的扩张趋势

除了资产和负债，非金融企业净资产也是非金融企业资产负债表的重要科目。在微观企业资产负债表中，企业的总资产与总负债的差额即为净资产，代表企业的所有者权益。然而，国家资产负债表对净资产的定义与之存在差异，根据最新版的《国民经济核算体系（SNA）2008》，非金融企业净资产体现为负债侧的股票和股权，从而总资产和总负债在理论上可以保持平衡，所得到的资产净值为零。根据此定义，图2-3展示了1978—2022年非金融企业净资产（股票+股权）的变化趋势。可以看出，非金融企业部门净资产快速增长，从1978年的3257亿元增长到2022年的296万亿元，年均增长16.7%。净资产的增加代表着企业财富的积累。改革开放以来，中国非金融企业通过投资（包括固定资产投资和金融投资）积累了相当规模的财富，这些财富在按最终所有者"归到"居民和政府部门之后，使得中国整体的财富存量有了大幅增加。

就不同时期来看，1978—1992年非金融企业净资产从3257亿元增长到25435亿元，年均增长15.8%；1993—2012年非金融企业净资产较前一时期有了更为明显的增加，从 35743 亿元增长到 110 万亿元，年均增长 19.8%，高出前一时期 4 个百分点，这一时期恰逢中国经济深化市场化改革的关键阶段。1992 年邓小平同志发表南方谈话后，中国大力推动股份制改革和企业上市，企业通过公开市场募集资金的机会大幅增加，从而显著提升了非金融企业的净资产总量。2001 年中国加入世界贸易组织后，非金融企业进一步融入全球经济，增强了其资金融通和资本积累的能力。随着中国经济进入新常态和对高质量发展的强调，以及政府实施供给侧结构性改革，对企业资本结构产生了深远影响，帮助企业优化资产配置，提升资产效率，虽然企业净资产增速有所放缓，但质量得到了提升。

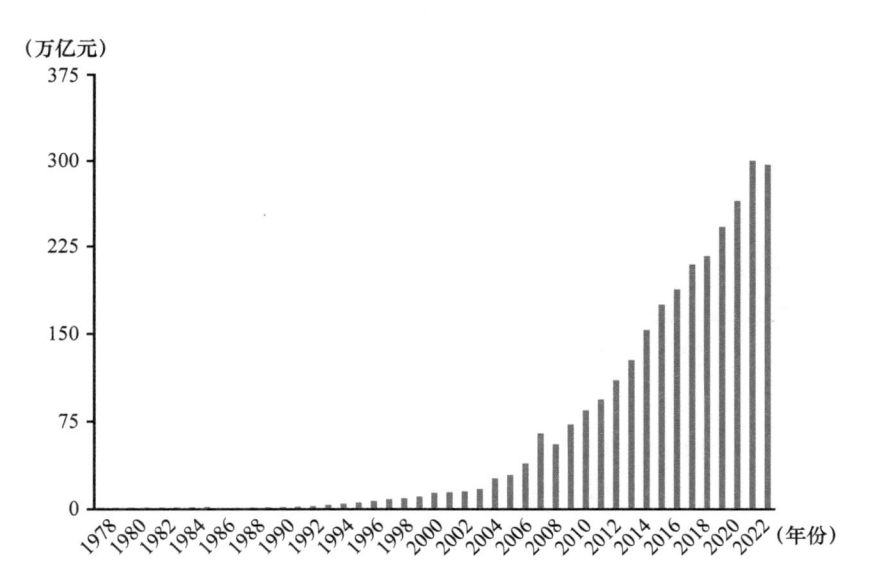

图 2-3 非金融企业净资产变化（1978—2022 年）

资料来源：国家资产负债表研究中心（CNBS）。

2.4 资产—负债结构变化

资产结构变化

图 2-4 显示了 1978—2022 年非金融企业部门金融资产与非金

融资产比重的变化情况。在改革开放初期，由于资本市场和金融机构的发展尚不成熟，非金融企业所持有的资产基本全为非金融资产，所占比重接近90%，随着改革的推进与金融市场的发展，金融资产所占比重呈一路上升趋势，非金融资产份额显著下降，这一趋势持续到2008年前后，二者的比例相当，各占半壁江山。2008—2022年，金融资产所占比重稳中有降，而非金融资产所占比重稳中有升，体现中央的结构性去杠杆以及将经济发展的着力点放在实体经济上的精神。

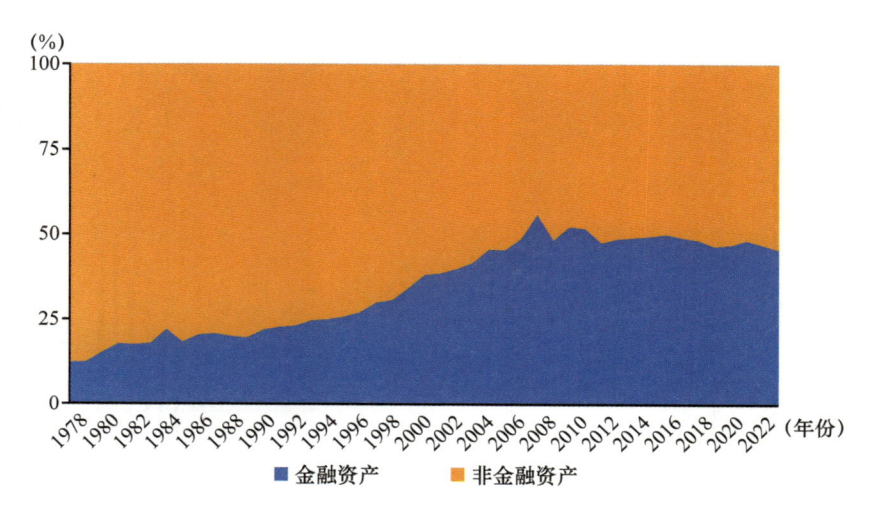

图2-4 非金融企业部门金融资产与非金融资产比重的变化（1978—2022年）

资料来源：国家资产负债表研究中心（CNBS）。

1. 非金融资产结构变化分析

图2-5显示了1978—2022年非金融企业部门固定资产和存货的变化情况。早期的非金融资产中，固定资产和存货的比重相近，体现了当时由计划经济向市场经济转型的阶段性特征。随着1992年以后市场化改革的加速，尤其是2001年加入世界贸易组织之后，中国逐步成为"世界工厂"，工业资产大规模增加。同时，由于政府推动的基础设施建设和房地产开发导致固定资产规模大幅扩张，固定资产成

2 市场经济微观基础的演进：非金融企业部门资产负债表 · 95 ·

为非金融资产中的最主要部分。此外，随着供应链管理技术的进步，存货周转效率提高，这使得存货规模基本为线性增长，在非金融资产中的所占比重越来越小，到 2011 年存货占非金融资产比重已降至 6% 左右。2015 年，政府实施供给侧结构性改革，进一步优化非金融资产结构。此外，2013 年中国提出的"一带一路"倡议推动了跨境投资和海外资产配置，促进了企业非金融资产的国际化。

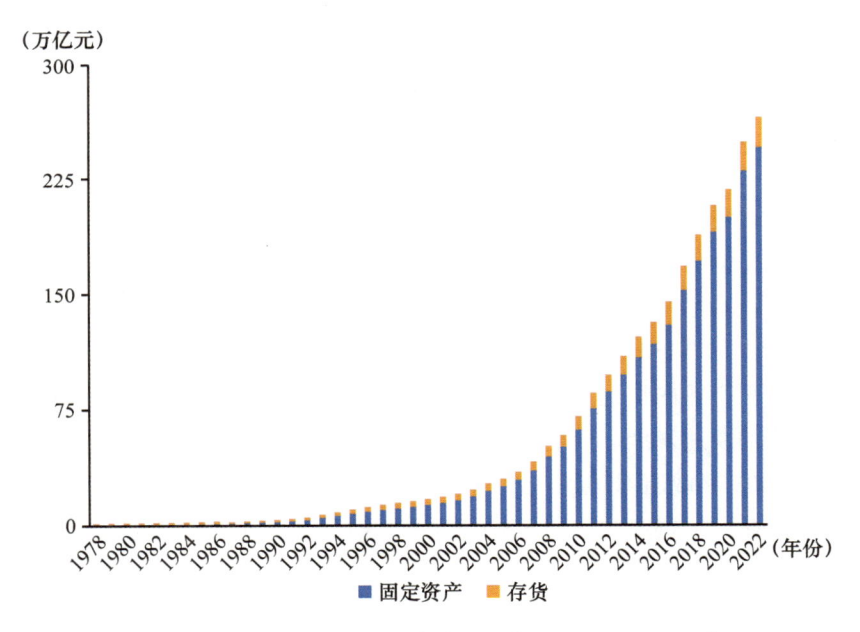

图 2-5　非金融企业非金融资产构成变化（1978—2022 年）
资料来源：国家资产负债表研究中心（CNBS）。

进一步地，固定资产结构也非常能够反映中国投资内容的变化。图 2-6 显示了 1978—2022 年中国三次产业的固定资产存量占比变化情况。固定资产存量计算方法在上文已经提及，使用各产业历年固定资产投资数据，基于永续盘存法得到固定资产存量数据，其中各产业的固定资产投资数据来自历年《中国固定资产投资统计年鉴》。值得提及的是，根据《中国固定资产投资统计年鉴》，我们只能搜集到 1996—2022 年的三次产业固定投资数据，1978—1995 年数据使用《中国国内生产总值核算历史资料：1952—1995》提供的三次产业固定资本形成总额作为投资流量数据。虽然固定资本形成总额和固定资产投资在统计口径上存在一定差异，[①] 但是已有研究指出，在 2003 年之前，固定资本形成总额和固定资产走势是高度一致的，[②] 因此 1978—1995 年使用固定资本形成总额的数据对于趋势的变化不会造成太大差异。

从图 2-6 中可以看出，固定资产结构的变化首先体现在从第一产业向第二、第三产业的转移。这一变化与中国政府长期推动的工业化政策和城镇化进程密切相关，特别是随着城镇化的推进，大量农业劳动力转移到工业和服务业，导致第一产业的相对比重降低。其次，第二产业在 1978—1992 年一直是固定资产投资的主体，占比为 53.81%—57.12%。然而，1978—2002 年，尽管总体占比较高，其增速有所放缓，反映出早期工业化阶段的基础设施和重工业建设逐步完成。随着中国加入世界贸易组织，第二产业尤其是制造业获得了进一步的发展动力，对外贸易的扩大提供了大量的资本积累和技术引进机会，推动了产业升级和技术改进，固定资产的比重在这一时期有所回升。

第三产业的快速上升始于 1992 年，尤其是房地产市场的开放和服务业的快速发展。政府政策的支持，如 1998 年房地产市场化政策，以及 2003 年政府对房地产市场进行宏观调控的政策，都极大影响了第三产业固定资产的投资结构。这一时期，服务业，特别是金融、信息技术和房地产等行业，成为推动中国经济增长的新引擎。2012 年以后，中国政府更加重视高技术和高附加值服务业的发展，政策逐渐从传统的制造业和重工业转向高科技和服务导向的产业，推动了第三产业固定资产比重的进一步增长。这一变化体现了中国经济发展策略的调整，即从规模速度型向质量效益型转变，以适应国内外经济环境的变化，提高中国经济的整体竞争力。

---

① 许宪春具体指出了二者统计口径的四点差异：一是固定资产投资包括土地购置费、旧设备和旧建筑物购置费，固定资本形成总额不包括这些费用；二是固定资产投资不包括城镇和农村非农户 500 万元以下项目的固定资产投资；三是固定资产投资不包括无形固定资产的支出；四是固定资产投资不包括商品房销售增值部分。参见许宪春《中国国民经济核算中的若干重要指标与有关统计指标的比较》，《世界经济》2014 年第 3 期。

② 徐现祥、周吉梅、舒元：《中国省区三次产业资本存量估计》，《统计研究》2007 年第 5 期。

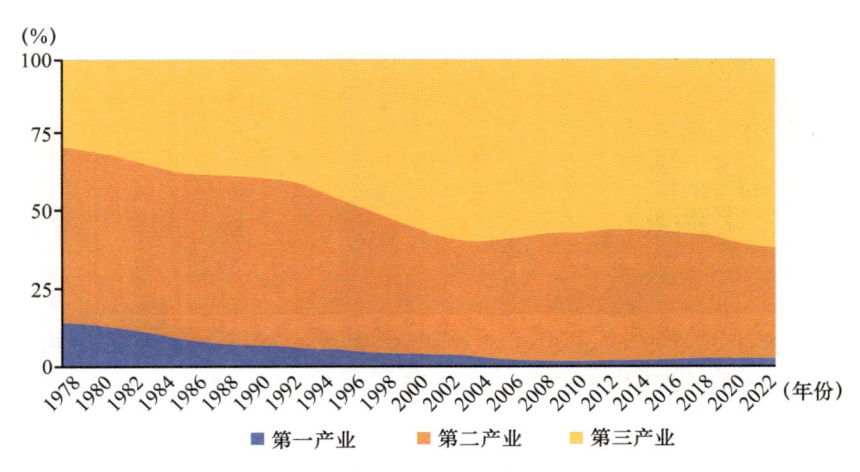

2 市场经济微观基础的演进：非金融企业部门资产负债表

图2-6 三次产业固定资产存量占比变化（1978—2022年）
资料来源：国家资产负债表研究中心（CNBS）。

2. 金融资产结构变化分析

改革开放以来，非金融企业的金融资产结构发生了很大变化，这是一个与国家宏观政策、金融市场发展、企业自身发展战略紧密相关的复杂过程。图2-7显示了1978—2022年中国非金融企业金融资产结构的显著变化，特别是自1992年以后的多样化趋势。在这一时期，随着国家对金融市场的逐步开放和监管框架的完善，非金融企业开始探索除传统银行存款以外的多种金融工具。特别是股票和基金产品的引入，这些变化直接反映了资本市场的深化与扩张，为企业提供了更广阔的资金运作空间和投资机会。在这些变化中，传统金融资产（如存贷款）占比的下降与股票和股权类资产的上升形成鲜明的对比，是改革开放以来中国金融结构变化在企业金融资产中的体现。图2-7显示，传统金融资产所占比重从改革开放之初的60%逐步上升到20世纪90年代中期76%的高点，然后开始回落，2022年所占比重在四成左右。而股票和股权类资产所占比重则由1978年的几近于零，上升到2007年的高点47%，之后逐步回落到2016年的阶段性低点22%，2022年占比在三成左右。

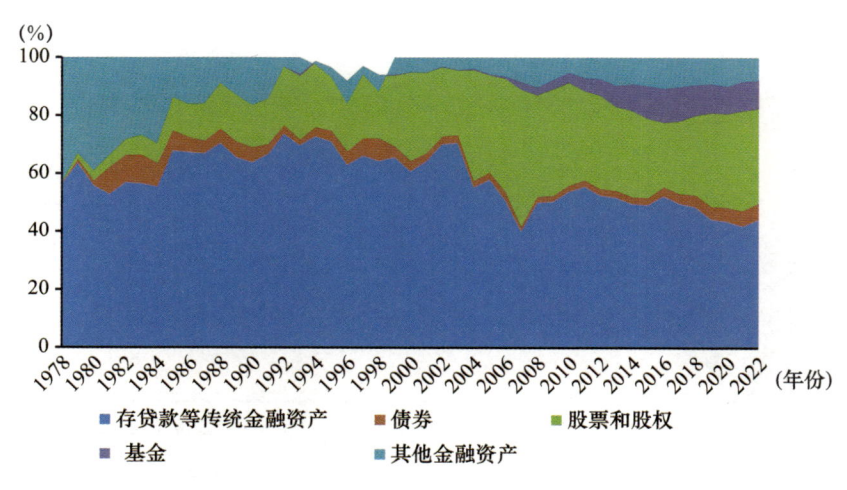

图 2-7 非金融企业各类主要金融资产占比变化（1978—2022 年）
资料来源：国家资产负债表研究中心（CNBS）。
注：空白为误差遗漏。

负债结构变化

图 2-8 揭示了 1978—2022 年非金融企业负债结构的显著变化，即由内源融资（股权融资）、贷款转向多元化融资。在改革开放初期，非金融企业主要是国有企业，资金来源主要是拨款，1985 年基本建设投资拨款改贷款（"拨改贷"）之后贷款占比逐步增长。拨款其实就是企业的股权融资方式，不是债权融资，形成的是"股权负债"。因此，20 世纪 80 年代企业主要是股权负债，占比达到六成以上。由于金融市场的不成熟，企业负债结构以传统银行贷款为主，负债结构较为单一。贷款占比由改革开放初期的三成以上，上升到 20 世纪 80 年代末的五成左右，之后有所回落，2022 年贷款占比仍在三成左右。进入 21 世纪后，尤其在 2008 年国际金融危机的影响下，非金融企业的债务结构再次发生了显著的调整。政府的去杠杆政策和金融稳定措施，推动了企业债务结构的优化，这包括更广泛地利用债券市场和其他市场化融资方式，减少了对单一融资源的依赖。在负债结构中，贷款与股权是占比最大的两个部分。这二者在改革开放初期占到总负债的 100%，到 2022 年占比仍达到八成左右。随着 20 世纪 90 年代市场逐步开放和金融制度的完善，企业直接融资方式逐渐增加，

2 市场经济微观基础的演进：非金融企业部门资产负债表 ·99·

股票与债券融资占比有所上升，到2022年达到两成左右。

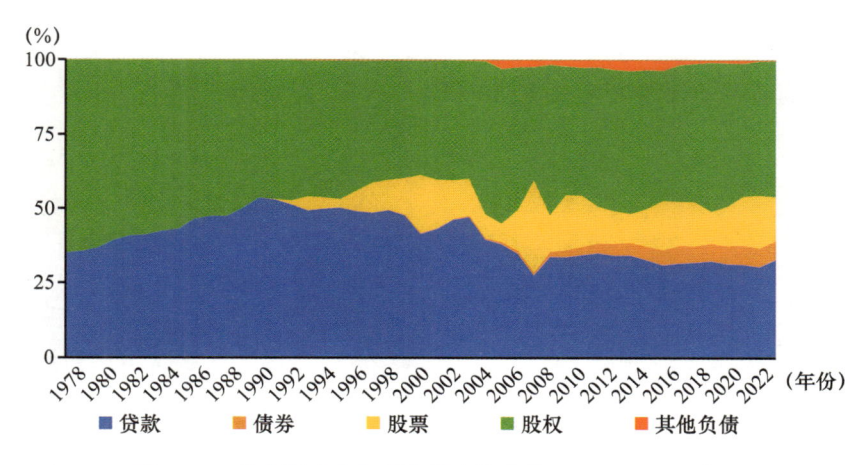

图2-8 非金融企业各类负债占比变化（1978—2022年）

资料来源：国家资产负债表研究中心（CNBS）。

净资产结构变化

企业净资产代表的是企业的累积财富，图2-9展示了1978—2022年工业、建筑业、房地产业和第三产业①等主要细分非金融企业部门的净资产变化情况。第一，对非金融企业部门净资产增长贡献最大的是工业和第三产业，这两个行业的净资产规模均有十分快速的增长，其中工业净资产从1978年的2186亿元增长至2022年的83万亿元，第三产业净资产从1978年的877亿元增长至2022年的150万亿元，而房地产业和建筑业净资产增长相对较少。第二，从不同时期看，1978—1992年，各部门之间的净资产并没有明显差异，均呈现较为平稳的增长态势。1992年之后，各部门净资产增长开始出现分化，工业和第三产业的净资产增长速度明显快于房地产业和建筑业，使得工业和第三产业的净资产占据主要位置。第三，进一步比较工业和第三产业净资产发现，1978—2003年，工业净资产总量一直处于非金融企业部门

---

① 图2-9把房地产业从第三产业中单列出来分析其净资产的变化，因此只有图2-9的分析中第三产业不含房地产业的数据，本章其余第三产业均包括房地产业。

的首位。从 2004 年开始，服务业的净资产规模首次超过工业，升至第一位，且在之后的所有年份一直处于领先地位，并且领先的优势在 2012 年之后愈发明显，到 2022 年第三产业净资产占非金融企业全部净资产比重已经超过 50%。

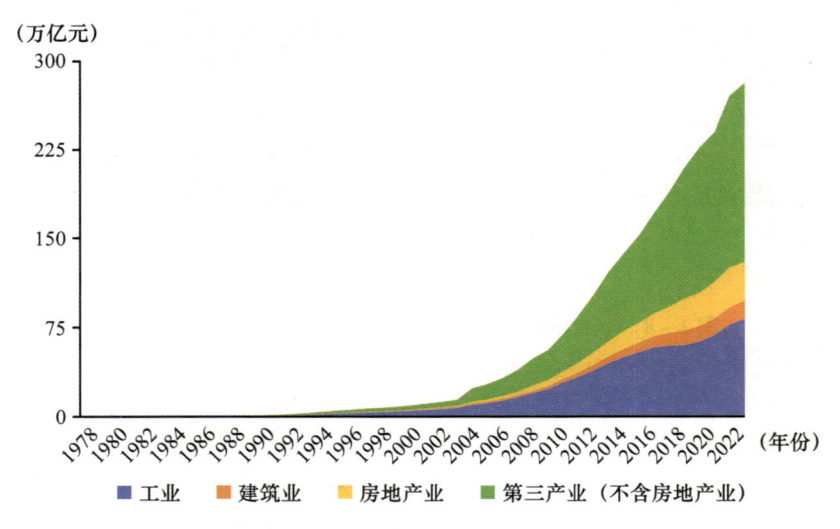

图 2-9 非金融企业各细分部门净资产变化（1978—2022 年）
资料来源：国家资产负债表研究中心（CNBS）。

上述各行业净资产规模及变化从存量视角刻画出改革开放之后中国的工业化进程的推进以及产业投资结构的不断升级。改革开放以来，中国开启了中国特色社会主义现代化建设的伟大实践。在经济高速增长的背后，是一个世界性的实体经济大国和工业大国的崛起。回顾中国的工业化进程，已有研究主要根据人均 GDP 和产业增加值比重等流量指标得出判断，到 2020 年中国已经基本实现工业化，步入工业化后期阶段。[①] 本章从净资产这一存量视角下再次佐证了这一结论。从投资和净资产来看，在改革开放初期，工业领域是产业投资的重心。根据国家统计局和 Wind 统计数据，1985—1990 年第二产业投

---

① 黄群慧：《中国共产党领导社会主义工业化建设及其历史经验》，《中国社会科学》2021 年第 7 期。

资比重由56.6%上升到59.1%。20世纪90年代末，城市化发展带动基础设施和公用事业行业投资增长，2000年第三产业投资比重超过第二产业，达到63.8%。21世纪初期，中国深度融入全球经济成为"世界工厂"，商品需求快速增长带动产业投资不断向制造业领域集中。2001—2008年，第二产业投资年平均增速（28.7%）高于第三产业（19.8%），第二产业投资比重由31.1%提高到45.0%。近年来，随着中国经济步入工业化后期，经济服务化趋势明显，产业投资重心也从商品生产向服务业转移。2009—2019年，第三产业投资平均增速（16.5%）超过第二产业（13.8%），第三产业投资比重也由55.9%提高到68.1%。2020—2022年，新冠疫情对服务业造成更大冲击，叠加外需带动制造业投资增长，第二产业投资平均增速（7.2%）远高于第三产业（2.9%），第三产业投资比重下降至65.3%。投资的变化带来非金融部门净资产存量的变化，产业结构得到不断优化升级。

2.5 公有制非金融企业净资产估算

与中国改革开放进程相伴的是中国企业市场化和所有制结构多样化的推进。在计划经济体制下，非金融企业所有制结构为单一的公有制企业；改革开放之后，单一公有制企业的格局发生了根本变化，多元化的企业所有制开始出现，从私营企业到乡镇企业和股份制企业等，带来中国所有制结构的重大变化。为了加深我们对非金融企业部门所有制结构演进的理解，有必要对公有制非金融企业净资产的变化进行估算。

公有制非金融企业净资产的估算方法

根据已有研究的结果，[1] 分析中国公有制非金融企业净资产占比

---

[1] 李成瑞：《关于我国目前公私经济比重的初步测算》，《探索》2006年第4期；杨新铭、杨春学：《对中国经济所有制结构现状的一种定量估算》，《经济学动态》2012年第10期；裴长洪：《中国公有制主体地位的量化估算及其发展趋势》，《中国社会科学》2014年第1期。

方法大致分为两种：一是实收资本法，即按照实收资本中国有资本和集体资本占刨除法人资本后的总实收资本比例确定公有制净资产占比。这种方法是由李成瑞首先运用，经杨新铭、杨春学、裴长洪补充形成。二是国有控股法，即按照国有及国有控股企业净资产占行业总净资产比例衡量公有制占比。这种方法由来已久，被中国社会科学院经济研究所课题组采用。① 我们分别对两种方法的估计原理进行简要介绍，并说明我们最终选取国有控股法的原因。

1. 实收资本法

所有者权益是所有者对企业资产剩余的索取权，它是企业的资产扣除债权人权益后应由所有者享有的部分，与企业净资产在计算方法上等同。所有者权益分为四部分：实收资本（上市公司为股本）、资本公积、盈余公积、未分配利润，实收资本中不同出资方所占比例多寡代表了他们对净资产索取权的大小。所以，针对一家企业的净资产，按照实收资本份额区分其多少属于公有（国有和集体）、多少属于私有（个人和外商），是符合会计准则与经济学逻辑的。

按照杨新铭和杨春学②的计算公式：

公有制经济资本比重 = 公有制经济实收资本比重

       = 实收资本中国家资本比重 + 集体资本比重

非公有制经济资本比重 = 非公有制经济实收资本比重

        = 实收资本中个人资本比重 +

         港澳台资本比重 + 外商资本比重

之后结合 1996 年、2001 年基本单位普查数据，2004 年、2008 年、2013 年、2018 年经济普查数据，历年《中国工业统计年鉴》数据，历年《大中型批发零售和住宿餐饮企业统计年鉴》数据，我们计算了四行业相应年份公有制经济资本比重。

需要说明的是，由于实收资本法比较依赖普查数据，无论是经济普查数据，还是基本单位普查，数据都是截面的。所以，为了形成时

---

① 中国社会科学院经济研究所课题组、黄群慧：《"十四五"时期我国所有制结构的变化趋势及优化政策研究》，《经济学动态》2020 年第 3 期。

② 杨新铭、杨春学：《对中国经济所有制结构现状的一种定量估算》，《经济学动态》2012 年第 10 期。

间序列数据,需要对没有数据的年份进行插值。假设1996年和2001年规模以上工业企业中公有制净资产占比为0.77和0.66,我们有以下公式:$0.77 \times x^5 = 0.66$。可以解出$x = 0.97$,1997年占比就为0.7469(0.77×0.97),1998年占比为0.7245(0.7469×0.97),其余年份插值以此类推。

2. 国有控股法

国有控股企业是指国有资本在企业实收资本所占比例大于其他任何一方经济成分出资人所占比例的企业;或者虽不大于其他经济成分,但根据协议规定拥有企业实际控制权的企业。按照国有控股企业净资产在某一行业内总净资产所占比重衡量公有制占比的方法称为国有控股法。这种方法的优势在于数据易得、全面、连续,由国资委公布的历年《中国国有资产监督管理年鉴》和由财政部公布的历年《中国财政年鉴》是该方法的主要数据来源。

需要注意的是,尽管国资委和财政部都提供行业齐全的中国非金融企业部门净资产数据,但是按照它们计算的国有控股法公有制净资产占比却并不一样:国资委数据计算的占比要远高于财政部(见图2-10)。

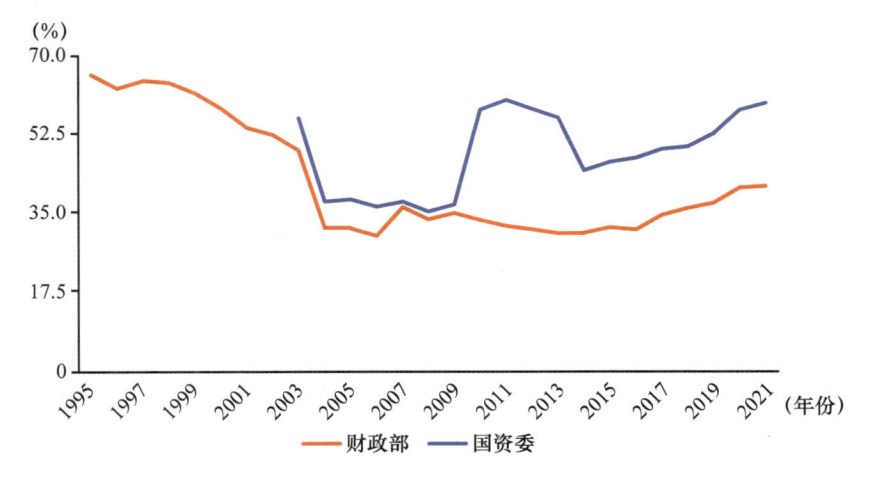

图2-10 不同数据来源下国有控股法衡量的公有制
非金融企业净资产占比(1995—2021年)

资料来源:国家资产负债表研究中心(CNBS)。

3. 两种方法比较

虽然相比于国有控股法，实收资本法更符合会计准则与经济学逻辑，但数据的可得性与连续性无疑是其劣势。我们仅能收集到非金融企业部门中四个行业（工业、建筑业、批发和零售业、住宿和餐饮业）的相关数据。2003年之后，这四个行业净资产加总仅占非金融企业部门总净资产的一半左右，这使得按四行业净资产加权的公有制占比并不能够作为非金融企业部门净资产公有制占比的良好替代。

实收资本法的劣势反而是国有控股法的优势，无论是国资委还是财政部提供的数据都是包含全行业且时间连续的。国有控股法的劣势主要有两点：第一，国有控股法并没有考虑"集体经济"。采用该方法的相关文献经常出于简化分析的目的，用占比太小的原因忽略"集体经济"。第二，即便是按注册登记类型分类的国有独资企业，也有一定规模的个人和外商"股本"，更不用说在总净资产中占比越来越大的混合所有制企业。因此，如果把国有控股企业的净资产全部算作公有制的，可能会高估公有制净资产比例。

图2-11显示了上述四个行业加权实收资本法与国资委和财政部数据源的国有控股法计算得到的公有制净资产占比。可以看出，四行业净资产加权实收资本法衡量的公有制净资产比重较财政部公有制净资产占比略高，2008年之后显著低于国资委公有制净资产占比数据。2012年之后，实收资本法占比数据与财政部公有制净资产占比数据分离，原因是信息技术等新兴产业相比于其他产业净资产积累更快，新兴产业中公有制净资产占比相对较小。四行业加权的实收资本法用"旧"行业占比增速替代"新"行业占比增速，导致高估公有制净资产在新兴产业中的占比，进而使得对非金融企业公有制净资产占比估计整体偏高。如果考虑财政部数据，国有控股法虽然包含较为齐全的产业分类但倾向于高估公有制净资产占比的方法特征，我们认为，符合经济学逻辑的全行业实收资本法公有制占比数据可能略低于财政部公有制净资产占比。

在充分考虑上述问题的基础上，本章使用由财政部公布的《中国财政年鉴》作为数据来源计算的国有控股法指标，将其作为衡量整体非金融企业部门净资产公有制占比的指标。这样选择的原因如

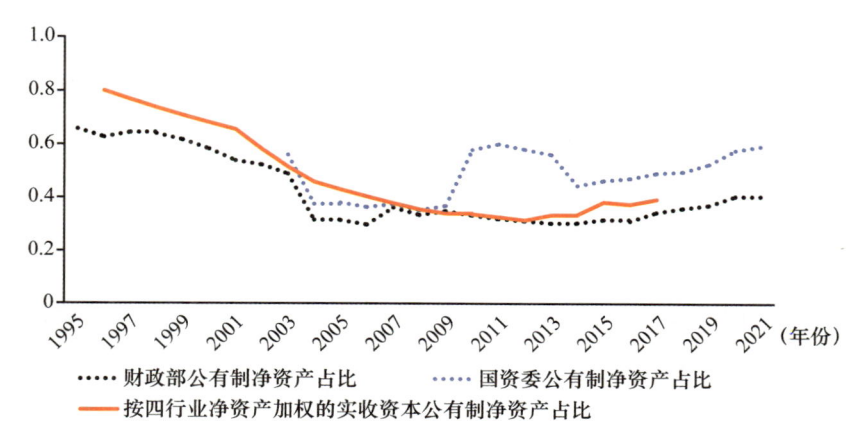

**图 2-11　四行业加权实收资本法与两数据源国有控股法
公有制净资产占比（1995—2021 年）**

资料来源：国家资产负债表研究中心（CNBS）。

下：第一，虽然实收资本法更加符合会计准则，但是四个行业占非金融企业部门净资产份额过低，不适合表征整个部门的公有制占比；第二，国有控股法本就倾向于略微高估公有制净资产占比，选取国资委公布的《中国国有资产监督管理年鉴》数据恐怕会使估算偏差进一步放大，所以从稳健性出发，我们选择《中国财政年鉴》作为计算国有控股法指标的数据来源。

公有制非金融企业净资产估算结果分析

根据上述的国有企业控股法，基于已有的统计资料，本章估算了 1996—2021 年公有制非金融企业净资产。图 2-12 显示了 1996—2021 年按国有控股法估算的公有制非金融企业部门净资产及其所占非金融企业净资产总量的比重情况。可以看出，虽然公有制非金融企业净资产总量在持续增加，从 1996 年的 35531 亿元增加至 2021 年的 97 万亿元，复合年均增速达 14.1%，但是其所占非金融企业净资产比重却整体呈下降趋势，从 1996 年占比达 65.6% 下降至 2007 年的最低值 29.8%，此后的年份公有制净资产占比稳定在 30%—41%。2013—2021 年公有制净资产比重稳中有升，从

2013年的31.3%增加至2021年的40.5%。公有制净资产占比的变化符合改革开放以来中国所有制结构的变迁历程，如前所述，改革开放开启的市场化进程打破了公有制企业一家独大的格局，其他所有制企业开始蓬勃发展，因此公有制净资产占比出现了趋势性的下降。

近些年随着一系列深化国企改革措施的提出和政策的完善，国有企业的经营情况明显改善，有效促进了国有经济的壮大。公有制非金融企业部门净资产占比自改革开放以来的下降趋势在新时代之后得到遏制，"十三五"之后得以扭转。

图 2-12 公有制非金融企业部门净资产及其占比（1996—2021 年）

资料来源：国家资产负债表研究中心（CNBS）。

随着中国经济发展，公有制非金融企业部门净资产内部也经历了结构性重塑。图 2-13 显示了 1995—2021 年不同产业在非金融企业公有制净资产的占比变化情况。从公有制非金融企业净资产内部按产业分布而言，第二产业净资产占总公有制净资产比重整体呈现下降趋势，而第一、第三产业呈现上升态势。特别是社会服务业，1995 年社会服务业净资产占非金融企业部门净资产的比重趋近于 0，2021 年比重上升至 26.67%，年均增长率为 10.38%。从国家政策上看，2013 年《中共中央关于全面深化改革若干重大问题的决定》明确提出，"加快转变政府职能"。强调政府要为市场和社会提供高效便捷的公共服务，以更好地服务人民群众。这一转变的体现之一就是公有制非金融企业净资产占比上升主要是由以社会服务业为主的服务型第三产业净资产增加推动的。政府推动服务型政府建设，以加强服务型公有经济为抓手，更加关注民生，为人民群众提供优质高效的公共服务，为中国现代化国家治理奠定了坚实基础。

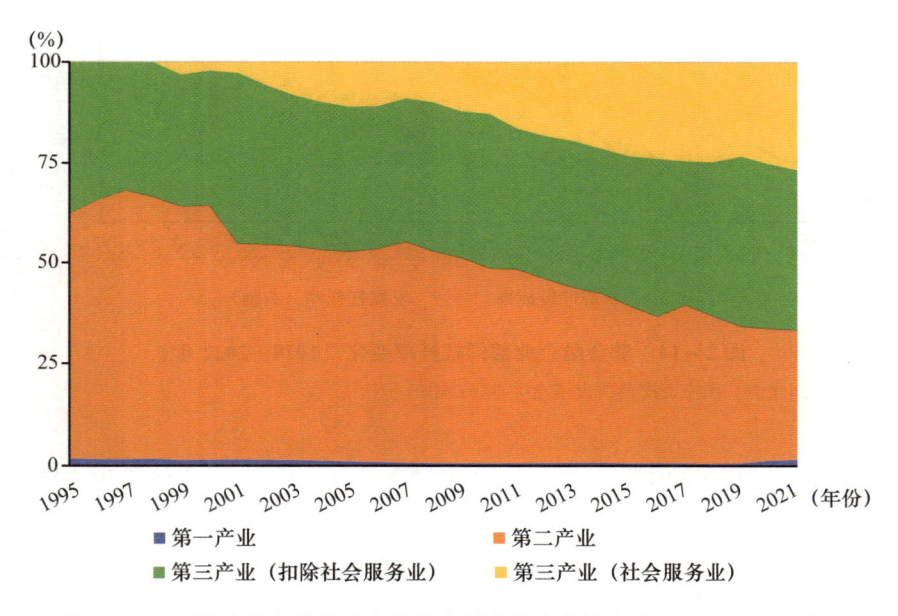

图 2-13 不同产业在非金融企业公有制净资产中的占比（1995—2021 年）
资料来源：国家资产负债表研究中心（CNBS）。

2.6 非金融企业部门的杠杆率

非金融企业的债务风险一直为学界和社会所关注。债务风险一般可以使用杠杆率来衡量。就非金融企业而言，杠杆率包括微观杠杆率和宏观杠杆率两个概念。非金融企业的微观杠杆率即资产负债率，宏观杠杆率是指非金融企业的债务余额与 GDP 的比率，通常所说的非金融企业杠杆率是指宏观层面上的杠杆率。图 2-14 显示了 1978—

·108· 中国国家资产负债表（1978—2022）

2022年中国非金融企业部门的资产负债率和宏观杠杆率（债务/GDP）的整体变化情况。

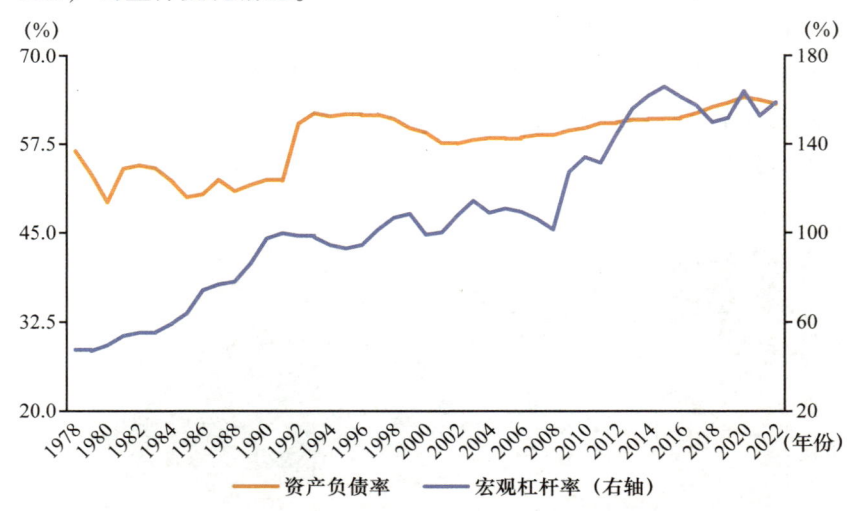

图 2-14 非金融企业部门杠杆率变化（1978—2022 年）

资料来源：国家资产负债表研究中心（CNBS）。

企业资产负债率在1978—1991年维持在50%—57%；邓小平同志发表南方谈话以后有一个跃升，1992—2011年基本在60%左右；2012年中国经济进入新常态，资产负债率略有上升，但仍然不到65%。总体上波动并不太大，上升态势也并不是非常明显。

相较而言，企业宏观杠杆率上升态势十分显著。从1978年的47.6%上升到1991年的99.8%；1992—2008年，宏观杠杆率有一定的波动，曾经在2003年达到114.3%的阶段性高点，但在2008年又回落至101.5%，重回20世纪90年代初的水平。为应对2008年国际金融危机，中央实施了"四万亿"刺激计划，企业宏观杠杆率在此大背景下也大幅攀升，从100%左右的水平上升到2015年的165.9%的历史高点。此后在去杠杆政策作用下，企业宏观杠杆率有所回落，但因新冠疫情冲击，GDP增速回落，导致企业宏观杠杆率被动上升，2022年处在160%左右的水平。

为了进一步了解非金融企业宏观杠杆率快速上升的原因，我们可以对宏观杠杆率进行拆解。由于宏观杠杆率等于债务/GDP，因此宏

2 市场经济微观基础的演进：非金融企业部门资产负债表

观杠杆率的变化方向由债务增速和名义 GDP 增速的高低决定。如果债务增速高于 GDP 增速，那么宏观杠杆率上升，否则宏观杠杆率下降。根据改革开放以来非金融企业宏观杠杆率的变化情况，我们将 1979—2022 年分为五个阶段，每个阶段的分解结果如表 2-2 所示。

表 2-2   分时期非金融企业部门宏观杠杆率拆解   单位：%

年份	期初杠杆率	期末杠杆率	杠杆率增幅	杠杆率年均增速	债务年均增速	名义 GDP 年均增速
1979—1991	47.6	99.8	52.2	5.9	21.5	14.8
1992—2003	99.8	114.3	14.5	1.1	17.8	16.5
2004—2008	114.3	101.5	-12.8	-2.3	15.6	18.4
2009—2016	101.5	161.4	59.9	6.0	17.8	11.2
2017—2022	161.4	158.8	-2.6	-0.3	8.1	8.4

资料来源：国家资产负债表研究中心（CNBS）。

从表 2-2 中可以看出，1992—2003 年宏观杠杆率增幅和年均增速较 1979—1991 年有所下降的原因在于，名义 GDP 年均增速从 14.8% 增加到 16.5%，同时债务年均增速从 21.5% 下降至 17.8%，但由于 1992—2003 年债务年均增速仍大于名义 GDP 年均增速，因此这一时期宏观杠杆率仍在增加。但 2004—2008 年，杠杆率开始下降，原因在于名义 GDP 年均增速进一步从 16.5% 增加至 18.4%，而债务年均增速进一步从 17.8% 降至 15.6%，并且这一时期的名义 GDP 年均增速大于债务年均增速，宏观杠杆率开始下降。2008 年国际金融危机后，非金融企业重新回到加杠杆阶段，2009—2016 年债务年均增速从前一时期的 15.6% 增加到 17.8%，而名义 GDP 年均增速从 18.4% 下降到 11.2%，使得宏观杠杆率快速提升。虽然 2017 年后中国名义 GDP 年均增速相比前期进一步下降，从 11.2% 降至 8.4%，但是各类去杠杆和紧信用等政策对企业举债的限制，非金融企业的债务年均增速由前期的 17.8% 大幅降至 8.1%，这使得 2017—2022 年的非金融企业宏观杠杆率有所下降。

与趋势性上升的宏观杠杆率不同，非金融企业部门的资产负债率一直保持在相对稳定水平,这种宏观杠杆率和资产负债率的背离现象在 2008 年国际金融危机之后愈发明显,引起了学界的广泛关注,不同学者也从不同角度尝试对此现象做出解释。① 与对宏观杠杆率的拆解类似,我们也可以从公式出发,来进一步理解非金融企业两类杠杆率的背离现象。根据宏观杠杆率的公式,进行简单变形,可以得到:

$$宏观杠杆率 = \frac{债务}{名义 GDP} = \frac{债务}{总资产} \times \frac{总资产}{名义 GDP} =$$

$$资产负债率 \div \frac{名义 GDP}{总资产}$$

由上述公式可知,宏观杠杆率和微观杠杆率或资产负债率的背离,反映的是名义 GDP 与总资产之间的比值。名义 GDP/总资产代表的是单位总资产创造增加值的能力,即资产的产出收益。因此,单位总资产在不同时期创造增加值的能力不同,会使得不同时期的宏观杠杆率和微观杠杆率之间出现分化。为此,我们计算了 1978—2022 年名义 GDP 与非金融企业部门总资产的比值;并且,为了进行比较且进一步反映非金融企业部门单位总资产创造本部门增加值的能力和效率,同时计算了 1978—2022 年非金融企业部门增加值与总资产的比值,结果如图 2 – 15 所示。可以看出,1978—2022 年,非金融企业部门单位总资产创造本部门增加值和整体 GDP 的能力保持高度的相关性,变化趋势几近一致。具体来说,在改革开放的初期,非金融企业的单位总资产创造的 GDP 在 0.36—0.45 的区间范围内波动,最高达到 1995 年的 0.44;非金融企业单位总资产创造的本部门增加值在 0.25—0.36 的区间范围内波动。此后,整体上非金融企业单位总资产创造 GDP 和本部门增加值的能力呈下降趋势。正是单位总资产创造 GDP 的能力在下降,才使得宏观杠杆率和微观杠杆率出现分化。近些年名义 GDP/非金融企业部门总资产和非金融企业部门增加值/总资产的数值开始趋于稳定,2020—2022 年分别稳定在 0.24 和 0.22

---

① 蔡真、栾稀、黎紫莹:《从资产回报率看企业杠杆——兼论宏微观杠杆率的两层背离》,载中国社会科学院国家金融与发展实验室编《管理结构性减速过程中的金融风险》,社会科学文献出版社 2017 年版;汤铎铎、李成:《全球复苏、杠杆背离与金融风险——2018 年中国宏观经济报告》,《经济学动态》2018 年第 3 期。

左右，企业的宏观杠杆率与微观杠杆率的背离程度也就并没有进一步加剧。

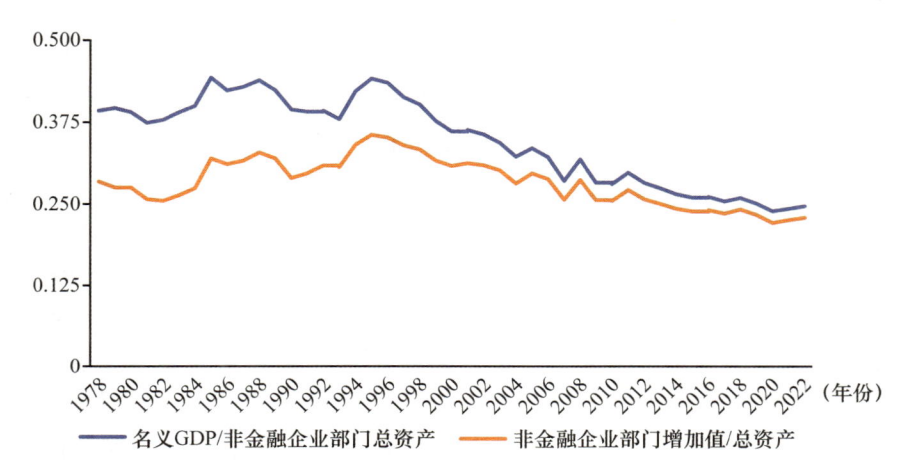

图 2-15 名义 GDP/非金融企业部门总资产与非金融企业部门增加值/总资产变化（1978—2022 年）

资料来源：国家资产负债表研究中心（CNBS）。

2.7 结语

本章在 2020 版的基础上重新编制了中国非金融企业部门资产负债表，本次编制主要有以下几方面的改进：第一，首次估算了 1978—1999 年的中国非金融企业部门资产负债表；第二，对非金融资产的估算方法和科目进行了调整，避免了非金融资产的高估；第三，增加了对改革开放以来公有制非金融企业净资产的估算。

通过中国非金融企业部门资产负债表数据，我们看到改革开放以来中国市场经济微观基础的演进，企业规模的扩大、资本结构的优化以及市场主体的多元化构成四十多年来中国企业发展的显著特点。

第一，改革开放以来，随着中国经济的持续增长和扩张，非金融企业总资产规模增长迅速，特别是固定资产和金融资产，这不仅体现在国有企业的资产扩张上，也体现在民营和外资企业的快速增长上。

第二，服务业部门净资产规模已经超过工业，稳居第一位，表明在存量视角下，改革开放以来中国的工业化进程不断推进，产业结构得到不断优化。

第三，非金融企业的负债结构也随着融资渠道的拓展变得更加复杂。除了传统的银行贷款，企业开始利用债券、股权融资等多样化的融资方式。这导致非金融企业总负债增加，同时负债结构从简单的银行贷款逐步演变为包含多种金融工具。

第四，改革开放以来，随着市场化进程的推进，企业所有制结构由单一国有制企业开始向多元化企业所有制类型发展，公有制非金融企业净资产所占比重呈趋势性下降；近些年，随着中国国企改革的深化，非金融企业部门净资产公有制占比自改革开放以来的下降趋势得到遏制和扭转。

第五，在改革开放进程中，企业的宏观杠杆率经历了波动式上升，企业的资产负债率保持在相对稳定水平，宏观杠杆率和资产负债率之间产生背离。近些年，随着金融去杠杆和金融供给侧结构性改革取得的积极进展，非金融企业的杠杆率背离现象得到了明显改善，非金融企业单位总资产创造 GDP 的能力趋于稳定。

3

超越"发展型政府"：政府部门资产负债表

改革开放以来，在持续推进市场化取向改革的同时，中国也经历了深刻的"政府改革"。这两种改革实际上是中国式现代化进程这个"一体"的"两面"。市场制度的培育、发展、运行、维护，自然离不开政府发挥重要而积极的作用。而政府在新的市场经济条件下，也不可避免地面临着自身角色定位的转变和政策工具的创新。更为重要的是，新时代以来，中国经济从高速增长迈入高质量发展的新阶段。在此过程中，政府又面临着如何超越"发展型政府"的时代课题：一方面要从直接的建设者转向更高水平公共服务的提供者；另一方面要继续在应对内外风险、维护国民经济平稳运行、实现高水平科技自立自强、发展新质生产力以及统筹发展和安全中发挥重要作用。以上这种深刻、复杂的变革也充分反映在若干存量指标的规模变化与结构调整之中。政府部门资产负债表不仅为反映改革开放以来政府角色的演进，更为描绘新特征、新趋势以及背后的作用机制提供了系统性的分析框架、不可替代的观察视角和独特丰富的数据信息。

3.1 "政府部门"的概念、口径及编制方法

在前期成果的基础上，本书将政府部门资产负债表的编制时期扩展至1978—2022年。其中，核算框架与主要科目基本保持不变，但结合新的数据、方法和相关文献，此处对有关项目估算进行了调整改

进与补充完善。

在概念上，本书的政府部门指公共部门。关于其核算口径，有两点需要强调：其一，政府部门包括中央、地方各级政府以及事业单位——三者构成公共统计中常见的"广义政府"（General Government）。然而从中国实际可知，由于其典型的"单一制"的行政体制架构，中央与地方的财政关系异常紧密，甚至从资产最终归属及债务清偿的角度看，央、地权责划分并不明确。这一点同美国、加拿大等"联邦制"国家的情况差异较大。此外，在实践中也存在事业单位和行政单位界限不清、"混编混岗"等现象。有鉴于此，本次编制仍遵循前例，未再区分上述三个子部门。其二，本书的政府部门资产负债表虽然不直接囊括国有金融机构与国有非金融企业相关报表，[①] 但包含了国有企业净资产中的政府份额，并以"股权"项目归入政府金融资产方。显然，这也成为中国公有制经济主导地位最直接、最重要的表现。

从具体科目看，在政府部门的资产端，包括固定资产、建设用地、公共基础设施、公有住房、国土资源等非金融资产，以及现金、存款、国企股权等金融资产。在其负债端，主要有债券、事业单位贷款等项目。同其他部门一致，资产与负债项目的差额构成了政府的净资产（或称净值、财富）。

由于政府金融资产及负债各项的估算将在金融部门相关分析中一并介绍，本节仅介绍政府非金融资产项目的估算方法及数据来源。

其一，国有建设用地。根据数据来源的差异，估算方法按不同时段有所调整。第一，1981—1999 年数据按照 2000 年数值及假设的"综合增速"估算。其中"综合增速"根据固定资产价格指数和城市建设用地面积增速之积得出。第二，1978—1980 年数据根据 1981 年数值及当年增速倒算。第三，2020—2022 年数据，首先根据 2017—2019 年的历年"国有土地使用权出让金收入"与"国有土地收益基

[①] 因此，本书的政府部门内涵也不同于李扬等关注的更宽口径的"主权部门"。关于国有企业资产负债详情将在本书相关章节另述。参见李扬、张晓晶、常欣等《中国主权资产负债表及其风险评估（上）》，《经济研究》2012 年第 6 期。

金收入"决算数之和与2020版估算的相应年份建设用地价值确定经验比例关系，然后再以上述三年的土地收入项目金额加以估算。资料来自历年《中国统计年鉴》。第四，2000—2019年估算方法未做调整，即按照历年出让国有建设用地面积的3倍估算储备用地面积，再通过土地勘测规划院发布的"全国105个主要监测城市综合地价"（含住宅、商业、工业用地）得出土地总价值。

此外，以上估算中所需的1978—1989年固定资产价格指数根据《中国国内生产总值核算历史资料：1952—2004》公布的固定资本及可比增速计算。2020—2022年指数则以"生产者出厂价格指数"替代。1990—2019年指数直接来自历年《中国统计年鉴》。

其二，基础设施。首先借助广泛应用的"永续盘存法"，即 t 年资本存量余额 K（现价）可表示为：

$$K_t = K_{t-1}(1-\delta)(1+P_t) + I_t$$

其中，δ 为折旧率，P 为资产价格指数，I 为当期投资额。

本书以1978年当年基础设施投资额的3倍作为基期资本存量，再以年10%折旧率以及固定资产价格指数进行调整。[①] 按此设定，对1978—2022年数据进行了重新估算。当然，对比同期序列（1999—2019年），本次调整和前版估算得出的数值结果高度接近，但新调整数值略小——平均约为原估算值的97%。

需要强调的是，上述"基础设施投资额"包括市、县道路桥梁、园林绿化和市容环境卫生投资（不含轨道交通、公共交通、地下管廊），以及村级公共投资（未细分）。因其管理主体主要为事业单位，

[①] 张军、吴桂英、张吉鹏：《中国省际物质资本存量估算：1952—2000》，《经济研究》2004年第10期；单豪杰：《中国资本存量K的再估算：1952—2006年》，《数量经济技术经济研究》2008年第10期。需要指出，此处关于基期资本存量与投资额流量的关系设定对此后年份数值的影响会随时间快速消失。例如，在3倍或4倍的存流量比例设定下，相关资产估算值的差异在10年后（1988年及以后）便会缩至1%以内。另外，关于年资本折旧率，如使用另一常见设定，即9.6%，资产估值则相应增加，但各期差异均小于2.5%。根据审慎性的资产负债表编制原则，即在合理范围内，资产估算取低值、负债估算取高值，我们认为遵循前版研究的10%折旧似更为合理。另可参见Herd对中国相关研究的总结，Herd, R., "Estimating Capital Formation and Capital Stock by Economic Sector in China: The Implications for Productivity Growth", Policy Research Working Paper, No. 9317, World Bank, 2020。

因此不存在同国有企业相应资产项目重复计算的问题。① 资料来自历年《中国城乡建设统计年鉴》。其中，由于数据缺失，1978—2000 年县投资额按照 2001—2010 年县级投资与市级投资比例估计；1978—1989 年村投资额按照 1990—1999 年村级投资与市级投资比例估计。由于截稿时城乡建设投资数据尚缺，2022 年估算以 2017—2021 年 5 年平均增速外推得出。

其三，行政及事业单位固定资产。主要包括房屋（占比近一半）、车辆、专用设备、通用设备及其他资产等。② 具体估算方法如下：第一，根据《中国会计年鉴》公布的行政、事业单位"资本性支出（基本建设）"和"资本性支出"两项与上年存量估算值（经折旧和价格调整）相加，得出 2020 年数值（方法类似上述的基础设施）。然后假设后者等于该年固定资产、在建工程、无形资产、存货四项合计，再按照 2019 年各项比例加以分配。2021 年、2022 年数据以最近 5 年平均增速外推，仍假设分项比例不变。第二，1978—1998 年估算根据最后统计期后 5 年平均增速倒推。第三，1999—2019 年估算方法未做调整，即直接来自历年《中国会计年鉴》行政事业单位资产负债表相关项目。

其四，在建工程、无形资产、存货。此三项规模较小的资产，在历年《中国会计年鉴》中的口径曾多有调整，因此时序维度上的可比性较差，但其总额（也包含以上的固定资产）的可比性相对较高。③ 具体估算如下：第一，1978—1999 年在建工程和无形资产数据、1978—1998 年存货数据，均按照期后 5 年平均增速倒推。第二，2020—2022 年估算方法见上述"固定资产"项的估算。第三，1999—2019 年估算方法未做调整。

其五，公有住房。如前所述，在计算城镇居民住房中，本书对公

---

① 由于此处关注重点在于管理主体而非设施的功能，因此本书的基础设施概念同其他相关文献有一定差异。例如，金戈根据世界银行的分类，区分了"经济基础设施"和"社会基础设施"。参见金戈《中国基础设施与非基础设施资本存量及其产出弹性估算》，《经济研究》2016 年第 5 期。

② 关于政府固定资产、在建工程、无形资产、存货四项的具体内涵，可参阅《中国会计年鉴》及财政部于 2018 年修订印发的《政府综合财务报告编制操作指南（试行）》。

③ 李扬、张晓晶等：《中国国家资产负债表 2020》，中国社会科学出版社 2020 年版。

有、私有住房进行了区分。前者主要包括公租房、廉租房，以及经济适用房和"两限房"中的公共持有部分。具体估算方法见居民部门有关章节。

其六，在改进方法的基础上，本书继续从农业产值出发，估算了作为自然资本的国土资源资产，并按照有关制度规范，将之列入政府部门非金融资产。鉴于这一资产项目较大的规模及部门归属的特殊性，相关估算方法另见本章第4节。此外，由于数据、方法上的限制，本书仍未考虑如矿产、油气、水力等其他资源类国有资产。[①]

3.2 主要估算结果及整体扩张趋势

主要估算结果

按照上述方法，此次更新结果汇总如表3-1至表3-3所示。

表3-1　　　　政府部门资产负债表（1978—2022年）　　　单位：亿元

年份	非金融资产	金融资产	总资产	总负债	净资产	净金融资产	资产负债率（%）	金融资产负债率（%）
1978	10475	3636	14111	0	14111	3636	0	0
1979	12580	3849	16429	35	16394	3814	0.21	0.92
1980	14338	4167	18505	233	18272	3934	1.26	5.60
1981	16470	4363	20833	428	20405	3935	2.05	9.81
1982	18832	4732	23564	493	23071	4240	2.09	10.42
1983	21160	5167	26328	585	25742	4582	2.22	11.33
1984	24836	5665	30502	712	29790	4954	2.33	12.56

[①] 实际上，尽管美国、欧盟等发达经济体有较为完善的资产负债表统计，但也未充分估算此类资产。从其他思路出发，也有一些关于自然资源资产核算的研究。参见 Managi, S., and Kumar, P., *Inclusive Wealth Report 2018: Measuring Progress towards Sustainability*, London: Routledge, 2018; World Bank, *The Changing Wealth of Nations 2021*, Washington D. C.: World Bank, 2021。

续表

年份	非金融资产	金融资产	总资产	总负债	净资产	净金融资产	资产负债率（%）	金融资产负债率（%）
1985	28511	8919	37430	883	36548	8037	2.36	9.90
1986	33330	10094	43424	1069	42355	9025	2.46	10.59
1987	38677	11778	50455	1287	49169	10492	2.55	10.92
1988	48538	14656	63194	1648	61546	13008	2.61	11.24
1989	55183	16719	71902	2188	69714	14531	3.04	13.09
1990	65562	18021	83583	2583	81000	15439	3.09	14.33
1991	72086	21591	93677	2784	90893	18807	2.97	12.89
1992	86415	25509	111923	3288	108636	22221	2.94	12.89
1993	105377	30663	136039	4178	131862	26485	3.07	13.62
1994	133738	37196	170934	5788	165146	31408	3.39	15.56
1995	167235	42985	210220	7773	202447	35212	3.70	18.08
1996	180538	47580	228117	9976	218141	37603	4.37	20.97
1997	189762	56194	245956	11996	233960	44198	4.88	21.35
1998	197212	62706	259918	17521	242397	45185	6.74	27.94
1999	198308	69966	268274	23024	245250	46942	8.58	32.91
2000	194800	77156	271956	27391	244565	49765	10.07	35.50
2001	220219	82358	302575	31975	270600	50383	10.57	38.82
2002	248663	89366	338030	37911	300119	51456	11.22	42.42
2003	290628	100297	390925	45140	345785	55157	11.55	45.01
2004	337689	114818	452507	53532	398975	61286	11.83	46.62
2005	361538	145331	506869	59756	447113	85575	11.79	41.12
2006	422546	168812	591359	67385	523973	101427	11.40	39.92
2007	493142	245574	738716	90485	648232	155090	12.25	36.85
2008	542236	280149	822385	100052	722333	180097	12.17	35.71
2009	619036	342856	961892	124058	837834	218799	12.90	36.18
2010	749492	425179	1174672	142724	1031948	282456	12.15	33.57

续表

年份	非金融资产	金融资产	总资产	总负债	净资产	净金融资产	资产负债率（%）	金融资产负债率（%）
2011	885241	528107	1413347	163382	1249965	364725	11.56	30.94
2012	942102	617612	1559714	187278	1372436	430334	12.01	30.32
2013	1083827	726043	1809871	214959	1594911	511084	11.88	29.61
2014	1062666	832071	1894737	243662	1651075	588409	12.86	29.28
2015	1066666	951062	2017728	307523	1710205	643539	15.24	32.33
2016	1118841	1058220	2177061	394898	1782163	663322	18.14	37.32
2017	1202660	1246540	2449200	471752	1977448	774788	19.26	37.84
2018	1317049	1400255	2717304	545433	2171870	854822	20.07	38.95
2019	1423745	1543444	2967189	617019	2350170	926425	20.79	39.98
2020	1667809	1711980	3379789	708185	2671604	1003795	20.95	41.37
2021	1800007	1909845	3709852	804510	2905342	1105335	21.69	42.12
2022	1822922	2003068	3825990	910130	2915859	1092937	23.79	45.44

资料来源：国家资产负债表研究中心（CNBS）。

注：资产负债率＝总负债/总资产；金融资产负债率＝总负债/金融资产；由于数值的"四舍五入"处理，各分项之和与合计项存在细微差异。下同。

表 3-2　　　　政府非金融资产项目（1978—2022 年）　　　　单位：亿元

年份	固定资产	在建工程	存货	公共基础设施	国有建设用地	无形资产	公有住房	国土资源	非金融资产合计
1978	823	0	0	13	990	0	1095	7554	10475
1979	947	0	0	17	1077	0	1359	9179	12580
1980	1089	0	0	26	1173	0	1654	10396	14338
1981	1252	0	0	32	1277	0	2117	11791	16470
1982	1440	0	0	41	1390	0	2532	13428	18832
1983	1656	0	0	50	1467	1	3116	14870	21160
1984	1905	0	0	69	1758	1	3724	17379	24836
1985	2190	0	0	102	1907	1	4740	19571	28511

续表

年份	固定资产	在建工程	存货	公共基础设施	国有建设用地	无形资产	公有住房	国土资源	非金融资产合计
1986	2519	0	0	137	2177	1	6797	21699	33330
1987	2897	0	0	177	2436	2	7882	25283	38677
1988	3331	0	1	242	3058	2	10188	31715	48538
1989	3831	0	1	289	3426	3	12298	35335	55183
1990	4405	0	1	355	3846	4	15520	41431	65562
1991	5066	0	1	445	4682	5	17780	44107	72086
1992	5826	1	2	612	5821	6	25024	49123	86415
1993	6700	1	2	999	8170	7	30042	59455	105377
1994	7705	1	3	1409	12157	10	27288	85166	133738
1995	8861	1	3	1819	13659	12	32892	109988	167235
1996	10190	2	4	2256	12234	16	34965	120871	180538
1997	11719	3	5	2767	12771	20	33849	128629	189762
1998	13476	4	7	3455	13401	26	34141	132703	197212
1999	15498	5	9	4163	13588	33	32433	132580	198308
2000	17572	7	13	5023	14551	42	22868	134725	194800
2001	21156	10	14	5911	28015	54	23500	141559	220219
2002	24073	13	18	7371	40166	68	28847	148108	248663
2003	27266	18	31	9868	63269	88	29538	160550	290628
2004	30709	25	27	12620	64225	112	34020	195952	337689
2005	34291	34	27	15368	61249	143	37107	213319	361538
2006	39075	46	37	18552	107694	183	36287	220673	422546
2007	43512	63	765	22084	123446	234	39967	263070	493042
2008	48066	129	989	27637	121053	292	33584	310486	542236
2009	53475	160	1376	32329	175735	369	34884	320709	619036
2010	59229	192	1566	41228	251943	513	28411	366410	749492
2011	65821	221	2191	51791	305418	586	32923	426288	885241
2012	70294	308	2611	61073	303012	800	37134	466870	942102
2013	76629	17086	3709	70000	368725	992	42877	503810	1083827

3 超越"发展型政府":政府部门资产负债表

续表

年份	固定资产	在建工程	存货	公共基础设施	国有建设用地	无形资产	公有住房	国土资源	非金融资产合计
2014	83318	32208	5182	77505	287184	1913	46410	528947	1062666
2015	90763	38655	6383	82043	241304	2322	54236	550960	1066666
2016	98667	44743	6005	87618	238972	2957	64126	575753	1118841
2017	107619	49952	6373	97572	276092	3655	70217	591180	1202660
2018	124165	57038	8004	106736	314617	5303	87037	614149	1317049
2019	136748	72589	9335	113640	314975	7415	98722	670321	1423745
2020	176981	93945	12082	116563	404123	9596	109501	745018	1667809
2021	206013	109357	14064	129877	418155	11170	116438	794933	1800007
2022	242317	128627	16542	140582	320949	13139	116884	843882	1822922

资料来源:国家资产负债表研究中心(CNBS)。

表3-3　　政府金融资产/负债项目(1978—2022年)　　单位:亿元

年份	通货	存款	贷款	股权	基金	金融资产	贷款(负债)	存款(负债)	保险	债券	总负债
1978	9	347	0	3280	0	3636	0	0	0	0	0
1979	11	334	0	3505	0	3849	0	0	0	35	35
1980	14	390	0	3764	0	4167	173	0	0	60	233
1981	16	469	0	3878	0	4363	200	0	0	228	428
1982	17	507	0	4208	0	4732	220	0	0	272	493
1983	20	602	0	4545	0	5167	247	0	0	338	585
1984	34	585	0	5047	0	5665	313	0	0	398	712
1985	41	730	0	8148	0	8919	419	0	0	463	883
1986	49	738	0	9307	0	10094	545	0	0	525	1069
1987	51	781	0	10947	0	11778	648	0	0	639	1287
1988	71	687	0	13899	0	14656	825	0	0	823	1648
1989	70	943	0	15624	82	16719	1025	0	82	1082	2188
1990	79	1024	0	16801	117	18021	1257	0	117	1209	2583

续表

年份	通货	存款	贷款	股权	基金	金融资产	贷款（负债）	存款（负债）	保险	债券	总负债
1991	95	1258	0	20068	170	21591	1511	0	170	1104	2784
1992	143	937	0	24175	253	25509	1835	0	253	1200	3288
1993	185	1219	0	28955	304	30663	2358	0	304	1516	4178
1994	199	1720	0	34911	366	37196	2995	0	366	2427	5788
1995	205	1923	0	40341	517	42985	3780	0	517	3477	7773
1996	214	2243	0	44426	696	47580	4566	0	696	4714	9976
1997	228	2433	0	52700	832	56194	5515	0	832	5649	11996
1998	248	3473	0	58194	791	62706	6320	0	791	10410	17521
1999	293	3943	1195	63526	1010	69966	6843	1991	1010	13180	23024
2000	317	5732	1726	68053	1328	77156	6939	2877	1328	16248	27391
2001	337	6223	2203	71972	1623	82358	7643	3672	1623	19037	31975
2002	369	8666	2642	75266	2423	89366	8726	4403	2423	22358	37911
2003	419	11855	2990	82858	2176	100297	10330	4983	2176	27650	45140
2004	453	14389	3468	92439	4069	114818	12421	5781	4069	31261	53532
2005	505	20042	3767	115464	5552	145331	13572	6279	5552	34353	59756
2006	565	25973	4520	130059	7696	168812	15488	7534	7696	36668	67385
2007	632	36665	5572	192155	10550	245574	17586	9287	10550	53061	90485
2008	714	40003	6486	218853	14094	280149	20366	10809	14094	54783	100052
2009	795	51971	9724	262656	17710	342856	26624	16207	17710	63517	124058
2010	925	91630	11187	300000	21438	425179	30098	18644	21438	72543	142724
2011	1048	135753	12698	348790	29818	528107	33672	21763	29818	78729	163382
2012	1126	157321	16554	405071	37540	617612	38554	26805	37540	84378	187278
2013	1204	190740	21733	467482	44884	726043	42737	31679	44884	95659	214959
2014	1238	222362	25522	531314	51635	832071	47859	37047	51635	107122	243662
2015	1297	242546	32865	615461	58893	951062	53261	40675	58893	154694	307523
2016	1399	271064	40535	679796	65425	1058220	57675	45628	65425	226171	394898

续表

年份	通货	存款	贷款	股权	基金	金融资产	贷款(负债)	存款(负债)	保险	债券	总负债
2017	1446	305564	45050	819132	75349	1246540	62744	51621	75349	282039	471752
2018	1497	326319	49846	933215	89378	1400255	67980	57935	89378	330141	545433
2019	1577	339179	55883	1050259	96545	1543444	76057	65372	96545	379044	617019
2020	1720	344362	62314	1209049	94537	1711980	77003	73041	94537	463604	708185
2021	1850	362438	68931	1371776	104850	1909645	82167	81882	104850	535911	804510
2022	2132	380253	72984	1430877	116822	2003068	93338	92455	116822	607516	910130

资料来源：国家资产负债表研究中心（CNBS）。

注：由于项目性质不同，贷款、存款等金融项既出现于资产方，又出现于负债方。

扩张趋势与结构特征

总体来看，自改革开放以来，政府资产负债表规模也经历了较快扩张，但幅度慢于同期的居民部门和国民收入指标。如表 1-1 和表 3-1 所示，1978—2022 年，政府总资产增加 270 倍，而同期居民部门总资产增加 2492 倍，GDP 增加 328 倍。如此的速度差异，不仅从经济存量角度反映出从政府主导的计划经济体制向多元主体参与的社会主义市场经济体制的转轨，而且也揭示出在新条件、新背景下，中国政府渐进地超越"发展型政府"的深刻转变。[1] 一方面，政府在从直接占有大量经济资源，推动甚至主导经济建设，转向"藏富于民"，更多定位在提供市场经济健康运行必需的各类公共服务。另一方面，公共资产自身的较快增长和相对较大的规模（另见前文国际比较），也体现了政府仍旧拥有充足的资源能力，用以抵御内外部冲击。显然，以上两点既符合现代化进程中政府角色转变的一般规律，又反映了中国特色社会主义的重要特征和独特优势。

从结构变化来看（见图 3-1），由于在工业化背景下，农业生产的占比呈现趋势性下降，国土资源资产价值增幅因之放慢，相对规模

---

[1] 张晓晶、刘学良、王佳：《债务高企、风险集聚与体制变革——对发展型政府的反思与超越》，《经济研究》2019 年第 6 期。

持续缩小。同时，在城市住房市场化改革的作用下，公共住房的相对规模也从20世纪90年代开始明显下降。与之形成对照的是，在城市化建设的背景下，建设用地和公共基础设施的占比也相应增加。但综合各种因素，政府非金融资产扩张总体慢于金融资产：1978—2022年，前者增加174倍，后者增加551倍。这一"金融化"的特点同前述的居民部门类似，也符合经济发展的一般规律。[1] 在另一端，由于财政理念、现实需求以及政策工具的变化，政府负债几乎从无到有，并以更快速度扩张：在1978年"内外无债"的起点上，1979—2022年，债务增幅超过2.6万倍。

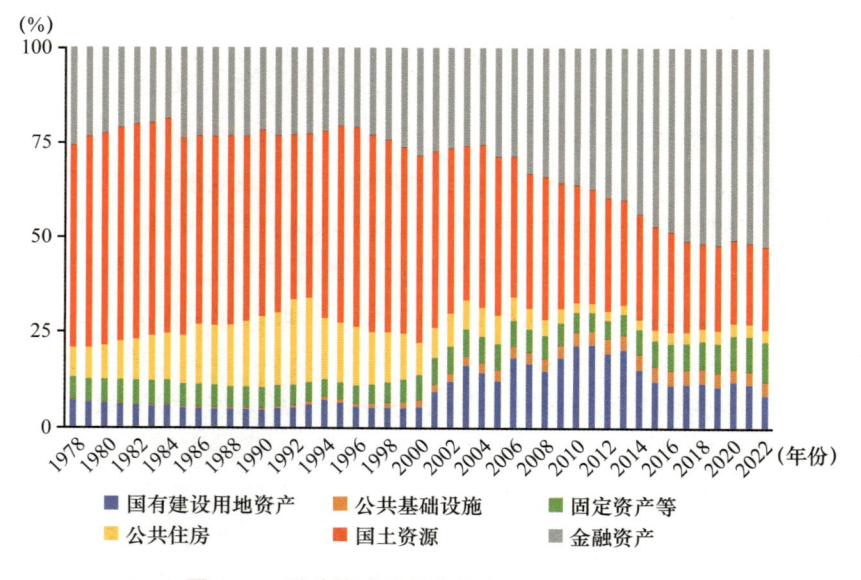

图3-1 政府资产结构变化（1978—2022年）

资料来源：国家资产负债表研究中心（CNBS）。

注："固定资产等"为固定资产、在建工程、存货、无形资产四项合计。

作为资产与负债项的差值，1978—2022年政府净资产仅增长207倍，远小于同期居民净资产和GDP的增幅。就此，如本书主报告中

---

[1] Goldsmith, R. W., *The National Balance Sheet of the United States 1953-1980*, University of Chicago Press, 1982.

3　超越"发展型政府"：政府部门资产负债表　·125·

指出的，这种差异也意味着政府财富的相对规模缩小，公共部门在经济资源配置中的地位作用有所减弱。当然，横向对比美国可见（见图3-2），在改革开放初期，中国人均公共财富（以美元计算）明显小于美国，但在其后的四十五年始终处于正值区间。到2022年，已经高达3.07万美元，为1978年的35倍。与之迥异的是，美国政府部门净资产常年为负值（主要发生于联邦层级），且在2008年国际金融危机后加剧下行，到2022年已经降至人均-2.90万美元。如此也导致了一个有趣的现象：近年来中美人均公共财富的绝对值相近，但符号相反！①

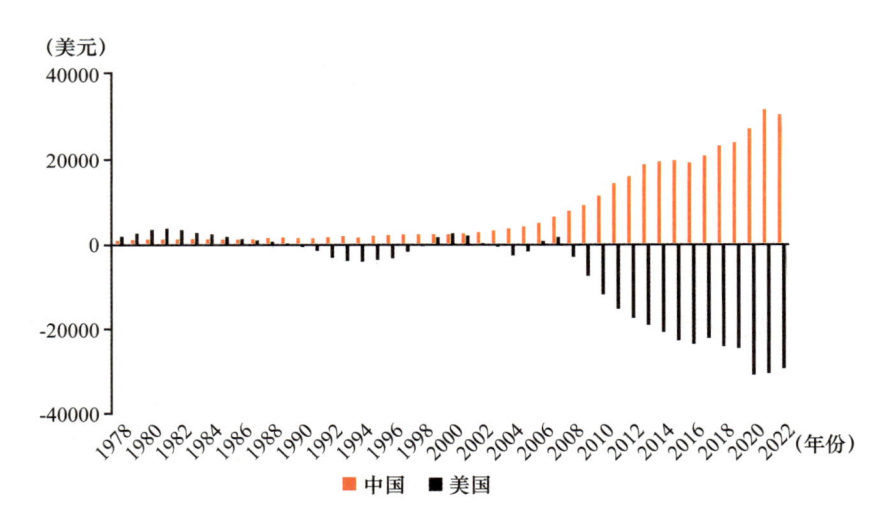

图3-2　中国—美国人均政府净资产比较（1978—2022年）

资料来源：国家资产负债表研究中心（CNBS）；国家统计局（汇率）；BEA（美国数据）。

注：美国政府净资产为联邦政府和州与地方政府净资产合计。

结合资产负债表分析框架和中国国情，政府净资产即公共财富，又可以分解为非金融资产和净金融资产（金融资产与负债之差），而

---

① 此外，中国人均政府净资产也已高于同期加拿大（2.0万美元）、法国（1.4万美元）、德国（1.8万美元，2021年）、日本（0.9万美元，2021年）和英国（-2.8万美元，2021年）等主要发达经济体。

后一项又可以进一步划分为国有股权（金融资产中的子项）和其他净金融资产。具体表达式如下：

政府净资产 = 非金融资产 + 金融资产 - 负债
      = 非金融资产 + 国企股权 + 其他金融资产 - 负债
      = 非金融资产 + 国企股权 + 其他净金融资产

按照这一逻辑，图 3-3 展示了 1978—2022 年政府净资产的主要结构变化。其中，由于其他净金融资产规模较小，且有时落入负值区间，所以为了便于展示说明，图 3-3 仅呈现了非金融资产和国企股权两项在净资产中的占比变化。

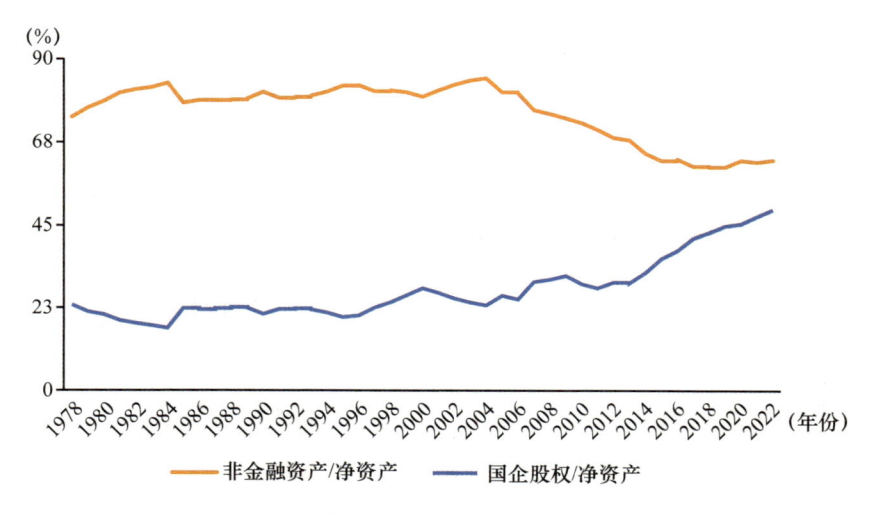

图 3-3 中国政府净资产的构成比例（1978—2022 年）

资料来源：国家资产负债表研究中心（CNBS）。

注：由于未考虑其他净金融资产，图中两项合计不等于 100%。

从图 3-3 中可见，在改革伊始，政府净资产中约 3/4 为非金融资产，其余基本为国企股权。而在此后，二者呈现出明显的"一降一升"的消长态势。至近年，前者比例已降至约 60%，后者相应的扩张幅度更大，比例已升至约 50%，而其他净金融项目的比重则下落至 -10%。关于这种趋势的成因，大致可以归结为：在 21 世纪前，作为政府非金融资产的国土资源资产（农地）相对规模较大，而后

3 超越"发展型政府":政府部门资产负债表

随着工业化、城镇化的加速发展,这一比例持续回落到30%以下。同时,党的十八大以来,得益于"做强做优做大"国有企业的诸多举措,国有股权相对增速较快。实际上,根据本书测算,2012—2022年,该项目年均增速达到13.8%,不仅快于同期政府金融资产整体增幅(12.9%)和非金融资产增幅(6.9%),甚至也快于居民部门的企业股权增速(7.2%)。就此还需强调的是,由于国企股权的较快积累,也使得近年来国家整体财富(净资产)在公共和私人部门之间的分配发生了倾向于前者的变化(见本书主报告)。

图3-4进一步展示了在政府净资产中全部土地资产的占比。根据本书的核算框架,这一项目又包括"建设用地"和"国土资源"两个子项。首先,"建设用地"在20世纪90年代之前的占比基本稳定在5%—7%,然而进入21世纪以来,随着城镇化的加速推进,建设土地价值大幅攀升,与之相伴的"土地出让收入"成为除地方公共预算以外的主要财政来源。作为结果,此项目在净资产中的相对规模迅速扩大:到2010年前后,占比已经接近1/4。其后,随着城镇化从规模扩张转向高质量发展,加之对房地产市场和地方债务行为的

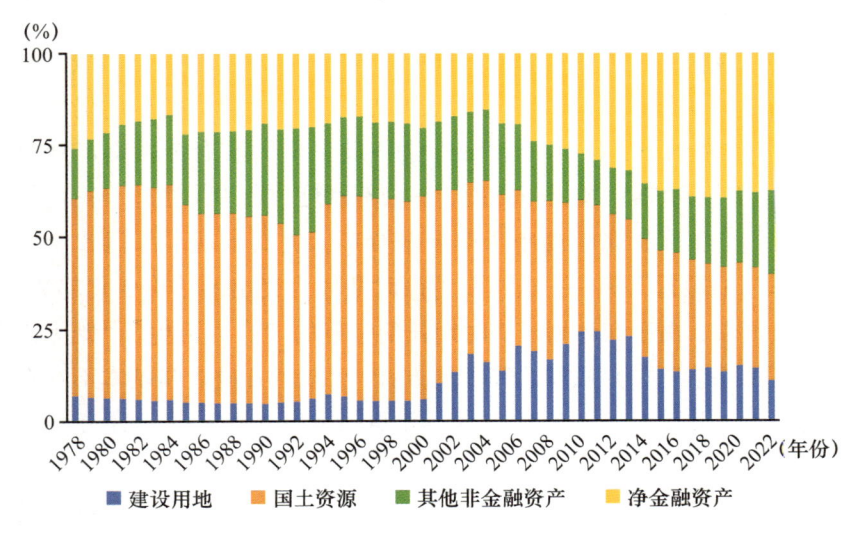

图3-4 中国政府净资产中的"土地"占比(1978—2022年)

资料来源:国家资产负债表研究中心(CNBS)。

规范加强，建设土地资产比重有所下降，至近年来基本维持在略高于10%的水平。其次，在产业结构变迁的条件下，农业在国民经济中的相对地位也发生明显变化，由此也导致农用的国土资源资产相对规模的变化。在改革开放初期，该资产在政府净资产中的占比曾超过50%。甚至由于市场化改革举措在农业、农村的率先开展，在20世纪80年代中期，国土资源资产加速增值，比重一度达到政府净资产的近六成。此后，在高速工业化的背景下，无论对比政府净资产还是其他经济总量指标，国土资源资产的比重都呈持续下降态势。当然，从国际经验看，自然资产在整体国民财富中的相对地位趋势性降低也符合一般的经济发展规律。①

此外，从不同发展时期看（见图3–5），在市场化改革探索初期（1978—1992年），由于较低的起点，政府资产、负债、净资产的增长速度（复合增长率）均快于其他时期。在资产端，由于工业化水平尚低、农业地位突出，此时期的国土资源资产占据政府资产的较大份额（前期曾达到总资产的一半以上），但增速总体小于其他类型资产。同时，随着工作重心转向经济建设，工业化、城镇化进程加速，相应的基础设施、城市扩张、公共住房等建设全面展开，相应资产积累增速明显加快。此外，这一时期国企改革尚处于初期尝试阶段，基本以"放权让利"等边际调整为主要方向，计划指令的作用仍较突出。② 在此背景下，国有企业股权这一最主要的政府金融资产项目（占比一度近90%）增长相对慢于非公有制性质的市场主体，由此导致金融资产整体扩张幅度小于非金融资产，进而出现了部门"金融相关率"的短暂下降——这构成了该时期较为突出的结构变化趋势。而在负债端，由于在计划经济时期长期坚持的"自力更生""既无内债，又无外债"的财政理念和发展方针，③ 改革开放之初基本不存在政府举债。此后，中国在1979年开始重新举借外债，在1981年又恢

---

① World Bank, *The Changing Wealth of Nations 2021*, Washington D.C.: World Bank, 2021.

② 蔡昉主编：《新中国经济建设70年》，中国社会科学出版社2019年版。

③ 例如，1969年5月11日《人民日报》发文指出，我国实现了"既无内债，又无外债"，并将之归于"毛主席的独立自主、自力更生伟大方针的胜利"。

复国债发行并颁布《中华人民共和国国库券条例》。其后，政府债务迅速增加，增幅明显超过了同期的资产扩张。

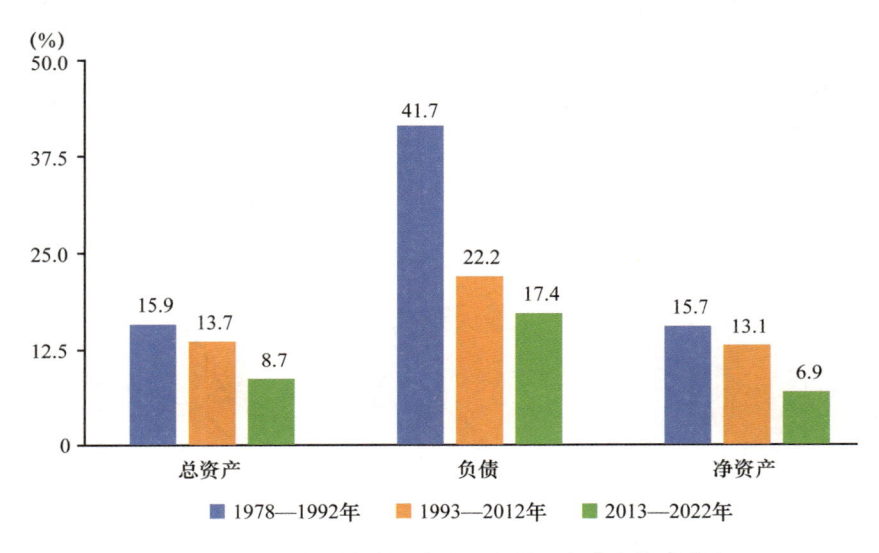

图 3-5　不同时期政府总资产、负债和净资产年均增速

资料来源：国家资产负债表研究中心（CNBS）。

注：因1978年负债数值为0，第一时期负债增速自1979年开始计算。

1993—2012年，政府资产负债表两端的扩张都有所放缓，但各项目的增速不一，导致了若干重要的结构变化。具体看来，一方面，在城镇化加速推进的背景下，资产增长主要来自建设用地和基础设施的较快积累。特别是在2008年国际金融危机之后，二者增幅拉升（见图3-1）。而国土资源资产的占比则继续下降，到2012年在政府总资产中的占比已经小于30%。此外，自1992年起，在建立现代企业制度的目标指引下，国有企业改革深入推进，国企股权相应实现了较快增长，进而导致这一时期政府金融资产扩张快于非金融资产。据本书估算，1993—2012年，金融资产与非金融资产之比从29.1%攀升至65.6%。另一方面，政府负债的增长整体上仍明显快于资产积累，资产负债率、政府债务/GDP以及金融资产负债率等杠杆率指标开始大幅走高（见图3-6）。其中尤其值得关注的是，面对20世纪90年代末的亚洲金融危机，中国通过大幅增发国债等形式，推出了较大规模的财政扩张举措。① 实际上，1998年，债券余额较上年飙升了84%，其在政府部门债务中的比重也一度突破80%。此外，为应对外汇储备较快积累带来的流动性过剩，2007年更发行了高达1.55万亿元的特别国债（于2017年续作6000亿元），用以购买2000亿美元作为成立中国投资有限责任公司的资本金。此举也造成了当年政府债券激增45%。

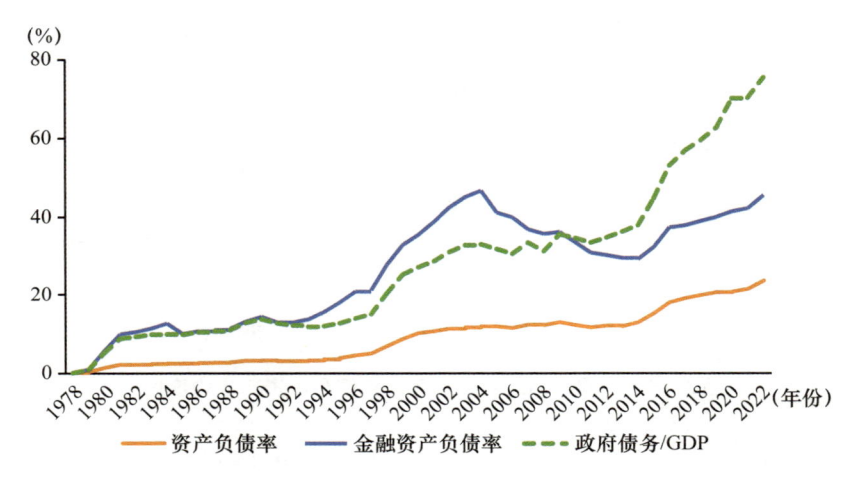

图 3-6　政府部门债务比率（1978—2022年）

资料来源：国家资产负债表研究中心（CNBS）；国家统计局（GDP）。

还需指出的是，正如下节将要进一步展开的，由于公共预算制度对地方发债的限制，大量城市化及相关基建的资金需求通过"城投公司"等各类政府融资平台实现，相应也积累了大量带有政府支持的显性或隐性债务。② 但由于统计口径问题，后者并未充分反映在政府报表之中，而是多归于非金融企业负债。因而此处的数据，并不能

---

① 其中的主要举措包括首次发行2700亿元特别国债，用于补充深受不良贷款困扰的四大国有商业银行资本金，以提高其资产负债表质量。

② 李扬、张晓晶、常欣等：《中国主权资产负债表及其风险评估（上）》，《经济研究》2012年第6期；[美] 巴里·诺顿：《中国经济：适应与增长》，安佳译，上海人民出版社2020年版。例如，审计署曾公布，截至2012年年底，36个地方政府本级政府性债务余额3.85万亿元，比2010年增加0.44万亿元，增长12.9%。其中平台公司债务占比近半。参见审计署《全国政府性债务审计实施方案》（审办财发〔2013〕123号），2013年。

全面刻画政府，特别是地方政府的实际负债状况。这也在一定程度上解释了，在2008年及此后的一个时期，尽管出台了规模更大的"四万亿"刺激计划和地方配套投资，资产负债表口径下的政府债券融资规模、总负债规模以及债务杠杆率的变化似乎并不剧烈。特别是对杠杆率指标而言，2009—2012年，政府资产负债率、金融资产负债率、政府负债与GDP比率等均出现下降。

进入新时代，在经济增长动力转换、产业结构转型、地方基建投资趋缓、财政预算约束增强等多重因素的作用下，政府资产负债表扩张速度明显回落。在资产端，得益于大力推进保障房建设，这一时期公共住房资产增速较快（年均12%），并且超过同期的私人住房增速。这使得此前公共住房占比持续缩小的趋势发生了逆转（见图3-7）。同时，在新型城镇化建设的背景下，基础设施资产也实现了较快增长（8.7%）。与之形成对照的是，在加强房地产调控、2015年修订《中华人民共和国预算法》等约束因素的作用下，地方政府投融资行为改变，国有建设用地价值增幅下降明显。其中，2022年价值甚至较上年缩小近10万亿元。这导致该项目在总资产中的占比从高峰时的逾20%降至10%以下（见图3-1）。相应地，这也标

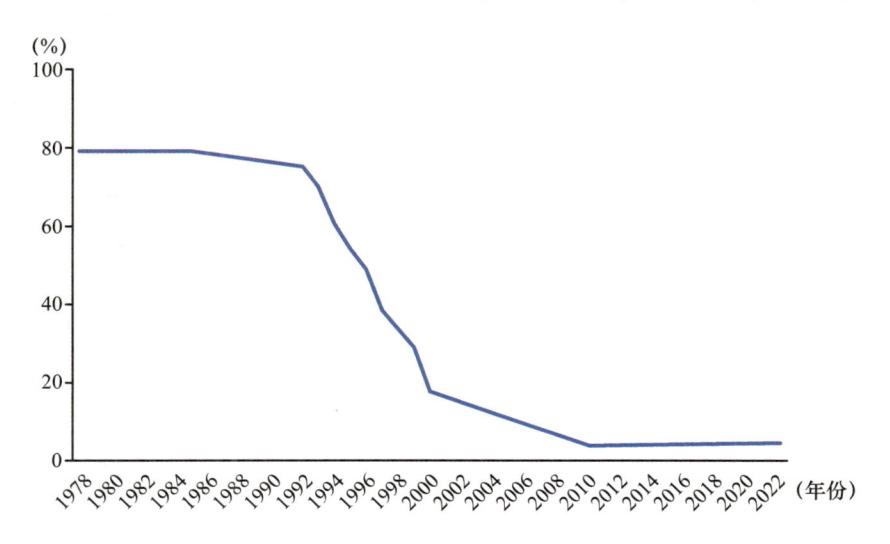

图3-7　公共住房在城镇住房中的价值占比（1978—2022年）

资料来源：国家资产负债表研究中心（CNBS）。

志着地方财政对"买地收入"的依赖程度有所下降。[①]

在负债端，负债增速虽然也有所下降，但仍明显快于资产项目，导致债务杠杆指标剧烈抬升。如图3-6所示，2013—2022年，政府资产负债率从12%升至24%，政府债务/GDP所占比重更是从36%升至75%。而从分项看，得益于2015年《中华人民共和国预算法》对地方正规举债的"松绑"与规范，地方债券融资大幅增加，构成了这一时期政府负债扩张的主要动力。特别是在2015年和2016年，政府债券余额年增幅都在40%以上，随后在持续约3年的去杠杆过程中略有下降或企稳。但这一趋势又被新冠疫情中止。为应对这场百年难遇的公共卫生危机，2020年财政部发行了1万亿元"抗疫特别国债"，并出台了其他减税降费举措。此类扩张性政策也使近年来的政府债务规模及杠杆率有所上行。整体来看，2022年政府负债总额和国债余额分别达到2012年的4.8倍和7.2倍。

再从中央—地方结构来看，这一时期政府债券融资的增长主要来自地方政府，后者在2015年飙升315%。如图3-8所示，2015年

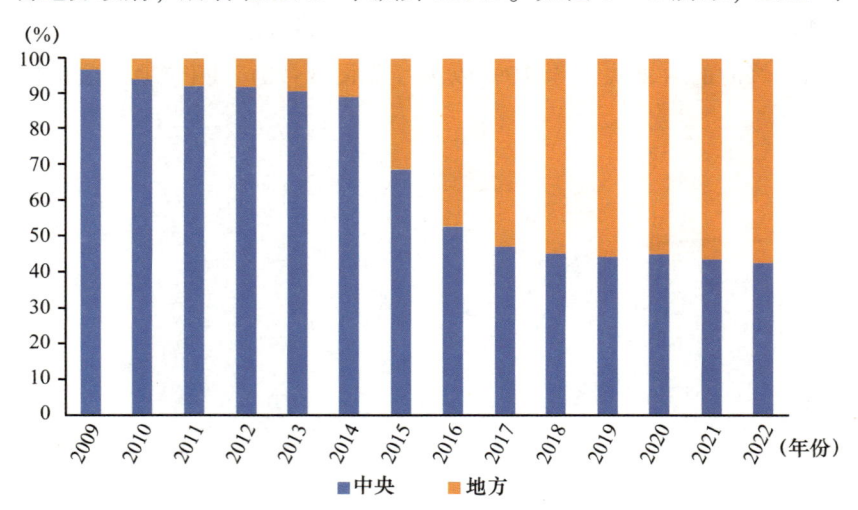

图3-8 中央—地方政府债券占比（2009—2022年）

资料来源：财政部、Wind。

[①] 王健、彭山桂、李永乐等：《新预算法对地方政府土地财政依赖影响研究》，《财经论丛》2022年第10期。

《中华人民共和国预算法》实施以来，由于大量既有隐性债务通过置换等方式实现显性化，加之设立新举债余额，地方债券相对规模迅速膨胀，并在2017年开始超过中央的份额。鉴于地方政府债务的特殊重要性，下节将进一步就此详述。

3.3 地方政府债务及风险累积

长期以来，中国地方政府在以工业化和城镇化为主线的地方经济建设中扮演特殊重要的角色——这也成为颇具中国特色的经济发展的重要动力机制。[①] 相应地，地方政府也成为相关投融资活动以及负债的主要参与者和责任方。然而，在单一制等体制特征的约束下，中国地方政府举债及相关管理面临诸多限制，不能成为自负盈亏甚至可以申请破产的独立市场主体——这一点同复合制国家（如美国）地方政府存有明显差异。这种体制特征直接引致了一种颇具中国特色的财政现象，即地方政府举债热情高、正规途径少。

当然，这一现象也经历了一个长期的演进过程。在计划经济时期，同中央财政一致，中国地方政府基本也遵循"量入为出"的平衡财政思路，不存在所谓债务问题。而改革开放以来，随着政府职能的变化和经济建设的新需要，自1979年开始，省、市、县等各级政府已开始普遍举债，且多用于基础设施建设。[②] 20世纪80年代实施的以"分灶吃饭"为主要特征的"财政包干制"为地方财政赋予了更多自主性，也激发了地方举债的积极性。随着中央财力的持续弱化及区域不平等加剧等弊端，1994年开始实行分税制改革。此后，由于地方财力上移，但支出规模继续增加，因而造成了较为突出的收支缺口。如图3-9所示，1993—1994年，地方财政本级支出占本级收入的比重从98%跃升至175%，并在其后继续波动上升，至近年已经

[①] 乔坤元：《我国官员晋升锦标赛机制：理论与证据》，《经济科学》2013年第1期；姚洋、张牧扬：《官员绩效与晋升锦标赛——来自城市数据的证据》，《经济研究》2013年第1期。

[②] 审计署：《全国地方政府性债务审计结果》（2011年第35号），2011年。

超过200%。此外，与分税制改革同时颁布的1994年《中华人民共和国预算法》也对地方举债进行了明确限制。① 针对这种巨大的收支失衡，中央政府主要通过转移支付的形式填补地方资金空缺，又曾利用"国债转贷"的途径为地方融资，即通过发行国债募资，再以贷款方式出借地方。当然，由于相关项目一般要求地方提供配套资金，所以此举在局部地区反而加大了地方财政压力，乃至激励了变相举债、提高预算外收入等行为。而在20世纪90年代末，中国城市化开始加速。在此背景下，以地方融资平台为主要发行主体的"城投债"（准市政债）快速发展，并在2008年"四万亿"刺激计划后出现了"井喷"之势。平台数量则从2008年上半年的3000余家飙升到2010年年末的6000余家。②

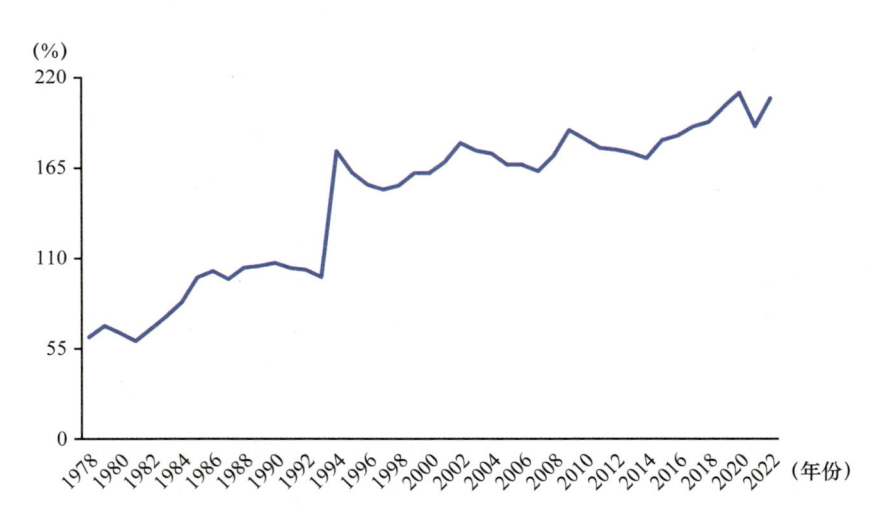

图3-9 地方本级财政支出占财政收入比重（1978—2022年）

资料来源：国家统计局。

---

① 例如，《中华人民共和国预算法》第28条规定："地方各级预算按照量入为出、收支平衡的原则编制，不列赤字。除法律和国务院另有规定外，地方政府不得发行地方政府债券。"

② 马金华：《地方政府债务：现状、成因与对策》，《中国行政管理》2011年第4期；张明、孔大鹏：《中国地方政府债务：特征事实、潜在风险与化解策略》，《辽宁大学学报》（哲学社会科学版）2021年第4期。

3 超越"发展型政府":政府部门资产负债表

同时,地方发债的"正门"也在不断规范并有所扩大。例如,2009年,作为应对危机的积极财政举措,财政部印发了《2009年地方政府债券预算管理办法》,明确了地方债券的发行、使用、管理、偿还等框架机制,并以此为基础,进行了中央为地方"代发代还"、地方自行发债试点等探索。① 自2012年以来,随着经济社会结构的深刻转型,应对地方政府债务问题成为防范化解重大风险这一攻坚战的主要内容之一。为此,2014年《国务院关于加强地方政府性债务管理的意见》(国发〔2014〕43号)出台;2015年新修订的《中华人民共和国预算法》开始生效实施。地方政府债务治理由此进入规范化、法治化的新阶段。其中的主要举措在于将地方隐性债务以债券置换的方式转换成地方政府债券,即使得隐性债务显性化,或"非标转标"。同时,又明确并上调了地方政府的举债限额,后者已经从2015年的16万亿元上升至2021年的33万亿元。当然,在有关债务清理过程中,还存在"前门"打开有限,"后门"难以堵死的问题。特别是尚有大量的隐性债务并没有被政府确认其性质归属,因而也没有被转化为地方政府债券。这不仅损害了相关债券投资者的利益,更对关联金融机构的资产负债表带来消极影响。这种"财政风险金融化"的倾向也形成了某种负向反馈,即导致金融机构发放相关贷款意愿下降,地方融资难度相应加大。

当然,由于相关约束与"变通",地方债务形式复杂、口径不一。目前较为通行的标准是将之划分为"负有偿还责任的债务""负有担保责任的债务"和"可能承担一定救助责任的债务"三类。② 后两类又被统称为政府或有债务,也被纳入国际货币基金组织(IMF)提出的"增扩债务"(Augmented Debt)的范畴。而从资产负债表框架中,这种以平台公司债务形式存在的政府隐性债务主要归入非金融企业部门而非本章集中讨论的政府部门。③ 这进一步为厘清其规模、

---

① 张明、孔大鹏:《中国地方政府债务:特征事实、潜在风险与化解策略》,《辽宁大学学报》(哲学社会科学版)2021年第4期。

② 审计署:《全国政府性债务审计实施方案》(审办财发〔2013〕123号),2013年。

③ 如此,从统计上看,也造成了对非金融企业债务规模及相应杠杆率的高估。参见张晓晶等《2020与黑天鹅共舞:新分析范式下稳增长与防风险的平衡》,中国社会科学出版社2020年版。

评估相应风险增加了难度。

目前，中外学界及国际机构对中国地方债务，特别是其中的隐性债务规模有较多估算。就此，Bai 等、[①] Chen 等、[②] 吉富星、[③] 张晓晶等、[④] 张明和孔大鹏[⑤]以及沈坤荣和施宇[⑥]等从多种角度，对不同口径、层级的地方政府债务规模进行了估算。限于篇幅与主旨所限，本节的讨论集中于官方口径的显性负债以及在 IMF "第 4 条款磋商"（Article Ⅳ Consultation）中估算的隐性债务。

我们首先关注主要以债券形式存在的显性地方负债。如图 3 – 10 所示，自 2014 年《中华人民共和国预算法》修订以来，地方政府债务余额从 15.4 万亿元增长至 35.1 万亿元，增幅超过两倍，快于同期的名义 GDP 增幅（1.88 倍）、地方财政支出增幅（1.74 倍）以及财政收入增幅（1.43 倍）。据此可知，无论在整体国民经济活动还是地方层面的公共服务中，地方正规举债扮演的角色逐渐凸显。此外，从图 3 – 10 展示的分项结构看，在新冠疫情暴发之前，地方债务中大部分为用途宽泛、使用灵活的"一般债"。而自 2020 年以来，为应对疫情冲击，意在专款专用的"专项债"限额大幅提升，相应债务积累快速增长，并已经超过"一般债"。实际上，2020—2022 年的 3 年新冠疫情期间，专项债务余额规模年均增速高达近 30%，成为地方政府"前门"融资的最重要途径。当然，由于"专项债"直接与特定项目挂钩，在相关实践中也出现资金需求不匹配、项目论证不科

[①] Bai, C., Hsieh, C., and Song, Z. M., "The Long Shadow of a Fiscal Expansion", *Brookings Papers on Economic Activity*, Vol. 60, 2016, pp. 309 – 327.

[②] Chen, Z., He, Z., and Liu, C., "The Financing of Local Government in China: Stimulus Loan Wanes and Shadow Banking Waxes", *Journal of Financial Economics*, Vol. 137, No. 1, 2020, pp. 42 – 71.

[③] 吉富星:《地方政府隐性债务的实质、规模与风险研究》,《财政研究》2018 年第 11 期。

[④] 张晓晶等:《2020 与黑天鹅共舞：新分析范式下稳增长与防风险的平衡》,中国社会科学出版社 2020 年版。

[⑤] 张明、孔大鹏:《中国地方政府债务：特征事实、潜在风险与化解策略》,《辽宁大学学报》（哲学社会科学版）2021 年第 4 期。

[⑥] 沈坤荣、施宇:《地方政府隐性债务的表现形式、规模测度及风险评估》,《经济学动态》2022 年第 7 期。

学、发行机制与信息披露不完善等问题，导致其"逆周期调节"定位失当，以及未能充分实现为地方项目融资的初衷。①

图 3－10　地方政府债务余额分类（2014—2022 年）

资料来源：财政部；CEIC。

再从各方关注较多的隐性债务规模看，按照 IMF 的口径，可以将"增扩债务"同政府显性债务的差额视作较宽口径的地方隐性债务。按照 IMF 的表述，后者又可进一步划分为"地方融资平台债务"和"政府引导资金"（Government-guided Funds）。从图 3－11 展示的趋势看，无论何种口径，在 2015 年《中华人民共和国预算法》实施以来，虽然推出了多项规范、化解地方隐性债务的举措，如已经持续三轮的债务置换计划，②但其绝对规模和相对规模都在持续上升。特别是作为相关讨论中聚焦最多的"平台债"，到 2022 年已经高达 57 万亿元，接近当年 GDP 的一半，也是前述的地方显性负债的 1.6 倍之多。这反映了在现有财政制度和城乡建设投融资体制下，前期地方债务的积累仍难在短期内消退，而新的资金需求尚不能完全通过

---

① 夏诗园：《地方政府专项债特征、优势及问题研究》，《西南金融》2020 年第 8 期；王志刚、黎恩银：《地方政府专项债目标定位、风险及对策》，《地方财政研究》2021 年第 4 期。

② 例如，在 2015—2018 年第一轮"化债"计划中，共计发行 12.2 万亿元新债券，用以对地方债务进行置换。

"前门"等途径得到满足，多属于"不得已而为之"。此外，如前文提及的，由于近年来房地产市场情况的变化，地方政府通过"土地财政"开源的渠道也趋于收窄。①

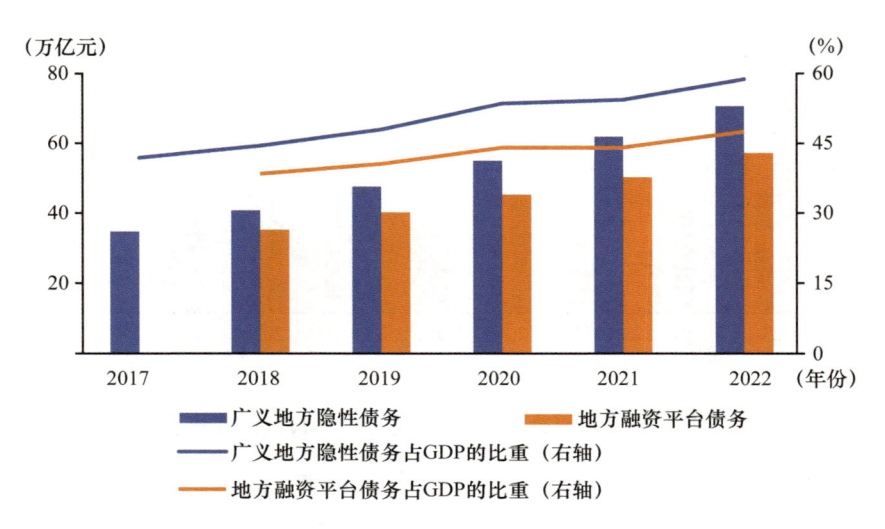

图 3-11　地方政府隐性债务的绝对规模与相对规模（2017—2022 年）

资料来源：国家资产负债表研究中心（CNBS）；IMF, "2022 Article Ⅳ Consultation, People's Republic of China IMF Country Report", No. 23/67, 2023。

在这一新形势下，地方政府面临严峻的两难之选：既要化解地方债务，防范相关风险向金融机构等部门传染，又要积极进行旨在"稳就业""促增长"的逆周期调节。就此，规范地方举债机制、畅通地方融资渠道、提高地方财权事权的匹配程度、探寻平等互利的政—企合作形式等都是重要的解决之道。此外，还应在资产负债表的框架基础上，从存量上扩宽"化债"思路。包括通过盘活"沉睡"资产、清理"趴账"资金、提高运营效率、实现资产增值等多种方式，增强地方政府从存量经济资源中获得收入的能力，并优化相关支出。② 同

---

① 例如，财政部数据显示，2021 年地方"国有土地使用权出让收入"增速从上年的 15.9% 降至 3.5%；而 2022 年，增速进一步落至 -23.3%。
② 参见邓达德和福斯特对相关国际经验的分析，[瑞典] 邓达德、斯蒂芬·福斯特：《新国富论——撬动隐秘的国家公共财富》，叶毓蔚、郑玺译，上海远东出版社 2016 年版。

时，无论是横向国际对比，还是相较于地方，中国中央政府的财务状况都较为稳健。因此，中央为地方提供更多资金支持尚有较大空间，而这也是缓解地方债务压力的重要途径。① 当然，从更加长远的视角看，化解地方债务问题的根本还在于重塑社会主义市场经济条件下的地方政府职能，调整官员晋升选拔监督机制，从而改变其直接参与市场活动、推进经济建设的行为基础和制度环境。

3.4 国土资源资产的估算及其部门归属

估算方法及基本趋势

首先需要澄清的是，"土地"具有多种不同用途，其作为资产的价值也有极大差异。而从概念上看，本书中的"国土资源"仅指作为自然资源的土地及相关资源价值（包括耕地、林场、牧区、渔场等），因此需要与上述的"建设用地"相区别。前者属于"非生成性"（Non-produced）资产，其价值主要来源于自然，而非人类进行的投资积累，故而也可近似视作"自然资产"或"农地资产"；后者则与之相反，价值同农业产出关联较弱，单价一般也远高于前者。② 在此前估算方法的基础上，本书参考了世界银行最新全球财富核算的方法，③ 将土地资源存量的当年总价值理解为未来一定时期（100年）从该资源中获取的净产出的折现值之和（折现率按照世界银行相关研究的参考值，4%）。其中，净产出仍以国家统计局公布的

---

① 值得指出的是，2023年10月末，中央提出增发1万亿元国债，用于地方灾后恢复重建、防灾减灾等项目，本息由中央全部承担。此举将为促进地方经济企稳复苏、缓解财政压力、探索新型央地财政关系发挥积极影响。

② 例如，世界银行在其"全球财富账户"核算中，就将农地置于"自然资本"之下，而将城市土地划入"生成性资本"之中。参见 World Bank, *The Changing Wealth of Nations 2021*, Washington D. C.：World Bank，2021。

③ World Bank, *The Changing Wealth of Nations 2021*, Washington D. C.：World Bank，2021。

"农林牧渔业总产值"乘以综合22%租金率计算。① 后一指标源自Evenson和Fuglie②引用的中国农牧土地租金率（以上世界银行研究亦采用）。此外值得注意的是，朱喜等③利用2003—2007年全国固定跟踪观察农户数据，计算得出的中国东部地区土地要素产出弹性——报酬份额，也与此估算相近。

还应指出的是，按照《中华人民共和国宪法》规定的土地的公有制性质（包括全民或集体所有），国土资源的产权全部归于公共部门。④ 实际上，根据本书的估算，国土资源也成为政府最大的非金融资产项目。

图3-12进一步展示了国土资源资产相对于收入流量（GDP）和政府资产、净资产的比重变化。20世纪70年代末至80年代中期，得益于家庭联产承包责任制等农业、农村改革，⑤ 农业发展较快，国

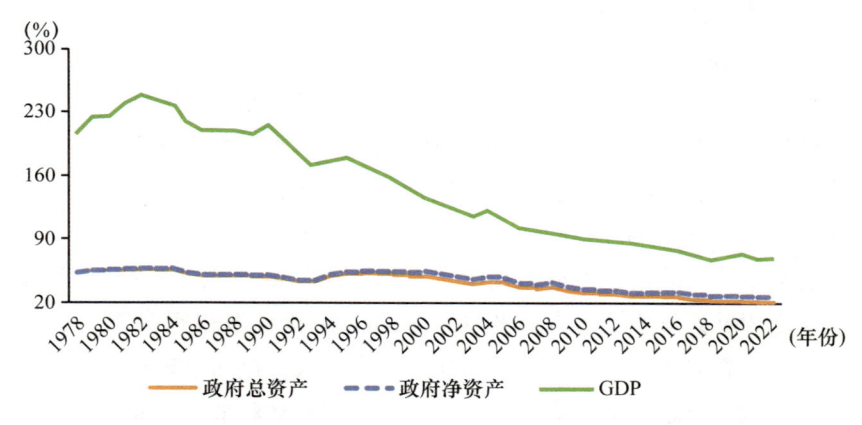

图3-12 国土资源资产的相对规模（1978—2022年）

资料来源：国家资产负债表研究中心（CNBS）；国家统计局（GDP）。

---

① 这与本课题组此前的估算有所差异。此前估算根据World Bank的方法选取了25年贴现期和40%土地租金报酬率。但考虑到包括中国在内的现实情况，本书的参数似乎更为合理。相应地，新结果较之前的估算约小15%。参见World Bank, *Where is the Wealth of Nations? Measuring Capital for the 21st Century*, Washington D. C.：World Bank, 2006。

② Evenson, R. E., and Fuglie, K. O., "Technology Capital: The Price of Admission to the Growth Club", *Journal of Productivity Analysis*, Vol. 33, No. 3, 2010, pp. 173-190.

③ 朱喜、史清华、盖庆恩：《要素配置扭曲与农业全要素生产率》，《经济研究》2011年第5期。

④ 裴长洪：《中国公有制主体地位的量化估算及其发展趋势》，《中国社会科学》2014年第1期。

⑤ 由此也可以说，中国的市场化改革发端于农业与农村。

土资源资产的相对规模相应上升。例如，1978—1984 年，该资产同政府总资产之比从 53.5% 升至 57.0%（同净资产的比例与之类似），与 GDP 之比从 205.3% 升至 238.8%。然而，此后随着工业化、城镇化的推进，农业产出在国民经济中的地位波动下降，作为自然资产的土地的相对价值也在变小。

土地的公共、私人部门属性及其影响

作为一项规模较大的非金融资产，国土等自然资源的部门归属对于宏观财富分配会产生较大影响。在本书总报告中，我们已经将该项目全部列入政府资产。如上所述，从宪法、法律所规定的终极所有权角度看，[1] 这样的划分具有充足的法理依据。然而也应看到，自 1978 年以来，中国农村土地制度经历了以"放权"为主要特征的市场化改革。特别是在"包产到户"制度下，农民虽无土地的所有权，但实际上获得了其长期的承包权、经营权和租约转让权等权利。这一点在 2003 年颁布的《中华人民共和国农村土地承包法》进一步予以明确和规范。[2] 因此，从纯粹的经济学理论层面看，被承包的土地对农民来说已经具有事实上的"资产"性质，即未来可以带来收益的经济物品。有鉴于此，Piketty 等[3]借助假设，对其估算的国土资源资产（整体规模同本书估计近似）进行了公共、私人份额的划分。大体上，按其假设，1978—2015 年，私人土地份额从 30% 升至 60%。当然，由于缺乏其他客观信息和数据的支持，对这一假设的合理性尚难以评判。因此，下文对国土资产及其部门归属对整体结果的影响进行了对比分析。[4]

---

[1] 裴长洪：《中国公有制主体地位的量化估算及其发展趋势》，《中国社会科学》2014 年第 1 期。

[2] 杨璐璐：《新中国土地政策变迁的历史与逻辑》，国家行政学院出版社 2015 年版。

[3] Piketty T., Yang, L., and Zucman, G., "Capital Accumulation Private Property and Rising Inequality in China 1978 – 2015", *American Economic Review*, Vol. 109, No. 7, 2019, pp. 2469 – 2496.

[4] 基于微观调查，李实等也从农地经营净收入的角度估算了农户持有的土地价值。按其估计，该资产占农村居民"净财产"的比重从 2002 年的 30% 降至 2018 年的 8%。参见李实、詹鹏、陶彦君《财富积累与共同富裕：中国居民财产积累机制（2002—2018）》，《社会学研究》2023 年第 4 期。

图 3-13 将 Piketty 等估算的国民净资产公、私份额同本书的结果进行了对比。① 可以看出，在包含土地资产的情况下，Piketty 等所描述的中国部门财富份额的消长趋势同本书估算类似，但私人财富超过公共财富的时间从本书的 2000 年提前至 1995 年。并且，两部门各自份额的水平值也存在一定差异。这一点在数据质量较低、信息缺乏，并且土地资产相对规模较为庞大的改革初期尤其明显。如 1978 年，本书估计政府份额高达 87%，而 Piketty 等估计则仅为 69%。

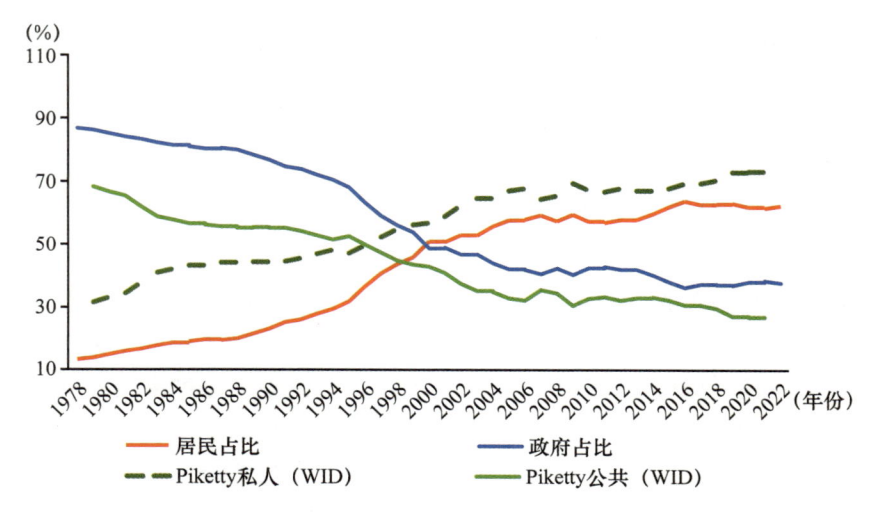

图 3-13　居民—政府部门在国民财富中的份额
（结果对比）（1978—2022 年）

资料来源：国家资产负债表研究中心（CNBS）；Piketty T., Yang, L., and Zucman, G., "Capital Accumulation Private Property and Rising Inequality in China 1978-2015", *American Economic Review*, Vol. 109, No. 7, 2019, pp. 2469-2496。

为进一步比对，我们又在双方的估算中均排除了国土资产，这也等价于假设后者在公私部门之间的分配同其他资产项目一致，结果如

---

① 在其数据平台 World Inequality Database 中，Piketty 等已经将中国私人和公共财富数据更新至 2021 年，但未公布包括土地在内的分项数据及相关估算方法。有鉴于此，本书的比对仅限于 Piketty 等聚焦的时期，即 1978—2015 年。参见 Piketty T., Yang, L., and Zucman, G., "Capital Accumulation Private Property and Rising Inequality in China 1978-2015", *American Economic Review*, Vol. 109, No. 7, 2019, pp. 2469-2496。

图3-14所示。在不含土地资产的情况下，本书估计的公共财富占比在考察期初相应下降约10个百分点，但仍旧明显高于Piketty等的估算，后者实际上变化不大，仅减少约2个百分点。这种差异主要来自对各部门资产、负债项目的处理不同，如公共基础设施在Piketty等的研究中基本未予考虑。当然，从趋势对比看，公私财富规模的逆转基本同时发生在20世纪90年代中期，并且双方结果的出入仍呈现出早期较大、后期较小的特点。实际上，约2002年起，这种差异已经缩小到5个百分点以内，从而在一定程度上实现了相互印证。

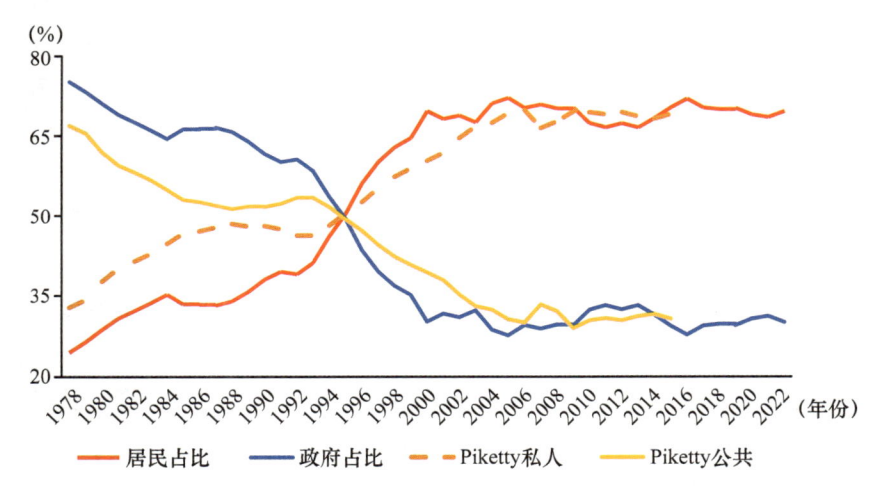

图3-14 居民—政府部门在国民财富中的份额（不含国土资源资产的结果对比）（1978—2022年）

资料来源：国家资产负债表研究中心（CNBS）；Piketty T., Yang, L., and Zucman, G., "Capital Accumulation Private Property and Rising Inequality in China 1978-2015", American Economic Review, Vol. 109, No. 7, 2019, pp. 2469-2496。

3.5 结　语

随着市场化改革进程的推进，中国政府的主要职能也从过去直接组织、计划、参与经济建设，很大程度上转变为在市场经济条件下提供公共服务。这一从"发展型政府"向"服务型政府"的深刻角色转变很自然地反映在政府资产、负债、财富等存量指标的变化之中。

第一，政府资产负债表扩张迅速，但相对规模有所下降。据本书估算，1978—2022年，政府总资产规模从14111亿元增至382.6万亿元，年均复合增速为13.6%，慢于同期居民资产增速（19.5%）；政府财富从14111亿元增至291.6万亿元，年均增长12.9%，也慢于同期居民财富（19.2%）。这种政府相对规模的变化，反映了从政府主导的单一公有制经济向多元主体参与的社会主义市场经济的深刻转变。

第二，在市场化、工业化、城镇化以及金融深化等背景下，政府资产项目结构也经历了若干重要变化：同居民部门类似，政府金融资产增长明显快于非金融资产，进而呈现出某种"金融化"特征。国有企业股权成为政府金融资产的重要组成部分，体现了公有制经济的主导地位。国土资产（农地）虽然占据政府非金融资产的较大比重，但随着工业化发展等因素，其相对规模不断下降。在20世纪90年代开启的城镇住房商品化改革的作用下，公共住房资产的比重明显缩小。在城镇化带动下，政府拥有的基础设施和建设用地等非金融资产也经历了较快增长。

第三，在负债端，政府债务从无到有，增长明显快于资产，资产负债率等债务压力指标相应上升。实际上，在1978年"内外无债"的基点上，中国政府债务在2022年达到91万亿元，1979—2022年年均增长26.6%，快于同期居民部门（21.6%），并且呈现出增速递减趋势。这种变化既反映出政府财政理念的转变，更体现了政府在推进经济建设和提供公共服务中的职能调整和方式变化。中国政府负债增长虽然较快，但相对于政府资产及GDP等指标仍处于较低水平，债务风险整体可控。这一点同长期"资不抵债"的美国等发达经济体政府情况迥异。

综上，借助政府资产负债表这一核算框架，本章对市场化改革进程中的政府角色演变进行了刻画与剖析。以此为基础，若干旨在超越"发展型政府"的政策启示可供参考：第一，从维护公有制经济主体地位的角度，努力优化政府资产配置，提高运营效率。就此，应在更加全面、细致的资产负债核算基础上，厘清政府部门掌握的大量

"低效资产""沉睡资产"。在此基础上，通过市场化运作、REITs 等方式，使得公共资源物尽其用，进而实现政府资产的保值增值。第二，更注重从存量—流量结合的视角看待公共债务问题：一方面，需要从融资方式、期限、币种等多个方面调整资产负债结构，防止政府债务杠杆出现结构错配与过快攀升；另一方面，较低的债务压力也为更加积极的公共政策提供了空间。就此，政府——特别是中央政府——应充分利用充裕的存量财力，在教育、医疗、养老、保障性住房等方面有更多积极的作为。第三，关于地方政府债务问题，应从城镇化发展、房地产市场变化以及中央—地方财政关系等多个角度，广开"前门"、严堵"后门"：既保障地方政府为改进公共服务而进行的合理举债，又防止风险高、效益差、浪费多、不可持续的盲目举债。第四，中央—地方财权、事权关系还待进一步调整改进，以更好地统筹广义政府资源，优化资产、负债的匹配程度，并发挥中央和地方两方面的积极性。第五，加快推进农村土地制度改革，使农村居民从土地资源的承包、经营和租约转让等现实权利中获得更多财产性收益，更好地实现"藏富于民"。

4

中国特色金融发展：
金融部门资产负债表

  金融部门通常涵盖与金融相关的所有业务和活动领域，包括中央银行、商业银行、保险公司、证券公司、投资基金、贷款公司等。从传统角度来看，金融部门提供的是资金中介服务，使得资金盈余的主体可以将其资金提供给需要资金的借款者。在现代经济体系中，金融部门的作用至关重要，通过中央银行—商业银行—非银行金融机构，以及金融机构—金融市场的体系，金融部门为实体经济提供流动性、风险管理、资产定价服务，让信息在不同金融主体中更为顺畅地流通。[1] 一个健康的金融体系，通过促进资源的高效分配和风险管理，支持经济增长和稳定；而不适当的金融资产负债结构和过度的杠杆可能会导致金融大幅波动甚至危机。"金融活，经济活；金融稳，经济稳。"[2] 金融部门的健康至关重要。本书通过编制中国金融部门资产负债表，旨在充分理解金融资产与负债之间的关联，深刻把握金融体系的演进和结构变迁，并全面展示改革开放以来的中国特色金融发展道路。

  目前，所有 G20 国家均已建立 SNA 体系下的金融资产负债表。在这些国家中，发达国家的统计制度较为完善，它们不仅公布年度资产负债表，还定期（大多按季度）公布资金流量表。发展中国家这方面的进度较为滞后。2021 年 10 月，中国人民银行开始发布 2017 年以来的年度金融资产负债表，截至本书写作时，已经公布了

---

[1] 李扬：《"辨"金融服务实体经济》，《经济研究》2017 年第 6 期。
[2] 《习近平经济思想学习纲要》，人民出版社 2022 年版，第 116 页。

2017—2022 年共 6 年的金融资产负债表，为相关研究提供了重要的数据支持。① 但这一数据仍有所不足。一是没有涵盖未上市公司股权。根据 SNA 框架，金融资产应包括各类股权投资（上市公司的股票与未上市公司的股权）。二是细分科目中"其他（净）"占比较大，如 2019 年各部门"其他（净）"的加总额超过 82 万亿元，不能被简单地忽视。我们推测其中大部分应为"特定目的载体份额"，包括银行理财、资管产品等特殊金融产品。三是数据年限较短，仅有 2017—2022 年的金融资产负债数据，无法应用于长时段的研究。中国统计核算的完善是一个过程，需要全社会的努力，而不能苛求于某个（些）部门。这也体现出本书估算中国金融资产负债表数据的独特价值。

4.1 "金融部门"的概念、口径及编制方法

金融机构部门的分类

从大类上分，金融机构包括中央银行、商业银行和非银行金融机构。中央银行也称货币当局，是银行的银行，是特殊的金融机构，存在的主要目的是货币政策调控和金融监管。中央银行通过调节其资产负债表即可调节全社会的货币数量、信用数量、货币价格和信用价格。虽然央行资产负债表的总规模和整个金融部门相比微不足道，但其引发的货币创造和信用创造对于金融体系以及宏观经济都能产生重大影响。中国人民银行按月度公布《货币当局资产负债表》，本章对央行资产负债表的编制也以此表为基础。

商业银行以存贷款为主营业务，是货币创造和信用创造的主体。除了商业银行，银行部门还包括政策性银行即国家开发银行、进出口银行和农业发展银行。信用社的职能与银行类似，信用社存款也被纳入广义货币的统计中，因此也应将信用社资产负债纳入。中国人民银行定义有"存款性公司"和"其他存款性公司"的概念。其中，前

---

① 易纲：《再论中国金融资产结构及政策含义》，《经济研究》2020 年第 3 期。

者是指从事金融中介业务和发行广义货币的金融性公司和准公司；后者是指除央行以外的存款性公司。因此，这里的"其他存款性公司"对应的就是商业银行部门，包括国有商业银行、股份制银行、城市商业银行和农村商业银行、城市信用社和农村信用社、外资银行、农业发展银行、国家开发银行、进出口银行和企业集团的财务公司等。中国人民银行按月度公布《其他存款性公司资产负债表》，本章银行部门的资产负债基于此表而编制。

非银行金融机构的种类繁多。凡从事金融业务的商业机构且并不划分为银行的，都属于非银行金融机构。金融部门除银行以外还包括信托投资公司、证券公司、保险公司、公募基金、私募基金、小额贷款公司、P2P平台、保理公司、财富管理公司、财务公司、金融租赁公司等。本章对非银行金融机构部门的资产负债表只估算其主要部分，对于金融租赁、保理、财富管理等规模较小的部分暂时忽略。非银行金融业的行业结构与资产负债表结构并不完全一致。有些机构的管理资产规模是合并至公司整体的资产负债表之中的，如证券公司、保险公司，其所发行的大部分金融产品包含在公司自身的资产负债表之中。而另外一些金融机构，如基金公司，其本身的资产负债表很小，所有基金产品都是以单独金融工具的形式出现，这些金融工具有其独立的资产负债表。因此，本书在核算非银行金融业资产负债表时，不应以这些金融机构的资产负债表为基础，而是应该以各类金融工具为起点，将主要金融工具的资产负债表改造为非银行金融业整体的资产负债表。

各项金融资产和负债的估算

根据国际标准，本书将金融资产和负债分为储备资产（黄金储备和外汇储备）、通货和存款（通货、库存现金、准备金、存款）、贷款（贷款、中央银行贷款、同业拆借）、债券、股票和股权（股票、非上市公司股权）、证券投资基金份额、保险准备金、其他金融资产或负债8项。这里根据国家资产负债表下各类资产负债划分，对每一项资产负债的具体含义和估算方法做出具体说明。

1. 储备资产

储备资产是指中国人民银行拥有的可以随时动用并有效控制的对

外资产，包括货币黄金、特别提款权、外汇储备、在国际货币基金组织（IMF）的储备头寸和其他债权。储备资产记在金融部门的资产方以及国外部门的负债方。本章将储备资产划分为黄金储备和外汇储备两部分。

"黄金储备"是指中国人民银行作为储备持有的黄金。黄金储备在现实中既可能以实物黄金的形式存在，也可能是央行所持有的国际纸黄金凭证。但在 SNA 的规则下，央行的黄金储备应记为金融资产，相应的也就是国外部门的负债。1992—2022 年的黄金储备数据来自中国人民银行"货币当局资产负债表"中"国外资产"中的"货币黄金"，1978—1991 年的数据来自中国人民银行"信贷收支表"中的"货币黄金"。

"外汇储备"包括三部分，一是中国人民银行持有的可用作国际清偿的流动性资产和债权；二是"特别提款权"，是指 IMF 根据会员国认缴的份额分配的，可用于偿还 IMF 债务、弥补会员国政府之间国际收支逆差的一种账面资产；三是"在 IMF 的储备头寸"，是指中国在 IMF 普通账户中可自由动用的资产。外汇储备记录在中央银行的金融资产方和国外部门的负债方。1992—2022 年的外汇储备数据来自中国人民银行"货币当局资产负债表"中"国外资产"中的"外汇"，1978—1991 年的数据来自中国人民银行"信贷收支表"中的"外汇"。国家外管局"国际投资头寸表"中"对外金融资产"中"储备资产"中的"外汇""特别提款权""在 IMF 的储备头寸"与中国人民银行的数据相互对应，相差不大，但二者也略有区别（见图 4-1）。为了保证金融部门数据的一致性，本书主要采用中国人民银行的数据。

2. 通货和存款

通货和存款包含通货、库存现金、准备金、存款四项。

"通货"是指以现金形式存在于市场流通领域的货币。对于通货的持有者，其属于金融资产；而对于通货的发行方（中央银行），其属于负债。通货总量为中国人民银行公布的 M0，中国的全部通货都由中国人民银行发行，计在中央银行的负债方。1978—1991 年的 M0 按照 80%、17% 和 3% 的比例分配给居民、非金融企业和政府。

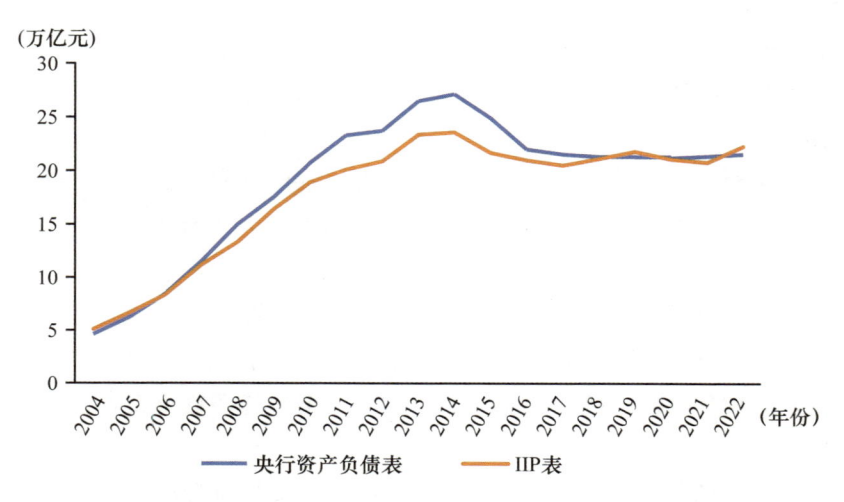

图4-1 央行资产负债表和国际投资头寸（IIP）表中的外汇储备资产比较（2004—2022年）

资料来源：外管局、中国人民银行、国家资产负债表研究中心（CNBS）。

1992—2022年的数据的估算方式为各部门通货存货与国家统计局"资金流量表"中"通货"的流量相加。

"库存现金"是指中央银行发行的高能货币中被商业银行持有的部分，是高能货币（或称为"货币发行"）的一部分，但并不统计为通货（M0）。1993—2022年的"库存现金"的计算公式为：中国人民银行"货币当局资产负债表"中"储备货币"中的"货币发行"减去M0。1978—1992年的库存现金假设为0。

"准备金"是指银行等金融机构在中央银行的存款，包括法定准备金与超额准备金。金融机构为开展借贷业务，需要在央行存放相对于存款余额一定比例的准备金。其对商业银行及非银行金融机构属于金融资产，对中央银行属于负债。一些非金融机构在央行也会持有准备金存款，2007年之前，在商业银行体系发展过程中，一些缺少商业银行覆盖的农村地区会直接存在一些非金融机构在中央银行的存款，主要是邮政储蓄存款和机关事业单位存款，2017年至今这部分存款全部转移到商业银行；2017年之后，为防止非银行支付机构违规使用预收的客户待付货币资金，央行对支付机构在买卖双方在资金流转过程中所短暂留存的资金实施集中存管，这部分存款也计在央行的准备金账目之下。

1993—2022年的"准备金"的计算公式为：中国人民银行"货币当局资产负债表"中的"储备货币"减去"储备货币"中的"货币发行"，全部准备金都记在中央银行的负债方。其中，银行部门持有的"准备金"数据采用"储备货币"中的"其他存款性公司存款"；企业部门持有的"准备金"数据采用"储备货币"中的"非金融机构存款"；非银行金融机构持有的"准备金"数据计算公式为：全部准备金总量减去由银行和非金融企业所持有的准备金。1978—1992年的准备金规模全部假设为0。对于银行部门的准备金资产，另一个数据来源是中国人民银行的"其他存款性公司资产负债表"中"储备资产"中的"准备金存款"，这个数据与"货币当局资产负债表"中的数据相差不大，但也略有区别。为保持数据一致性，本书选用货币当局资产负债表中的数据。

"存款"是指机构单位将货币资金存入银行或其他金融机构，在一定时期内收回本金并取得一定利息收入的一种信用活动形式。存款主要包括活期存款、定期存款、城乡居民储蓄存款、企业存款、财政存款、外汇存款和其他存款等，表现为存款方的资产，金融机构的负债。从负债角度看，存款在银行部门、央行部门和国外部门的负债方都有相对应的科目。银行部门的存款负债是银行资金的主要来源，对应于居民存款、企业存款、机关团体存款、非银行金融机构的存款和国外部门的存款。央行部门的存款负债主要是指中央财政在央行账户上的财政存款。国外部门的存款负债是指国内机构持有的境外存款。从资产角度看，居民部门、政府部门、非银行金融机构、非金融企业部门和国外部门都会持有存款资产。

居民部门的银行存款主要有两个数据来源。一是中国人民银行"金融机构本外币信贷收支表"中"境内存款"中的"住户存款"，二是"其他存款性公司资产负债表"中"广义货币存款"中的"个人存款"。两套数据基本一致。1990—2022年采用"广义货币存款"中的"个人存款"；1978—1989年采用"信贷收支表"中的"住户存款"。在此基础上，居民部门的存款资产再加上公积金存款。

2012—2022年的数据来自住建部公布的"个人公积金年末缴存余额"。1978—2011年没有数据，但部分年份有某些省份单独公布的数据。中国住房公积金制度初始于1999年，因此1999—2011年的数据采用某些省份的数据进行估算。

政府部门的存款资产可以分为两部分，一是财政存款，二是机关团体的银行存款。财政存款可以进一步分为财政当局在中央银行的存款和财政当局在商业银行的存款。财政存款的数据有两个主要数据来源，一是"货币当局资产负债表"中的"政府存款"，二是"金融机构本外币信贷收支表"中的"财政性存款"。1993—2022年采用"货币当局资产负债表"中的"政府存款"数据表示财政在央行的存款，用"金融机构本外币信贷收支表"中的"财政性存款"减去财政在央行的存款来表示财政在商业银行的存款。1978—1992年假设财政存款全部在央行，用"信贷收支表"中的"财政性存款"表示。对于机关团体的银行存款，本书采用"金融机构本外币信贷收支表"中的"机关团体存款"表示。政府部门的存款负债只有居民的住房公积金存款，数据估算方式如前文所述。

非银行金融部门的存款也分为两部分，一是非银行金融部门在商业银行的存款，二是非银行金融部门在央行的存款。对于非银行金融部门在商业银行的存款，1999—2022年采用"其他存款性公司资产负债表"中"对其他金融性公司负债"中的"计入广义货币的存款"来表示。1978—1998年假设为0。对于非银行金融部门在央行的存款，2007—2022年采用"货币当局资产负债表"中的"不计入储备货币的金融性公司存款"。1978—2006年假设为0。

非金融企业部门的银行存款，2010—2022年采用"信贷收支表"中的"非金融企业存款"数据。2006—2009年，因为信贷收支表中没有单独列出企业存款规模，故采用"其他存款性公司资产负债表"中的数据进行推算。具体来说，首先，用M1中的"活期存款"减去财政存款和机关团体中的活期存款，并将其视为非金融企业部门的活期存款。这里假设全部财政部门在商业银行的存款都为活期存款，机关团体存款中90%的比例为活期存款。其次，用M2中的"定期及其他存款"减去非银行金融部门在银行的存款、机关团体在银行的定期存款和国外部门在银行的存款,并将其视为非金融企业在银行的定期存款。最后,用"其他存款性公司资产负债表"中"对非金融机构及住户负债"中的"不纳入广义货币的存款"来表示企业存款中没有被计入 M2 中的部分。将这三者相加来表示企业部门的银行存款。1978—2005 年采用"信贷收支表"中的 6 项存款加总,分别为企业存款、基本建设存款、农村存款、信托存款、委托存款、其他存款。

国外部门的存款资产是指境外机构或个人在中国商业银行的存款,表示中国金融机构吸收的海外私人存款、国外银行短期资金及向国外出口商和私人的借款等短期资金。2004—2022 年采用外管局"国际投资头寸表"中"对外金融负债"中的"其他投资:货币和存款"来表示。1978—2003 年的国际投资头寸表数据,主要采用全球"the External Wealth of Nations"数据,并根据科目进行适当调整。[①] 后文有关 1978—2003 年的国际投资头寸表数据,均采用这一数据库的估算,不再赘述。国外部门的存款负债是指境内个人或机构在境外银行的存款,表示中国金融机构存放境外资金和库存外汇现金。2004—2022 年采用外管局"国际投资头寸表"中"对外金融资产"中的"其他投资:货币和存款"来表示。

3. 贷款

贷款包括贷款、中央银行贷款、同业拆借三类。

"贷款"是指银行等金融机构在一定时期内为其他机构单位提供货币资金,并按期限收回本金、收取一定利率的一种信用活动。贷款主要包括短期贷款、中长期贷款、企业贷款、财政借款、外汇贷款等。从资产角度看,贷款在资产方主要体现在银行部门、非银行金融机构部门、企业部门和国外部门。银行贷款是贷款的主体,银行可以分别向居民、非金融企业、政府部门和国外部门发放贷款。非银行金融机构中的信托公司可以采用"信托贷款"的方式向企业发放贷款。企业部门产生贷款资产的形式有两种,一是企业的委托贷款,二是"未贴现银行承兑汇票"。公积金贷款是属于政府部门直接向居民部

[①] 在下一章"国外部门资产负债表"中详细介绍。

门发放的贷款，记为政府的资产和居民的负债。

银行对居民部门的贷款有两套数据来源，一是"信贷收支表"中的"住户贷款"，二是"其他存款性公司资产负债表"中的"对其他居民部门债权"。二者数据基本一致。2004—2022 年的居民贷款主要采用"信贷收支表"中的"住户贷款"。1978—2003 年，"信贷收支表"中未单独列出住户贷款数据，故本书采用 4 项贷款之和来表示居民贷款，分别为农业短期贷款、私营及个体短期贷款、居民消费短期贷款、居民消费中长期贷款。在此基础上，居民部门的贷款负债再加上公积金贷款。2012—2022 年的数据来自住建部公布的"个人公积金贷款余额"。1978—2011 年没有数据，但部分年份有某些省份所单独公布的数据。中国住房公积金制度初始于 1999 年，因此 1999—2011 年的数据采用某些省份的数据进行估算。

政府部门的贷款资产只有居民的住房公积金贷款，数据估算方式如前文所述。银行对政府部门的贷款分为两种，分别是财政贷款和机关团体的贷款。当前不存在财政贷款，财政当局不能向银行体系透支，但 1980—2002 年曾短暂存在极为少量的财政投资现象，这部分贷款在原则上属于银行对财政当局的贷款。对于商业银行向机关团体等政府单位所提供的贷款，并没有直接数据来源。"信贷收支表"中仅公布了"企（事）业单位贷款"，是非金融企业贷款和属于政府部门的机关团体贷款之和。所幸的是，中国人民银行的"资金存量表"中公布了 2017—2021 年的政府贷款数据，本书采用这套数据，并假设 2022 年和 2003—2016 年政府贷款的增速与"企（事）业单位贷款"一致，以此来估算 2003—2022 年的政府贷款。1978—1979 年的政府贷款全部假设为 0。

银行对非金融企业部门的贷款也包括两部分，一是银行记录在账本上的非金融企业贷款，二是每年从银行账本核销的非金融企业贷款。银行对企业的贷款核销后，虽然从账本中记录的非金融企业贷款中抹去，但其本质上就是银行对非金融企业新增了一笔贷款，因此被记录在"社会融资规模存量统计表"中。2004—2022 年采用"信贷收支表"中的"企（事）业单位贷款"加上"社会融资规模存量统计表"中的"贷款核销"，再减去根据前文估算出的政府贷款，以此来表示非金融企业部门获得的银行贷款。1978—2003 年，由于"信贷收支表"中没有单独提供企事业单位贷款数据，本书采用全社会总贷款减去按前述方法估算出的居民贷款和政府贷款，以此来表示非金融企业部门获得的银行贷款。

国外部门的贷款资产包括贸易信贷和金融贷款。贸易信贷是指中国与世界其他国家或地区间伴随货物进出口产生的直接商业信用，包括中国进口商的进口应付款以及中国出口商预收的货款。金融贷款是指中国机构借入的各类贷款，如外国政府贷款、国际组织贷款、国外银行贷款和卖方信贷等。我们用"国际投资头寸表"中"对外金融负债"中的"贸易信贷"和"贷款"相加来表示。国外部门的贷款负债同样也包括贸易信贷和银行贷款。贸易信贷是指中国出口商的出口应收款以及中国进口商支付的进口预付款。金融贷款是指中国境内机构通过向境外提供贷款和拆放等形式而持有的对外资产。我们用"国际投资头寸表"中"对外金融资产"中的"贸易信贷"和"贷款"相加来表示。

非银行金融部门对企业的贷款主要是指信托贷款。在中国的金融体系中，只有信托公司拥有对外发放贷款的资格，这类贷款也被称作信托贷款。2002—2022 年，信托贷款规模数据来自"社会融资规模存量统计表"中的"信托贷款"。由于 2002—2005 年这一数据为 0，故假设 1978—2001 年的数据全部为 0。

非金融企业部门内部的贷款主要是委托贷款和未贴现银行承兑汇票。中国的社会融资规模统计中包含有两项特殊的贷款。一是"委托贷款"，是指由企事业单位及个人等委托人提供资金，由金融机构（贷款人或受托人）根据委托人确定的贷款对象、用途、金额、期限、利率等代为发放、监督使用并协助收回的贷款。这种贷款的资金主要由非金融企业部门提供，贷款流向也主要是非金融企业部门，因此本书将其都估算为非金融企业的贷款。二是"未贴现银行承兑汇票"，是指企业签发的银行承兑汇票未到金融机构进行贴现融资的部分，即金融机构表内表外并表后的银行承兑汇票。汇票本身是属于非金融企业间的资产负债关系，并非商业银行信用创造。但由于银行承兑汇票具有商业银行背书，在企业间具有较好的流动性，因此也可以看作是商业银行信用创造活动，但不属于普通贷款，在中国人民银行公布的资金流量表中也单独列出。未贴现银行承兑汇票在统计上体现为企业签发的全部银行承兑汇票扣减已在银行表内贴现的部分，因此并不在银行贷款中有所体现，却是非金融企业的负债，其资金来源也主要是非金融企业。虽然未贴现银行承兑汇票也属于银行信用创造的范畴，但就资产负债关系来说，其仍属于企业间借贷，因此将这部分资产与负债同时记在非金融企业部门的资产方与负债方。2002—2022年"委托贷款"和"未贴现银行承兑汇票"数据来自"社会融资规模存量统计表"。1978—2001年的数据全部为0。

"中央银行贷款"是货币创造的重要工具，中央银行在对商业银行或非银行金融机构进行贷款的过程中，同时在其资产方和负债方记入中央银行贷款和准备金存款，商业银行也同时在资产方和负债方记入准备金存款和中央银行贷款。中国在历史上还存在着中央银行直接针对一些农业农村部门的再贷款，这类贷款规模较小，自2019年后已不存在。

央行对银行部门的贷款是主要的货币创造工具，主要包括央行各类再贷款工具，当前的主体是中期借贷便利（MLF）以及各类结构性货币政策工具。1993—2022年的数据采用"货币当局资产负债表"中的"对其他存款性公司债权"。1978—1992年假设为0。央行对非银行金融部门的贷款，主要包括央行向其他金融性公司，如证券、基金、保险等，发放的再贷款，其中主要构成部分是对四大资产管理公司的再贷款。1993—2022年的数据采用"货币当局资产负债表"中的"对其他金融性公司债权"。1978—1992年假设为0。央行对非金融企业部门的贷款，是历史上中国人民银行在各地分支机构直接发放给农业农村地区的再贷款，这类贷款在2019年之后已归零。1993—2022年的数据采用"货币当局资产负债表"中的"对非金融性公司债权"。1978—1992年假设为0。

"同业拆借"，也称作金融机构往来，是指金融机构之间的债权债务关系，即金融机构部门子部门之间发生的同业存放、同业拆借和债券回购。银行对其他商业银行的资产，主要为银行间的资金拆借。2005—2022年的数据采用"其他存款性公司资产负债表"中的"对其他存款性公司负债"。1999—2004 年的数据假设每年增长 50%。1978—1998 年的数据假设为 0。银行对非银行金融机构的资产，主要为商业银行对各类非银行金融机构的非贷款类资金拆借。1999—2022 年的数据采用"其他存款性公司资产负债表"中的"对其他金融机构债权"。1978—1998 年的数据假设为 0。非银行金融机构对银行部门的资产，主要为商业银行从非银行金融机构获得的资金拆借，其中不包含计入广义货币中的存款。1999—2022 年的数据采用"其他存款性公司资产负债表"中的"对其他金融性公司负债"减去其中"计入广义货币的存款"部分。1978—1998 年的数据假设为 0。

4. 债券

"债券"是指由债券购买者承购的或因销售产品而拥有的可在金融市场上交易的代表一定债权的书面证明。包括政府债券、金融债券、企业债券、商业票据、支付固定收入但不提供法人企业参与价值分享权的优先股等。债券是承购者或持有者的资产，是发行机构或承兑机构的负债。本章统计的债券包括非金融企业债券、政府债券、银行债券、非银行金融机构债券和国外债券。

非金融企业债券是指由非金融企业发行的各类债券，包括企业债、超短期融资券、短期融资券、中期票据、中小企业集合票据、非公开定向融资工具、资产支持票据、公司债、可转债、可分离可转债和中小企业私募债等券种。2002—2022 年的数据来自"社会融资规模存量统计表"中的"非金融企业债券"，1978—2001 年的数据来自 Wind 数据库所收录的各类企业债券年末余额加总。

政府债券包括中央政府发行的国债以及地方政府发行的地方政府一般债和地方政府专项债。在中华人民共和国成立初期，社会主义公有制的经济制度尚未完全建立。政府也尝试发行过一些债券，即所谓的地方政府"公债"。1953—1957 年第一个五年计划时期，为了最大化筹集资金支持重工业发展，中央财政分 5 次累计发行了 34.45 亿元"国家经济建设公债"。1958 年开始，中央公布了《关于发行地方公债的决定》，认为在必要的时候可以发行地方公债筹集建设资金，并停止全国性公债的发行。之后部分地方政府发行了此类地方经济建设公债。但随着其后公有制和计划经济的完全确立，以及农业为工业输入资金经济体系的建立，发行公债筹集资金已经失去了必要性。最后一笔公债于 1968 年偿清后，中国政府债务保持了长达 10 年的零规模。改革开放后中央财政再次开始发行国债。2014—2022 年采用财政部公布的"中央政府债券余额"数据。1978—2014 年缺乏财政部的数据来源。1991—2013 年采用 Wind 数据库所收录的全部国债年末余额加总。1978—1990 年采用历年《中国财政年鉴》中的数据。

地方政府债券出现于改革开放之后。1949—1978 年计划经济时期，1961 年财政部《关于改进财政体制和加强财政管理的报告》中规定：国家财政预算，从中央到地方实行上下一本账，坚持全国一盘棋，不准打赤字预算。地方政府并不存在独立一级的财政权力，而只是中央财政计划的执行机构。改革开放初期，1979 年有 8 个县区举借了政府负有偿还责任的债务，此后各地开始陆续举债。1981—1985 年是省级政府大规模举债时期，有 28 个省级政府开始举债；1986—1996 年是市县级政府大规模举债时期，有 293 个市级政府和 2054 个县级政府开始举债。但这些债务规模极小，且并不是以地方政府名义进行筹借，在法律上并不被认同为地方政府债务。为满足建立全国统一市场的需要，1994 年开始了分税制改革，重新加强了中央财政，限制了地方政府负债规模。1995 年 1 月 1 日开始实施的《中华人民共和国预算法》规定，除了法律和国务院另有规定，地方政府不得发行政府债券。此后直至 2009 年，地方政府都没有再发行过债券。但由于地方经济发展的需求，地方政府开始用多种方法变相融资、自行举债，地方投融资平台成为政府举债的主要方式。所谓地方政府融资平台，是指由地方政府以财政、土地、股权等作为资产注入，主要承担政府投资项目的融资需求的实体，它拥有独立法人资格。真正法律意义上的地方政府债务是从 2009 年开始的。2009 年开始由财政部代理地方发行债券，直至 2014 年都以每年约 2000 亿元的规模发行。2015 年后开始对各类地方政府隐性债务进行清理，同时确定了"开前门，堵后门"的方针。地方政府一般债和专项债大规模增长，以此来替换存量的地方隐性债务，本书从法律意义上统计的地方政府债务规模快速增长。2017—2022 年的地方政府债务数据来自财政部网站或财政年度决算中所公布的地方政府债务余额，2009—2016 年的数据来自 Wind 数据库所收录的全部地方政府债券年末余额加总。1978—2008 年的地方政府债务假设为 0。

银行债券是指商业银行发行的债券，包括存款证、公司债券、次级债券、二级资本债券等。1999—2022 年的数据来自"其他存款性公司资产负债表"中的"债券发行"。1994—1998 年的数据来自 Wind 数据库所收录的全部银行债券年末余额加总。1978—1993 年的数据来自"信贷收支表"中的"金融债券余额"。

非银行金融机构债券是指除中央银行和商业银行以外的金融机构所发行的债券。2002—2022 年的数据来自 Wind 数据库所收录的全部保险公司、证券公司和其他金融机构债券年末余额加总。1978—2001 年的数据假设为 0。

国外债券是指本国各部门持有的境外机构所发行的各类债券，但不包括货币当局外汇储备中所持有的国外债券。本书用"国际投资头寸表"中"对外金融资产"中的"证券投资"和"债务证券"来表示本国持有的国外债券余额，用"国际投资头寸表"中"对外金融负债"中的"证券投资"和"债务证券"来表示国外部门持有本国的债券余额。

5. 股票和股权

股票和股权类资产分为股票、非上市公司股权两部分。

"股票"是股份公司依照《中华人民共和国公司法》规定，为筹集资本所发行的，用于证明股东身份和权益并据以获得股息和红利的凭证。本书中专指在证券交易所上市或挂牌的公司股份。股票是购买者的资产，是发行机构的负债。根据 SNA 框架，上市公司股票以股票市场交易的市值来计价。由于中国金融机构股票的规模较大，且当前主要上市金融企业的市净率低于 1，故本章所统计的股票只包括非金融企业的股票，不包含金融行业的上市公司。从负债方来看，股票在负债方体现在两个部门中，分别为非金融企业和国外部门。对于非金融企业，1991—2022 年的数据采用年末全部上市公司股票市值来表示。对于国外部门，本书采用"国际投资头寸表"中"对外金融资产"中的"证券投资"和"股本证券"来表示。

"非上市公司股权"（以下简称"股权"）是指机构单位以直接

投资方式用除股票、债券性证券以外的实物资产、无形资产及货币资金直接向其他单位或部门的投资，是投资方的资产，是接受投资方的负债。根据 SNA 框架，股权类资产应以账面价值计价。由于上市金融企业的股票并没有包含在股票的统计中，故此处的股权资产也包括上市公司的股票。从负债方来看，股权在负债方体现在非金融企业、银行、非银行金融机构、央行和国外部门五个部门。

非金融企业的股权估算分为两步。第一步将全部非金融企业分为制造业，建筑业，批发和零售业，住宿和餐饮业，房地产业，交通运输、仓储和邮政业，租赁和商务服务业，信息传输、软件和信息技术服务业，以及其他第三产业。再从历年《中国统计年鉴》中获得每个行业的规模以上企业的总资产和总负债。第二步是将第一步所得出的规模以上企业总资产、总负债与 2004 年、2008 年、2013 年和 2018 年四次全国经济普查所得出的每个行业全部总资产、总负债进行比较，得出一个比例系数，再按此比例调整历年总资产与总负债，从而得出每个行业净资产的账面价值。例如，从历年《中国统计年鉴》所获得的 2013 年和 2018 年规模以上工业企业总净资产分别为 36.5 万亿元和 49.9 万亿元，而从两次经济普查中获得的工业企业净资产分别为 45.7 万亿元和 60.0 万亿元。规模以上企业净资产与全部企业净资产的比例分别为 79.9% 和 81.9%，由此我们假设这一比例在 2013—2018 年遵循线性上升的过程，每年增长约 0.4 个百分点。进而可以从历年规模以上工业总资产数据估算出全部工业企业的总资产。对于交通运输、仓储和邮政业等第三产业，历年《中国统计年鉴》中并不公布其规模以上企业的总资产，这里采用经济普查年份 GDP 占净资产的比例来估算历年的净资产。

银行部门的股权是指商业银行净资产的账面价值。2003—2022 年采用中国金融监管总局公布的"银行业总资产"与"银行业总负债"之差来表示商业银行的净资产。1978—2002 年的银行部门股权数据采用"信贷收支表"中的"实收资本"来表示。

非银行金融机构股权是指证券公司、保险公司、信托公司等非银行金融机构的净资产。2002—2022 年采用中国金融监管总局公布的"保险公司净资产"、中国证券业协会公布的"证券公司净资产"和中国信托业协会公布的"信托公司所有者权益"三者加总来表示全部非银行金融机构的股权负债。

央行的股权负债是指中央政府持有的对于央行的所有者权益，是政府部门的资产，中央银行的负债。"货币当局资产负债表"中的"自有资金"和"其他负债"加总基本可以表示央行的净资产。但由于本书在其他各类金融资产和负债的估算中部分调整了数据，并且"货币当局资产负债表"中公布了央行的"总资产"，故本书不再采用"自有资金"和"其他负债"加总的方式估算央行的股权。而是根据总资产与总负债恒等的原则，用前述方法估算出的央行总资产减去央行的负债方除股权负债以外的全部负债，并以此来表示央行的股权负债。这一方法保证了本书估算出央行的资产净值为0。

国外部门的股权资产和负债主要是指直接投资，也称外商直接投资（FDI），包括外国、中国港澳台地区在中国内地（大陆）以及中国内地（大陆）在外国、中国港澳台地区以独资、合资、合作及合作勘探开放方式进行的投资。国外部门的股权负债是指本国机构持有的国外企业部门的股权，主要指中国的对外直接投资。本书采用"国际投资头寸表"中"对外金融资产"中"在国外直接投资"来表示。国外部门的股权资产指国外个人或机构持有的本国企业股权，主要指中国吸收的外商直接投资。我们采用"国际投资头寸表"中"对外金融负债"中的"外国来华直接投资"来表示。

6. 证券投资基金份额

"证券投资基金份额"是指由证券投资基金发行的，证明投资人持有的基金单位数量的受益凭证，包括以基金形式运行的用于投资证券或其他股权的金融产品形式。狭义的证券投资基金包括公募基金、基金专户、私募基金等。此外，券商资管产品、券商自营产品、信托产品以及社保基金都与证券投资基金类似。本节将这些金融产品全部划分到证券投资基金份额中。其中最为特殊的是货币型公募基金，其虽然被列为证券投资基金，但对持有者来说其功能作用与货币极为相似。证券投资基金份额对于其持有者是金融资产，对于相应的非银行类金融机构属于负债。

本章共统计了7项由非银行基金机构所发行的证券投资基金，包括公募基金、公募基金专户业务、私募基金、证券公司资产管理业务、期货公司资产管理业务、信托资产和银行理财产品，数据来源分别是中国证券投资基金业协会公布的"公募基金净值""基金公司专户业务资产规模合计""私募基金管理机构实缴规模合计""证券公司资产管理业务资产规模合计""期货公司资产管理业务资产规模合计"，以及中国信托业协会公布的"信托资产余额"、中国理财网统计的"理财产品资金余额"。

7. 保险准备金

"保险准备金"是指社会保险和商业保险基金的净权益、保费预付款和未结索赔准备金。对投保人属于金融资产，对保险公司及政府部门属于负债。保险金的总资产规模，1993—2022 年采用金融监管总局公布的"保险公司资产总额"来代替。保险公司总资产中最主要的部分就是客户保险金，故用这一规模进行估算。1978—1992 年的数据假设为 0。

全部保险金可以分为两类，一是居民部门的社会保险金余额，二是各类商业保险金余额。居民社会保险余额为居民部门的资产和政府部门的负债。中国社会保险金从 1993 年开始缴纳，但财政部公布的"社会保险基金年末滚存结余"数据从 2003 年开始。1978—2002 年数据采用全社会就业劳动力总量及估算的缴纳比例和缴纳金额进行估算。由于缺乏数据，本书假设其余的保险金均为居民部门的资产和非银行金融部分的负债。

8. 其他金融资产或负债

"其他金融资产与负债"包括两部分：一是指除储备资产、外汇存贷款和债券以外的国内与国外间的债权债务，也称其他对外债权债务；二是除上述金融资产负债以外的其他国内金融资产负债，主要包括商业信用和预付款以及其他应收应付款项，以及非金融企业与商业银行之间除存款贷款以外的债权债务。

非金融企业持有国外部门的其他金融资产，本书采用"国际投资头寸表"中"对外金融资产"中"其他投资"中的"其他资产"来表示。央行持有国外部门的其他金融资产，本书采用"货币当局资产负债表"中的"其他国外资产"来表示。国外部门持有非金融企业的其他金融资产，本书采用"国际投资头寸表"中"对外金融负债"中"其他投资"中的"其他负债"来表示。国外部门持有央行的其他金融资产，本书采用"货币当局资产负债表"中的"其他国外负债"来表示。银行部门持有企业的其他金融资产，本书采用"其他存款性公司资产负债表"中全部对居民部门、非金融企业部门和金融机构部门的债权加总减去本书所采用的"信贷收支表"中商业银行对居民部门、非金融企业部门和金融机构部门的贷款来表示。通过这样的轧差，我们保证了本书所估算的银行部门总资产与"其他存款性公司资产负债表"中所公布的总资产一致。非金融企业部门持有银行部门的其他金融资产，本书采用前述方法估算的银行部门总资产与银行部门总负债之差来表示。通过这样的方法，本书保证了银行部门的资产净值为零。

金融部门资产负债表估算结果

基于以上的估算方法，本书编制了1978—2022年金融部门资产负债表（见表4-1）。这里需要注意的是，本书将1992年定义为中国现代金融体系正式确立的年份。1992年之前，中国并不存在清晰的中央银行、商业银行和非银行金融机构的划分。因此，1978—1992年，我们从整体上编制金融部门资产负债表；1993—2022年，我们分别编制中央银行、商业银行和非银行金融机构资产负债表，并将其合并为整体的金融部门资产负债表。

表4-1　　　　金融部门资产负债表（1978—2022年）　　　　单位：亿元

年份	非金融资产	金融资产	总资产	总负债
1978	61	1929	1990	1990
1979	76	2140	2216	2216
1980	93	2704	2797	2797
1981	125	3252	3377	3377
1982	161	3726	3887	3887
1983	189	4219	4408	4408

续表

年份	非金融资产	金融资产	总资产	总负债
1984	243	5541	5784	5784
1985	492	10375	10868	10868
1986	632	13316	13948	13948
1987	752	15582	16334	16334
1988	914	18909	19824	19824
1989	1127	23200	24327	24327
1990	1458	29520	30978	30978
1991	1850	36404	38254	38254
1992	2279	42826	45106	45106
1993	3055	57722	60777	60777
1994	4125	72365	76490	76490
1995	5263	89416	94679	94679
1996	6728	111476	118205	118205
1997	8127	136753	144880	144880
1998	8976	150351	159327	159327
1999	10542	187154	197696	197696
2000	12059	210373	222431	222431
2001	13711	237605	251316	251316
2002	16858	275499	292357	292357
2003	22589	335075	357665	357665
2004	25764	396854	422617	422617
2005	34490	497417	531908	531908
2006	37127	601908	639035	639035
2007	41217	777868	819085	819085
2008	53368	907077	960445	960445
2009	62290	1123637	1185927	1185927
2010	63514	1347324	1410837	1410837
2011	73095	1599814	1672910	1672910
2012	87765	1909748	1997512	1997512

续表

年份	非金融资产	金融资产	总资产	总负债
2013	116941	2231381	2348322	2348322
2014	126065	2684050	2810115	2810115
2015	129005	3316149	3445154	3445154
2016	151399	3983870	4135270	4135270
2017	189255	4279696	4468951	4468951
2018	183031	4321853	4504885	4504885
2019	180617	4549165	4729783	4729783
2020	196211	4947156	5143367	5143367
2021	210119	5325300	5535419	5535419
2022	214458	5684688	5899146	5899146

资料来源：国家资产负债表研究中心（CNBS）。

4.2 现代中央银行制度的初步形成与货币创造基础的演变

1978年之前，中国采用的是高度集中的"一银行制"，即中国人民银行既承担中央银行的功能，又承担商业银行的业务。此外，中国人民银行与财政部之间的职能也高度重叠，都是在中央政府的统一领导下工作。分立后，中国人民银行主要承担中央银行的职能，负责制定和执行货币政策、维护金融稳定、管理金融机构等。财政部则专注于国家的财政和税务工作，其职责包括制定财政政策、管理国家财政收支及组织国家预算等。这一变革标志着中国金融体制开始从高度集中的"一银行制"转向分层经营的银行体制，为后续的金融改革和发展创造了条件。

现代金融制度核心组成之一是中央银行制度。1993年是中国金融体系变革的关键时期。1993年12月，《国务院关于金融体制改革的决定》（国发〔1993〕91号）提出，把中国人民银行办成真正的中央银行。中央银行制度正式确立，中国人民银行的地位和功能得到明确。1995年3月，《中华人民共和国中国人民银行法》出台，确立了中国人民银行的法律地位，并对其职责、功能和管理体制进行了明确和完善，主要包括：制定和实施货币政策；发行人民币，管理货币流通；管理国家的外汇和黄金储备；管理和监督金融机构，确保金融稳定；提供金融服务，包括作为政府的银行和其他金融机构的清算中心；与其他国家和地区的中央银行以及国际金融组织进行合作等。此外，法律还强调了中国人民银行应当独立于地方政府进行操作，确保其独立性。这有助于中国人民银行更加独立、客观地制定和执行货币政策，以维护金融稳定和控制通货膨胀。

就央行而言，主要通过其资产负债表的变化，实现对货币（及流动性）的总量控制，以达到对金融体系乃至宏观经济进行调控的目的。而中国人民银行的货币创造机制具有其特殊性。与其他主要国家相比，中国人民银行经历了从央行贷款到外汇储备，再回到央行贷款的货币创造演变进程。

在全球大部分央行中，这个资产方的对应物一般有三种情况：外汇储备、国债和对商业银行的债权（央行贷款）。外汇储备类似于黄金的作用，属于外生的有价资产，央行发行货币购买这类资产，自然增加了市场上的货币供给。国债产生于经济体系内部的政府部门，与财政政策紧密相连，实质上属于财政政策货币化，是政府直接或间接通过中央银行获得了融资。对商业银行的债权则属于最为直接的货币创造过程，不需要任何外在工具，相当于中央银行和商业银行同时通过互相欠债来扩张资产负债表，而中央银行对商业银行的欠债就是基础货币，商业银行可以再按照货币乘数来创造货币。根据各自的经济环境和现实情况，各国会选择这三种货币创造方式中的一种或多种。

2000年之前，中国绝大部分比例的货币创造是以央行贷款的形式实现的。最初的央行贷款就是狭义的"再贷款"和"再贴现"。"再贷款"是一种中央银行向特定的商业银行提供的中长期贷款，通常用于支持政府的特定政策目标，如农业、小企业或出口；"再贴现"是指商业银行持有的到期的商业票据可以在中央银行进行贴现，从而获得流动性。1993年，央行贷款在央行全部金融资产中占比高达 70.9%，外汇储备和债券各自占到央行总资产的 10% 左右。一些文献将这种特征称为"透支金融体系"（Overdraft Financial System）。① 在透支金融体系中，中央银行在资金供应方面具有主导地位，商业银行需要向中央银行借款以满足其资金需求。中央银行不持有政府证券或外汇作为储备，这意味着中央银行没有传统意义上的资产储备。私人银行持续地处于亏欠中央银行的状态，这就是"透支"一词的来源。这种欠款不是偶然产生的，而是系统的一部分。这一系统的优点是，由于中央银行控制了大部分的资金供应，因此它可以更容易地影响货币政策和短期利率，货币政策更简单易行。在某些情况下，由于中央银行的强大控制，这一系统可能有助于维持金融稳定。在大部分转型国家中都出现过这种金融体系特征。但随着金融市场的发展和完善，很多国家逐渐转向了更为"传统"的金融系统结构，即央行购买并交易国债来作为货币发行的基础及货币政策操作工具。随着中国现代央行制度的建立，中国人民银行的国债资产也将逐渐增加。

由于贸易顺差增加和 FDI 流入，外汇占款不断增加成为货币创造的主要手段。1993—2013 年，央行贷款占比下降，到 2013 年时央行贷款在央行总资产中的占比已经下降到 7%。代替央行贷款成为货币创造主要工具的是大规模增长的外汇储备资产。1993 年，央行资产负债表中的外汇储备仅为 1432 亿元，到 2014 年最高峰时达到 27 万亿元。外汇储备在央行总资产中的占比在 2013 年达到 83.3%，完全替代了传统央行贷款的地位。

但 2014 年之后，这一过程出现了逆转。随着 2014 年外汇储备的见顶回落，对商业银行的贷款又逐渐成为货币投放的主要手段。截至 2022 年年末，外汇储备和央行贷款在央行总资产中的占比分别为 51.5% 和 34.7%。当前央行货币发行的主要工具是中期借贷便利（MLF）和各类结构性政策工具，结构性货币政策工具在央行资产负债表中占比已达到 15% 左右。这一过程从本质上看是再次退回了之

---

① Hicks, J. R., *The Crisis in Keynesian Economics*, Oxford: Basil Blackwell, 1974; Levy-Garboua, V., and Maarek, G., "Bank Behavior and Monetary Policy", *Journal of Banking and Finance*, Vol. 2, 1974, pp. 15–46.

前的透支金融体系，与现代中央银行制度尚有差距。

中国人民银行之所以出现如此独特的情况，主要原因在于当前央行持有的国债比例过低。从绝大多数主要发达国家的经验来看，国债都是其央行最主要的资产。2008年国际金融危机前，美联储持有的国债超过其总资产的85%。危机后，由于采用了非常规货币政策，央行开始购买MBS，目前美联储持有的国债与MBS在总资产中占比分别为65%和30%。日本央行中90%以上的资产也是国债及ETF指数基金。相比之下，2022年年末，国债在中国人民银行总资产中的占比仅为3.7%，几乎可以忽略不计。从绝对规模来看，1993年央行持有的国债资产为1583亿元，此后直到2001年才首次增加到2821亿元。2007年，为了设立中国投资有限责任公司（以下简称中投公司），财政部发行了1.55万亿元的特别国债，并由中国人民银行购买。中投公司的成立和这一系列的操作旨在更有效、更有风险意识地管理和使用部分外汇储备，以获得更高的投资回报并分散风险。中国人民银行购买了这些特别国债，并将相应的外汇储备资金转给了新成立的中投公司，从而为中投公司提供了初始的投资资金。因此，2007年央行的资产负债表中一次性增加了1.55万亿元，后来又经过几次

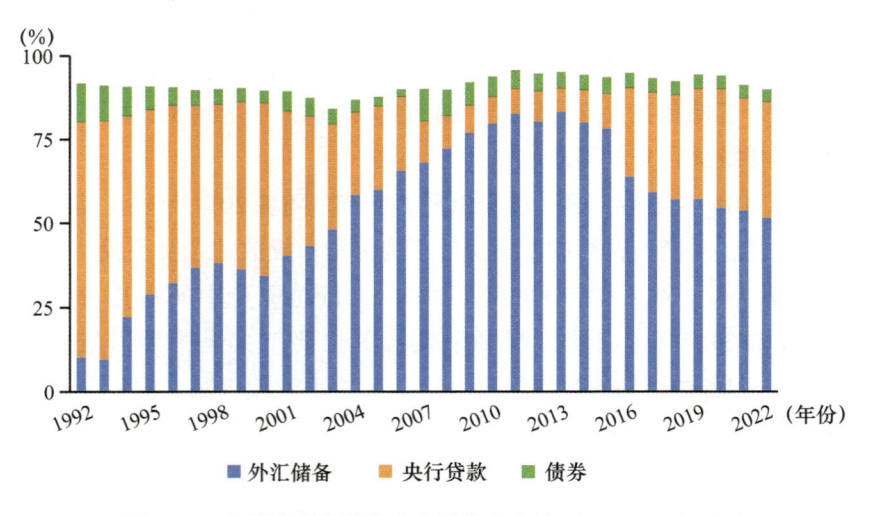

图4-2 央行资产负债表中主要资产占比（1992—2022年）

资料来源：中国人民银行；国家资产负债表研究中心（CNBS）。

到期和续作，2022 年央行持有的国债资产为 1.52 万亿元。虽然国债规模没有较大变化，但央行总资产不断增长，国债在总资产中的占比也就逐渐下降，从 2007 年的 9.6% 下降到 2022 年的 3.7%（见图 4-2）。

央行资产负债表的规模与其货币创造方式也是紧密相关的。从总资产规模来看，2002—2009 年央行总资产与 GDP 之比出现了较大幅度的上升，从 40% 左右的水平升高到最高峰的 65%（见图 4-3）。这一时期央行总资产增长的原因正是外汇储备的大幅增长，央行的资产方不断扩张，只能在负债方不断提高法定准备金率并发行央票进行对冲，央行总资产快速增长。自 2009 年之后，央行总资产与 GDP 之比呈现出不断下降的趋势，这一过程与西方主要国家的扩表行为截然相反。

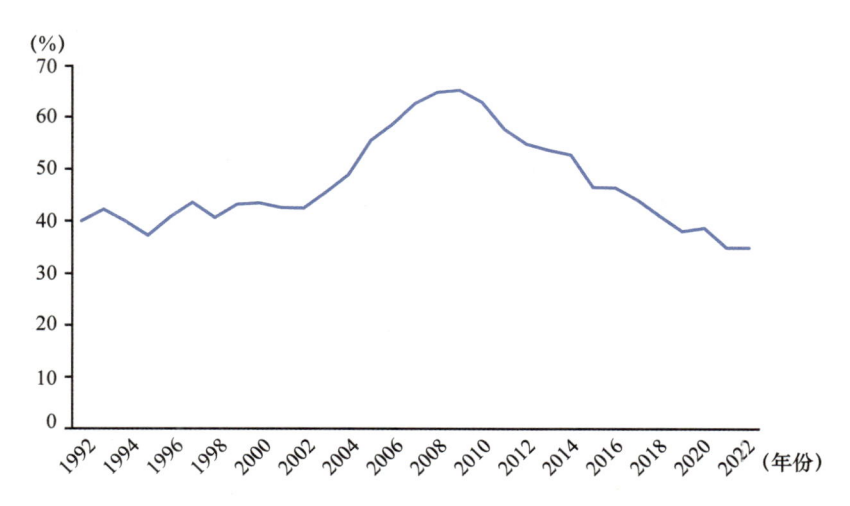

图 4-3　央行总资产与 GDP 之比（1992—2022 年）

资料来源：中国人民银行；国家资产负债表研究中心（CNBS）。

4.3　现代商业银行体系的发展

为适应市场经济，1984 年中国开始实施金融分业经营的改革策略，以更好地发挥金融的调控和服务作用。中国人民银行开始转型为真正意义上的中央银行，主要负责货币政策的制定与执行以及金融机构的监管等职能。原先隶属于中国人民银行的商业银行业务被拆分，新设立了4家专业银行来接手，各自负责特定的业务领域。中国农业银行主要服务农村经济，中国工商银行主要提供企业和个人的综合金融服务，中国银行专注于对外经贸和外汇业务，中国建设银行重点服务于国家的基础建设项目。这些改革措施标志着中国金融体制逐步从高度集中向分业经营转变，为后续的金融开放和金融市场的多样化发展打下了坚实的基础。

关于商业银行的功能，一般有两种观点。传统金融理论认为，商业银行是金融中介，从储户那里收取存款，并为这些存款支付一定的利息，然后将这些资金贷给需要资金的企业或个人，并收取更高的利息。通过这种方式，商业银行促进了资金从过剩部门（如有多余存款的居民）到资金短缺部门（如需要资金投资的企业）的转移。而另一种观点则认为，商业银行通过发放贷款的方式创造存款，而非传统所认为的先吸收存款再发放贷款。银行作为一个整体必须要先对外发放一笔贷款，整个经济体系才有能够存到银行的资金，存款才能够被创造出来。这种观点认为银行的总存款规模是被决定的，其新增的贷款规模决定了新增存款规模。从银行部门资产负债表来看，这两种观点并不矛盾。首先，银行作为金融中介，应始终保持资产方和债务方的平衡，银行的总资产永远等于总负债，且尽量避免资产负债表中的风险错配。当负债来源主要是低风险的存款时，其资产方也应相应配置到具有较低风险的贷款或债券投资上。其次，商业银行作为货币创造的主体总是根据实体经济的需求以及货币政策约束来为其他部门提供新增资金，而这部分资金一定会最终以存款的形式反映在银行的资产负债表中。从这个角度看，商业银行资产负债表的总规模和结构变化，直接体现了不同经济部门的资金需求和当前的货币政策方向。我们将分别从金融中介角度及货币创造角度来分析商业银行资产负债表。

银行存款结构与经济发展密切相关

银行存款结构在很大程度上反映了中国金融体系结构的特色。中国金融体系长期以来由国有银行主导，国有银行控制着绝大多数的存

4 中国特色金融发展：金融部门资产负债表 ·171·

款和贷款市场。国有银行的存款结构常常受到政策导向的影响，反映了宏观经济管理的需求。中国居民部门的储蓄率一直处于相对较高的水平，这导致居民储蓄存款占银行存款的较大比例。

中国商业银行的负债主体是存款，改革开放后存款规模不断上涨。1978—1992年，中国存款规模与GDP之比从31.5%一路上升至87.1%，到2022年上升至221.5%（见图4-4）。存款是广义货币（M2）的主体，这一趋势与M2/GDP快速上升是一致的，部分学者也将中国经济的这一过程称作经济的货币化。

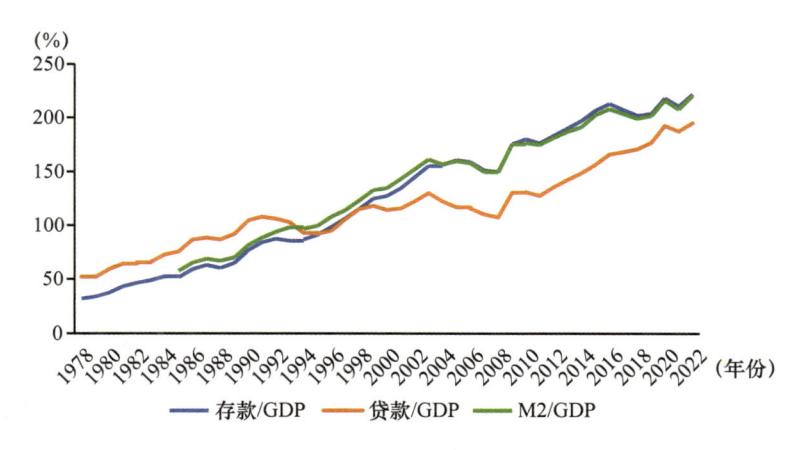

图4-4 金融部门存贷款与GDP之比（1978—2022年）

资料来源：国家统计局；中国人民银行；国家资产负债表研究中心（CNBS）。

企业存款与GDP之比从1978年的16.4%上升至1987年的30.1%，随后保持了一段平稳时期，到1989年为28.0%；1990年之后再次增长，到1992年达到40.7%。1995年之后，企业存款与GDP之比以更快的速度增长，2003年达到70.8%，随后基本保持平稳，2022年为67.4%（见图4-5）。

首先，中国各类企业的快速发展以及国有企业改革对企业银行存款有重要影响。企业类型多元化，乡镇企业、私人企业、外资企业以及股份制企业等多种类型企业的兴起，增加了企业银行存款的来源。这些企业的发展不仅扩大了经济规模，也带来了更多的存款和金融需求，增加了银行存款总量。

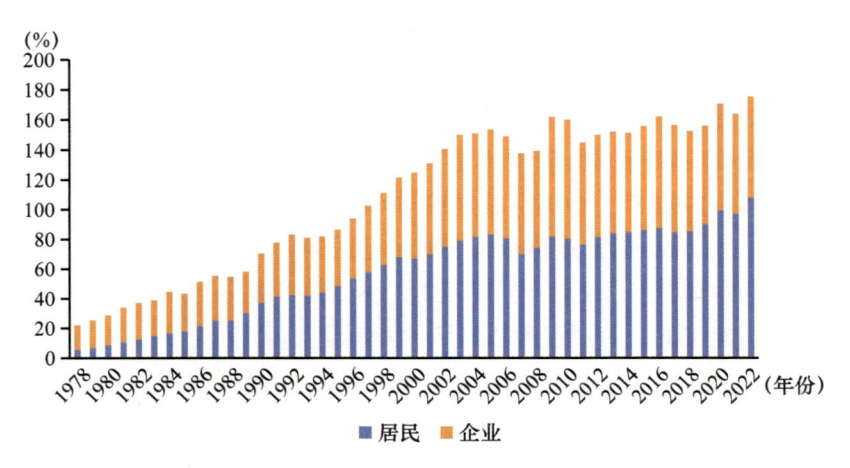

图 4-5 居民和企业部门存款与 GDP 之比（1978—2022 年）

资料来源：国家统计局；中国人民银行；国家资产负债表研究中心（CNBS）。

其次，近 20 年来企业银行存款趋于稳定，企业不再过多持有银行存款。这是因为企业银行存款的主要目的是保证交易性需求和预防性需求的资金，当企业积累了一定水平的银行存款后便不再需要更多的存款。同时，企业自身也可以增加内部资金循环利用效率，提升现金管理水平，从而减少对存款的依赖。再有，随着金融市场的逐渐成熟和金融产品的丰富，企业可能更倾向于利用多样化的金融工具来管理财务，而不是简单地将资金存放在银行中。

居民存款与 GDP 之比则始终表现出上升的趋势。1978 年，居民存款与 GDP 之比仅有 5.7%，居民部门在财富分配中所占比例极为有限。到 2022 年，居民存款与 GDP 之比达到 107.8%（见图 4-5），在大部分时间中都是上升的，且上升速度超过了名义 GDP 的增速。居民存款在全社会总存款中增长速度最快。

而政府存款与 GDP 之比呈现出下降、上升、再下降的走势（见图 4-6）。1978 年政府存款与 GDP 之比为 9.4%，到 1997 年已经下降到 3.1%，主要的下降过程体现在 1983—1988 年。这一时期随着财政体制的改革，地方政府开始保留更多的财政收入，并在地方层面上使用，而不是上缴给中央，中央财政的紧张程度加大。1998—2017 年，政府存款与 GDP 之比又经历了一波大幅上涨的过程，2017 年这

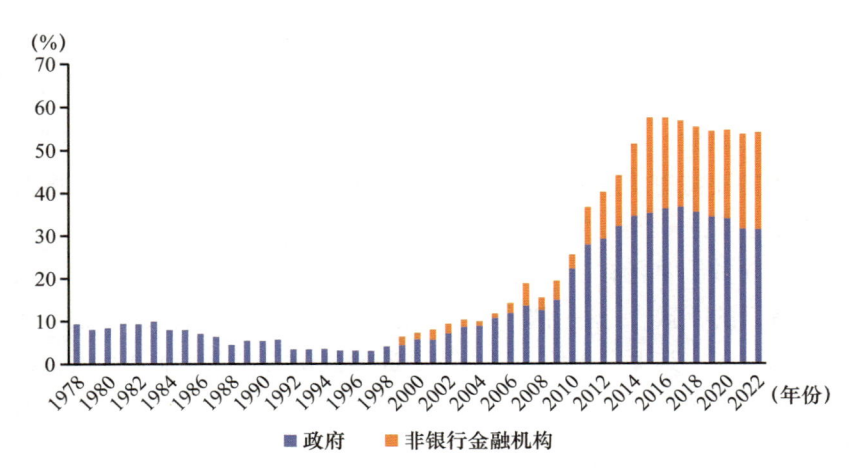

图 4-6　政府和非银行金融机构存款与 GDP 之比（1978—2022 年）
资料来源：中国人民银行；国家资产负债表研究中心（CNBS）。

一比例达到 36.7%。政府存款上涨的主要原因在于机关团体存款，尤其是 2010 年之后的一段时间，机关团体存款出现了较大幅度的上升。2009 年年末机关团体存款规模仅为 3.0 万亿元，2010 年年末上升到 6.6 万亿元，到 2011 年年末又上升到 11 万亿元。这一大幅上升的过程与当时中国为应对 2008 年国际金融危机所采取的"四万亿"投资计划相关，也与 2010 年开始的"三公"经费改革有关。"四万亿"投资计划大幅增加了银行贷款和信用创造规模，且主要项目都是 2009 年开始投入，到 2010 年很多项目可能已经完成或接近完成，但部分资金可能仍未花完，导致部门预算结余。此外，2009 年中国首次公开中央预算，2010 年财政预算公开范围拓展至一般公共预算、政府性基金预算和国有资本经营预算等 12 张表。这些因素共同作用增加了机关团体在银行的存款规模。这部分资金在银行资产负债表中不断积累，但并没有形成有效需求，也造成了资金淤积。2017 年之后，随着经济增长压力变大，政府多次提出要"盘活存量"，机关团体在银行的存款规模与 GDP 之比也相应下降，到 2022 年时政府存款与 GDP 之比降至 31.4%。从本质上来看，政府部门并没有在其资产负债表中长期持有大量存款的意愿。如果政府资金较为充裕，则可以适当降低企业和居民的税务负担，或者增加各类公共服务开支，或者进行更大规模的投资来实现资本积累。政府的现金和存款主要用于满足短期流动性需求，包括支付工资、购买物资和服务、偿还债务等。因此，随着财政当局和央行经理国库的水平上升，政府部门不再需要持有大量的存款类资产，政府存款与GDP之比也将保持稳定。

存款负债中还有一项是"对其他金融性公司负债"中的"计入广义货币的存款"。这一部分是指非银行金融机构在银行以存款形式持有的债权。其中主要的一项内容是证券公司的客户保证金存款，这部分存款与证券公司客户的银行存款存在相互替代的关系，其此消彼长主要受股票市场交易活跃度的影响。如果不将这部分资金算作广义货币，则对M2会造成较大的波动性影响。如在股票市场交易活跃时，客户会将更多的银行存款转入证券公司，成为客户保证金存款。此时如果不将其视为M2，则M2规模就会有所下降，但并非由于货币供应量下降所造成。近年来另一部分非银行金融机构存款是大量支付平台在银行的存款。随着电子商务及电子支付的兴起，中国出现大量支付平台。许多支付平台的特征是支付双方在时间上不一致，资金需要在支付平台中搁置一段时间，待买卖双方确认了实际交易后再进行最终支付。这段时间里资金需要由支付平台存入商业银行，由此形成了一笔非银行金融机构的银行存款。2011—2015年这种类型的存款大幅增加，非银行金融机构在银行的存款与GDP之比也由2010年的3.3%上升到2015年的22.8%，之后基本保持在这一水平（见图4-6）。

银行贷款结构体现金融对实体经济的支持

商业银行最主要的资产就是贷款。中国的贷款在商业银行总资产中的占比基本都在80%左右。银行贷款主要流向非金融企业和居民部门，二者的贷款总额占全部贷款的约90%，对政府部门的贷款占比约为5%，对国外部门的贷款占比约为5%。

2000年之前，企业贷款占银行贷款的主体。这一时期，基建与企业投资推动了贷款的增长。全社会贷款与GDP之比从1978年的

51.7%上升至2000年的113.8%，贷款增速远高于名义GDP的增速。此时期奠定了中国以贷款驱动的经济增长模式。其中，1978—1989年，贷款增速持续保持在10%以上，部分年份超过了20%的年增速。2009—2015年，贷款增速略高于名义GDP。2008年非金融企业贷款与GDP之比为92.8%，到2015年时比例达到130.2%，2022年为132.7%。受2008年国际金融危机的影响，政府实施了"四万亿"投资计划，导致企业部门贷款快速增长。银行在这一时期大量发放了中长期贷款，尤其是基础设施和房地产相关的贷款。

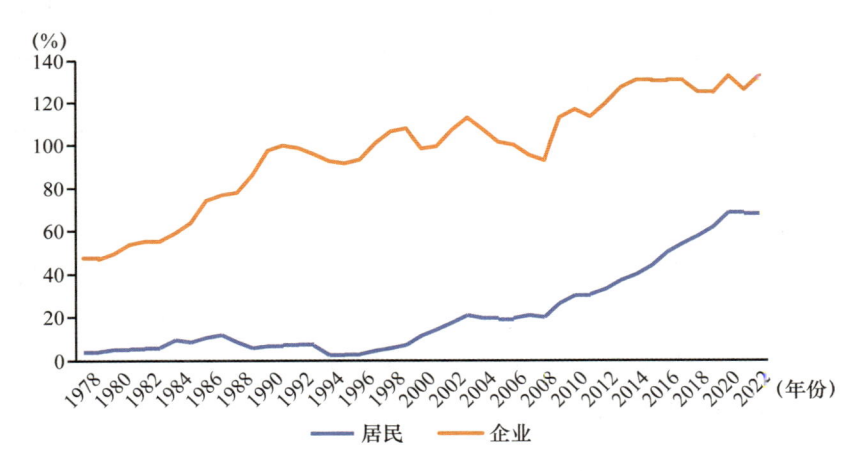

图4-7　居民和企业的贷款规模与GDP之比（1978—2022年）
资料来源：中国人民银行；国家资产负债表研究中心（CNBS）。

1980年，深圳、珠海、汕头、厦门四个经济特区建立，催生了大量基础设施建设和企业投资需求，进而拉动了贷款的需求。20世纪80年代初，中国开始大力引进外资，这不仅带来了直接的外资，同时也增加了国内与外资合作的项目，需要更多的融资。随着家庭联产承包责任制的推广和实施，农民对于生产资料，特别是农业机械、化肥的需求增加，这增加了农村地区的贷款需求。改革开放初期，特别是国有企业改革得到推进，有些企业开始进行股份制、联合制等多种形式的试点，由此也导致贷款需求上升。特别是1984年，党的十二届三中全会通过了《中共中央关于经济体制改革的决定》，提出和阐明了经济体制改革的重大理论和实践问题，进一步放宽了市场的准入和操作限制，为企业提供了更多的融资机会。此次改革的核心是调整企业与政府的关系，赋予企业更多的经营自主权。这为企业的扩张、技术更新和产品创新创造了条件，相应地，对资金的需求也大大增加。为了适应市场经济的需要，许多国有企业开始扩大生产规模、更新技术装备，这也需要大量的资金支持。这一时期，中国的投资比重持续上升，很多资源被用于基础设施和重工业的投资。

这种快速增长的贷款，特别是对地方政府和国有企业的大量贷款，后来也带来了一系列的问题，如不良贷款的增加、银行的风险暴露增加等。更为严重的是经济长时间的过快增长导致了一定的供给缺口，需求增长领先于供给能力的上升，1988年的GDP缩减指数高达13.5%，1989年也达到9.0%。由于担心经济过热和通货膨胀等问题，中央政府在20世纪90年代初实施了一系列宏观经济调控措施。其中一个核心政策是限制信贷扩张，以减缓投资和控制流动性。不良贷款问题也逐渐显现时，银行开始变得更加谨慎，从而减缓了新贷款的增长。在中央政府实施了紧缩型的货币政策后，企业账户上"应收而未付款"的额度大幅上升，"三角债"问题愈发凸显：1991—1992年，"三角债"的规模膨胀至银行信贷总额的1/3。效益好的企业因为收不到货款而难以扩张生产，巨额的债务拖欠使得企业难以进一步从银行获得贷款，随着越来越多的企业陷入债务陷阱，经济中企业的偿债能力受阻，债权也难以被清偿。由于市场上的流动性缺乏，资金价格更易受黑市操控。解决"三角债问题"需要多方合力以及金融系统内的各部门协作，毋庸置疑的是，确立中国人民银行执行货币政策的独立性地位以及对银行业的监管加强为控制不良贷款做出了巨大贡献。到1993年，中国人民银行从一个综合性银行变为纯粹的中央银行，四大国有商业银行分离出来，银行业的监管加强，也更加关注风险管理和信贷标准。

2000年之前，居民部门的贷款主要为个人经营性贷款，包括农业贷款和个体贷款。这些贷款虽然也记为居民部门的贷款，但并非以消费为目的，与企业贷款更为接近。2000年之后，随着商品房市场的兴起,以房贷为主体的居民贷款才开始大幅增长。在中国改革开放初期,大部分居民住的都是由单位或政府分配的住房,这种住房不涉及买卖。20世纪80年代末90年代初,中国政府开始推进住房制度改革,放开了房地产市场,允许房地产作为商品进行交易。到90年代中期,商品房市场已经逐步形成,房地产开发商开始兴起,私人购房变得越来越普遍。随着房地产市场的开放和商品房的兴起,需要一个相应的金融体系来支撑。因此,房屋按揭贷款在90年代中期开始在中国出现。开始时,银行对于房贷还比较保守,住房贷款规模很小。但随着时间的推移,房屋按揭贷款政策逐步放宽,贷款期限延长,首付比例调整,利率也逐渐市场化。长期以来,住房贷款在居民贷款中的占比都在50%左右。

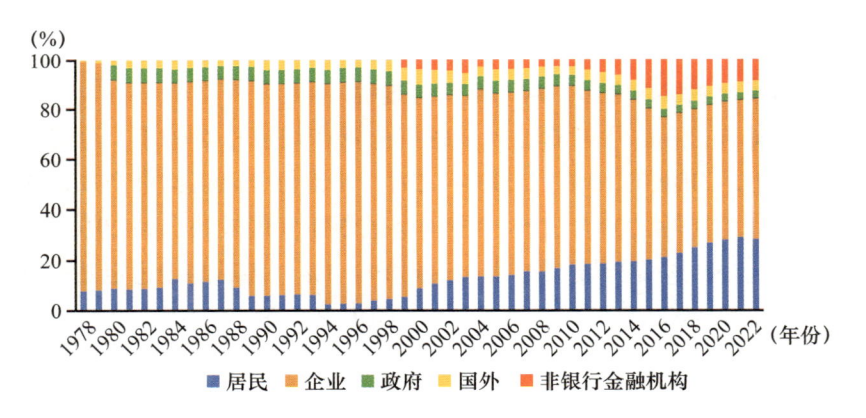

图 4-8 各部门银行贷款占比（1978—2022 年）

资料来源：中国人民银行；国家资产负债表研究中心（CNBS）。

2000 年之后,居民和企业的贷款结构也发生了显著变化。2000年居民贷款在银行贷款中占比极小,直到 2001 年银行向居民部门提供的贷款才超过全部银行贷款的 10%,到 2022 年居民贷款占比已经达到 28.6%。而非金融企业贷款占比从 2000 年的 75.8%下降到 2022年的 55.8%（见图 4-8）。这二十多年贷款结构的变化反映了经济发展、市场化进程以及金融体制转型的进程。贷款增长也带动中国的宏观杠杆率快速上升。

4.4 非银行金融机构与多元化金融体系发展

党的十一届三中全会后，中国经济体制由计划向市场经济转变，相应地，金融体制也从集中式向市场化过渡。证券市场、期货市场、债券市场等各类金融市场相继建立，市场参与主体增多，市场交易活跃度提高。金融市场的发展优化了金融资源配置，同时为企业和个人提供了丰富的融资与投资选项。这一过程的显著特征是大量非银行业金融机构的兴起。本书专门编制了这一时期非银行金融机构的资产负债表，并进行了详细分析。

非银金融机构经历了从无到有的过程

2000年之前，中国非银行金融机构资产规模相对较小，总资产规模尚不足GDP的10%。2000年之后，非银行金融机构资产规模快速发展。尤其是2009年之后，中国金融创新发展较快，到2016年，非银行金融机构资产与GDP之比达到199.3%，随后趋于稳定并有所下降。2022年非银行金融机构资产与GDP之比为141.8%。

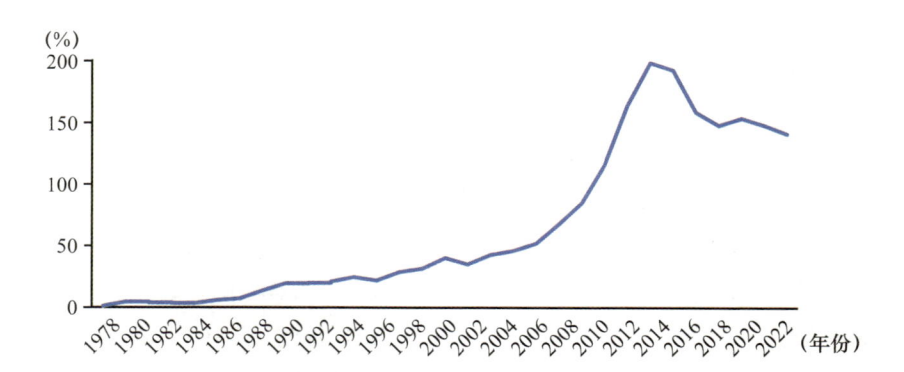

图4-9 非银行金融机构总资产占GDP比重（1978—2022年）

资料来源：国家资产负债表研究中心（CNBS）。

资产管理行业兴起

1979年10月,中国第一家信托投资公司——中国国际信托投资公司(中信公司)正式成立,标志着中国信托行业的起源。随着经济体制改革的深入,地方政府和部门也开始设立信托公司。到1987年年底,全国共有7家信托投资公司。信托公司的业务主要集中在融资业务、投资业务和资产管理业务等方面。其中,融资业务主要是通过发行信托计划,吸引资金用于投资工程建设和企业发展等。投资业务包括投资国债、企业债等金融市场的证券产品,也有对房地产、基础设施等实体经济项目的投资。资产管理业务是国际上信托公司的主营业务,主要是为企业和个人提供财富管理服务。信托公司的成立改变了金融资产负债表结构。在资产方面,部分银行贷款转为信托贷款,从过去的银行资产负债表转移到了信托公司的资产负债表。信托公司的投资业务也包含大量的债券投资,这使得金融部门资产负债表的资产方首次出现了债券资产。在负债方面,部分银行存款转为对信托计划的投资,由传统的M2转为其他类型金融产品。

中国资产管理行业的发展可以分为三个阶段。第一个阶段是1979—1997年,这一时期是中国资产管理行业的早期,且只有信托公司的资管产品。信托资产余额相对很小,1992年仅有527亿元,到1997年增长到862亿元。第二个阶段是1998—2016年,这一时期是中国资管产品的快速发展阶段。从1998年开始,一批专门向社会公众提供专业资产管理服务的公募基金陆续成立,中国出现了股票型、债券型及货币型投资基金。随后,多种类型的资产管理机构或资产管理产品不断涌现,包括私募基金、公募基金专户业务、券商资管产品、银行理财等。中国的资产管理规模增长速度远超过GDP的增速。中国证券投资基金规模与GDP之比在2016年达到144.2%的顶峰。第三个阶段是2017—2022年的金融去杠杆时期。出于对金融市场各类资金空转、政策套利等行为的管制,金融监管当局于2018年出台了《关于规范金融机构资产管理业务的指导意见》(银发〔2018〕106号),严格限制各类套利型资管产品、有可能形成地方政府隐性债务的资管产品、流向产能过剩行业的资管产品。中国资管市场的发展更为健康，结构得到优化，但规模不再增长，甚至略有下降。到2022年，中国证券投资基金规模与GDP之比降至100.1%（见图4-10）。当前，金融去杠杆进程已经基本结束，证券投资基金规模也基本保持稳定。

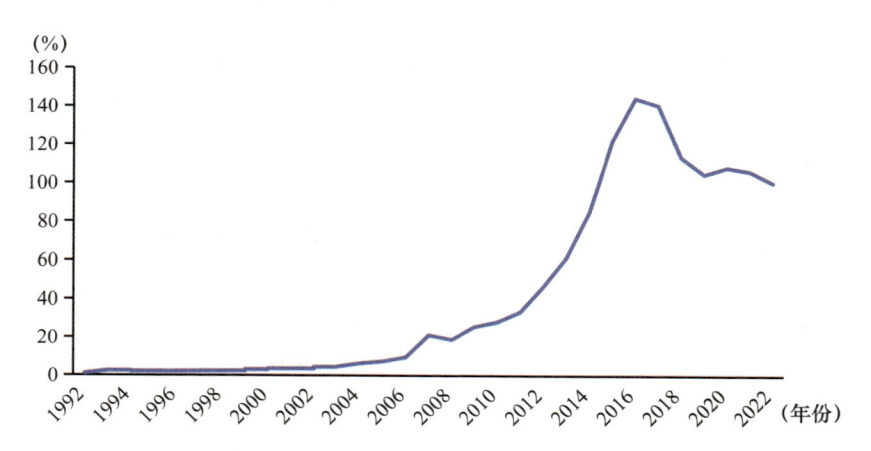

图4-10 证券投资基金规模占GDP比重（1992—2022年）

资料来源：中国人民银行；国家资产负债表研究中心（CNBS）。

股票市场发展

为促进资本市场的发展，1990年年底成立上海证券交易所，1991年年初成立深圳证券交易所。证券交易所的成立也伴随证券交易公司的相继设立。1990年11月，中国人民银行批准设立了中国的第一家证券公司——中信证券公司，标志着中国证券业的正式起步。随后，一系列的证券公司相继成立。1991年成立国泰证券公司，1993年成立光大证券公司和海通证券公司，1996年成立招商证券公司。当时的证券公司主要是由国有银行、信托投资公司等金融机构改组而成，还有一些新成立的证券公司。最初的证券公司主要从事股票、债券的经纪业务。证券公司的兴起也改变了金融体系的资产负债表结构，部门存款从居民的银行存款转为证券公司的证券保证金存款。

我们以股票市值占GDP的比重来衡量中国资本市场的发展水平。

图4-11显示，该比重有一个逐步上升的过程，体现了中国资本市场的发展壮大，但波动也较大。股票市值占GDP比重自20世纪90年代初的"从无到有"，到2007年达到126.2%，已经接近于当时美国的水平；但随后出现大幅度下降，到2022年达到63.8%，约为2007年的一半，高于德国的水平，但远小于美国和日本的水平。这反映了不同经济体金融体系结构的差异，① 也表明中国股票市场还需要大力发展。

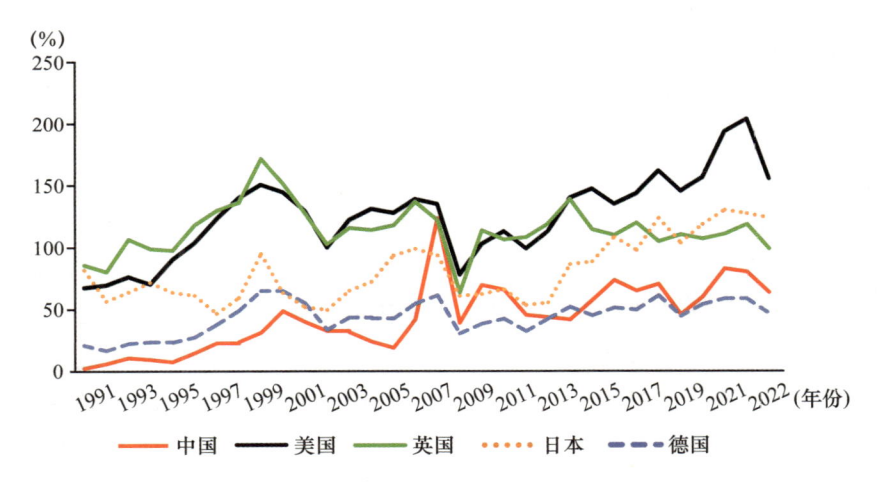

图4-11 全球主要国家股票市值规模占GDP比重（1991—2022年）
资料来源：世界银行；国家资产负债表研究中心（CNBS）。

4.5 非国有金融机构的发展

在中国金融体系改革中，非国有金融企业的兴起和发展标志着市场化改革的扎实推进和金融体系的多元化。20世纪90年代初，中国的金融企业几乎完全为国有。特别是四大商业银行（中国银行、中国工商银行、中国农业银行、中国建设银行）都是国有银行，它们在金融企业中占有绝大部分份额。90年代中后期政府开始实施国有

---
① 详见本章第六节的分析。

企业改革，也包括金融企业。虽然大部分股权仍为国有，但金融企业开始引入其他股东，如法人股和员工股，尽管这些改革的规模相对较小。2001年，随着中国加入世界贸易组织并承诺开放金融市场，外资银行开始进入中国市场并在部分中资银行持有少数股权。2005年，中国开始实施银行业的股份制改革，四大商业银行相继转型为股份制商业银行，并在国内外上市，引入了战略投资者。2006年之后，大部分银行开始挂牌上市交易，国有股权在这些银行中的比例大幅降低，但国家仍然是控股股东。当前尽管四大银行及其他一些大型金融机构的国有股权占比降低，但国家仍然是它们的主要或控股股东，确保金融稳定和政策执行。同时，随着金融市场的进一步开放和创新，许多非国有金融机构，如民营银行、互联网金融公司和其他金融科技公司，也在金融市场中崭露头角。

从数量上看，金融企业中的民营机构数量呈现出一定的上升趋势，上市公司中的非国有企业占比在2010—2017年大幅上升，随后保持稳定。我们以上市金融公司中的国有企业和非国有企业进行比较。2007年，全部上市金融企业中的非国有企业净资产占比仅为17.3%，随着2007年之后几年中国几家大型国有银行和大型券商的上市，非国有企业净资产占比有所下降，到2010年时占比下降到了15.0%。2010之后的十年是非国有金融机构发展的黄金时期。随着中国金融市场的开放、政策放宽和技术革新，非国有金融机构得到了快速的发展和变革。其中包括民营银行的设立、各类资产管理业务的快速增长、金融科技在全球取得领先地位。非国有金融机构净资产在全部上市金融企业中的占比自2010年以来始终保持着上升的趋势，到2022年达到22.0%。但从金融企业的营业收入和利润占比来看，非国有金融企业发展最为黄金的时期是2010—2017年，2017年非国有金融机构营业收入在上市金融企业中的占比达到31%，随后几年基本保持稳定。从企业数量来看，2009年时国有金融企业在全部金融企业中占比超过30%，而到2021年这一比例降至13%（见图4-12）。

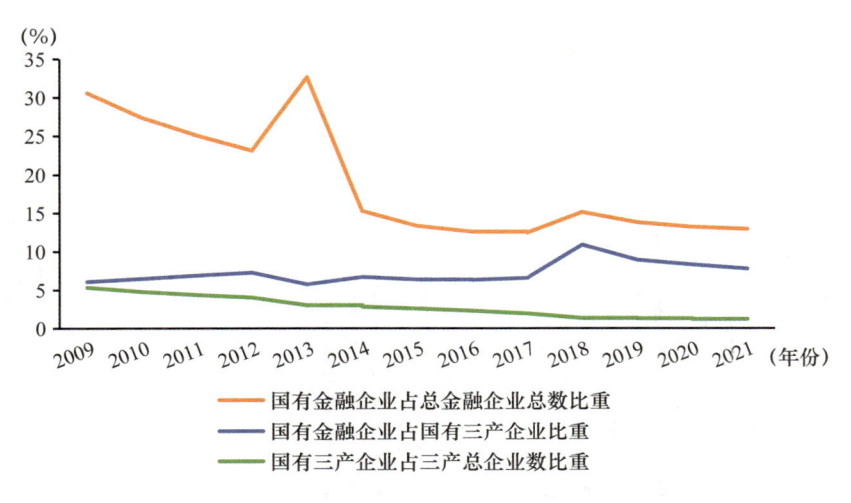

4 中国特色金融发展：金融部门资产负债表

图 4-12 国有金融企业数量占比（2009—2021 年）

资料来源：国家统计局；国家资产负债表研究中心（CNBS）。

从金融企业净资产来看，非国有股权占比经历了不断上升到略有回落的过程。根据国务院向全国人大报告的资料，2021 年全国金融企业的国有净资产为 25.3 万亿元。本书估算的 2021 年银行部门的净资产共计 29.3 万亿元，非银行金融部门净资产为 6.2 万亿元。由此估算出 2021 年非金融机构净资产中国有资产占比为 71%。采用同样的数据，本书估算出 2017 年金融机构净资产中国有占比为 68%，可见近些年来金融机构净资产中国有占比略有提升。但从长期来看，金融企业中的国企占比较 20 世纪 90 年代仍然有大幅下降。尤其是 2005 年大量金融企业上市交易以来，国有股权占比出现了较长时间的下降趋势，从 90 年代的近 100% 下降到 2018 年的 66.2%，降幅达 1/3（见图 4-13）。2019 年之后，金融企业净资产中的国有股权占比又有所上升，主要原因在于 2018 年金融去杠杆对一些有问题的中小银行和民营金融机构进行处置，降低了影子银行信用占比。2018 年以来，中国的金融监管体系开始加强对中小银行的监管，以确保整体金融体系的稳定性和健康发展，部分存在问题的中小银行在这一过程中受到了监管部门的处置。对于那些资产质量下滑、流动性风险上升的中小银行，监管部门加大了风险管理力度，要求这些银行对不良贷款进行更为严格的分类和拨备，以确保资本充足率和流动性覆盖率达到监管要求。对于那些存在严重风险的中小银行，监管部门会采取接管、重组或者合并的措施。

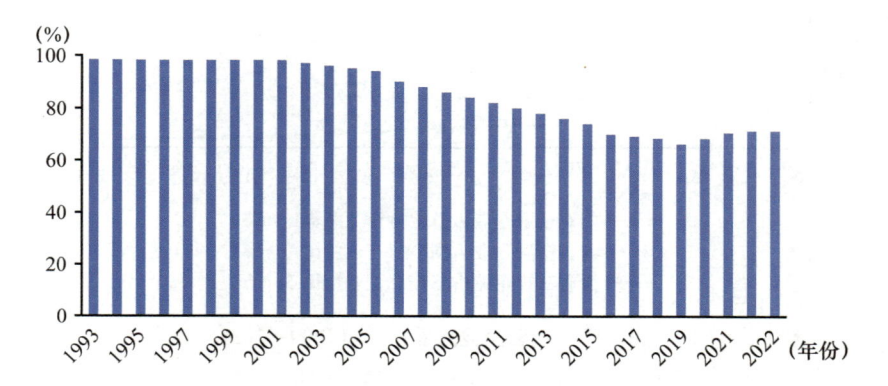

图4-13 金融企业净资产中的国有股权占比（1993—2022年）

资料来源：国家统计局；财政部；国家资产负债表研究中心（CNBS）。

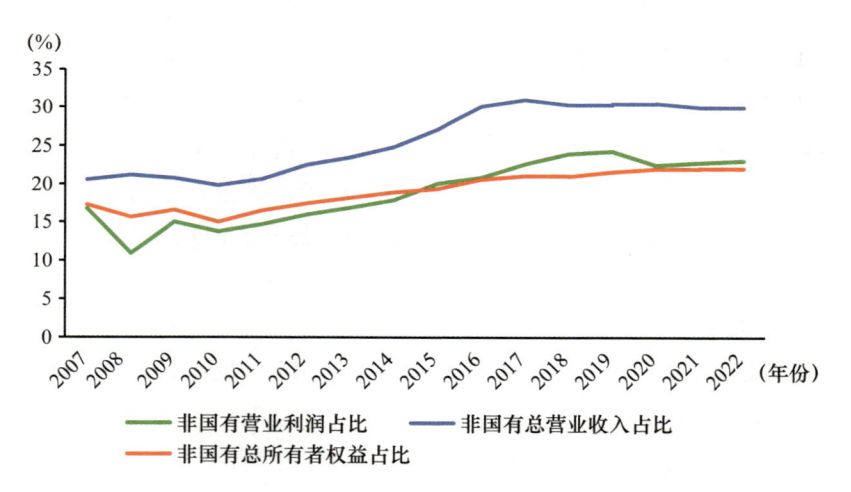

图4-14 非国有上市企业占所有上市金融企业比重（2007—2022年）

资料来源：Wind；国家资产负债表研究中心（CNBS）。

4.6 国际比较视野下的中国金融体系

在国际比较中，中国金融体系的特点和挑战更为突出。以下从金融相关率、金融业增加值和金融体系结构三个方面进行国际比较。

金融相关率不断上升

金融相关率（Financial Interrelations Ratio，FIR）由戈德史密斯提出，是指一国金融资产与实物资产的比率。探讨金融发展与实体经济的关联。金融相关率是对金融与实体经济关联的量化分析，也能部分刻画出随着经济发展水平的提高，金融发展所呈现的特征。戈德史密斯的第一次研究完成于 1969 年，考察了 35 个国家超过 100 年（1860—1963 年）的金融发展；[1] 第二次研究完成于 1985 年，考察了 20 个国家近 300 年（1688—1978 年）的金融发展史。[2] 金融相关率在这些考察的工业化国家中，基本由 1850 年的 0.4 左右上升到 19 世纪末的 0.8 左右，在大萧条之前的 20 世纪 20 年代达到甚至超过 1（见图 4-15）。就美国而言，从第一次世界大战开始，金融相关率就处在领先水平，在大萧条之前达到超过 1.2 的水平，之后有所回落。在戈德史密斯看来，金融相关率的基本趋势是上升的，但到一定阶段会趋于稳定；而且，欠发达国家的金融相关率要远低于发达国家。

自 20 世纪 80 年代起，发达国家普遍放松金融监管，导致金融部门迅速扩张。2008 年国际金融危机后，各国强化了金融监管，但各国金融相关率仍延续了整体上行态势。德国金融相关率保持平稳，而美国和日本则持续增长，显示出金融活动在经济中的增加影响。就中国而言，金融相关率由 1978 年的 35% 上升到 2022 年的 183%（见图

---

[1] Goldsmith, R. W., *Financial Structure and Development*, Yale University Press, 1969.
[2] Goldsmith, R. W., *Comparative National Balance Sheets: A Study of Twenty Countries, 1688 – 1979*, University of Chicago Press, 1985.

·186· 中国国家资产负债表（1978—2022）

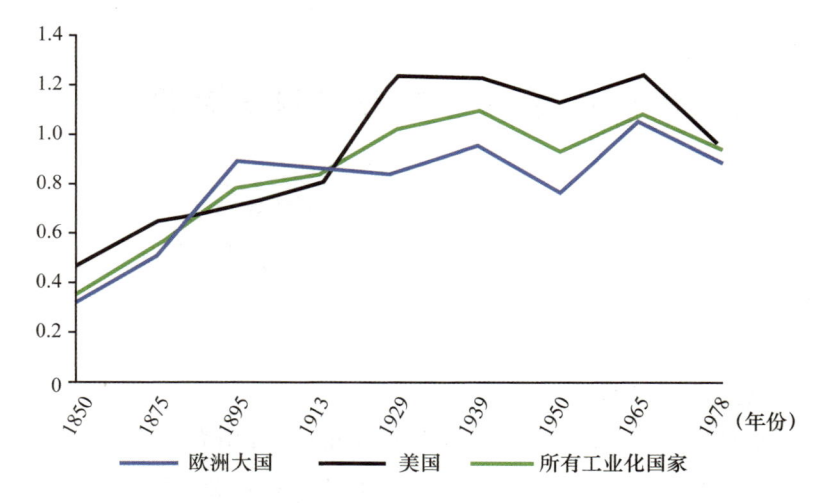

图 4-15 工业化国家金融相关率的变动（1850—1978 年）

资料来源：Goldsmith R. W., *Comparative National Balance Sheets: A Study of Twenty Countries, 1688-1979*, University of Chicago Press, 1985。

4-16）。这一方面反映了全球"金融化"（Financialization）的共性，也折射出中国金融相对于实体经济的"赶超"。2016 年之后，中国金融相关率上升趋势较为平缓，与中国金融去杠杆有着密切联系。

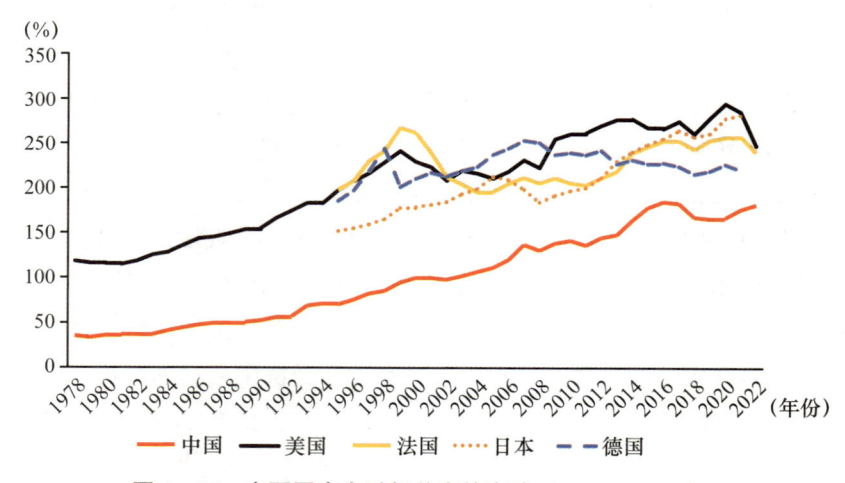

图 4-16 主要国家金融相关率的变动（1978—2022 年）

资料来源：OECD；国家资产负债表研究中心（CNBS）。

4 中国特色金融发展：金融部门资产负债表

从金融资产与GDP之比来看，2022年各国这一指标分别为：日本17倍，美国13.6倍，中国10.5倍，德国10.0倍（见图4-17）。相较而言，德国的金融资产占比较为稳定，美国有所上升，法国与中国上升最快，日本次之。金融自由化、创新和发展导致各国金融资产的膨胀速度快于经济增长，抬高了金融资产占GDP的比重；各国银行的表外业务和非银行金融机构都快速增长并广泛参与信用创造活动，增加了金融资产扩张的新途径。

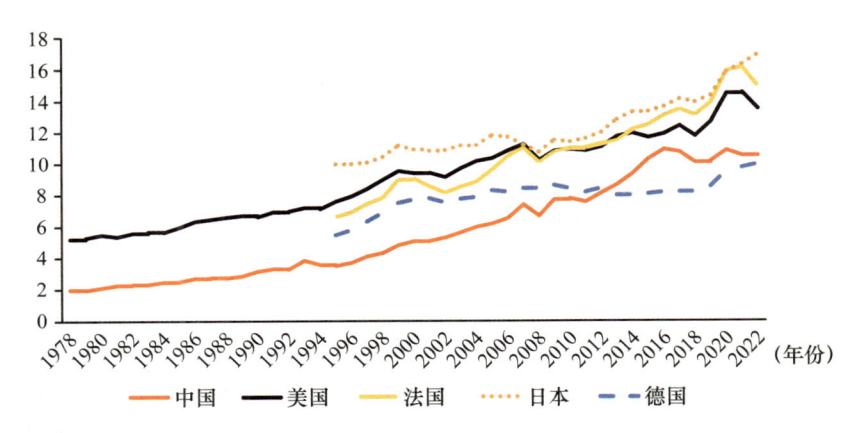

图4-17 金融资产占GDP比重的国际比较（1978—2022年）

资料来源：OECD；国家资产负债表研究中心（CNBS）。

金融业增加值占比偏高

金融部门增加值在GDP中所占比重越高，意味着产生相同GDP所需要的金融服务的成本越高。自20世纪90年代中期以来，日本和德国的金融业增加值占GDP的比重较为平稳甚至略有下降（除了2000—2007年全球化繁荣时期有所上升）；英国自2000年以来有大幅跃升，2008年国际金融危机以后有所回落；美国一直处于高位，2008年经历短期回落以后仍趋于上升。1978年中国金融业增加值在GDP中所占比重仅为2.1%，2005年达到4.0%，随后急剧攀升，到2015年达到8.2%的峰值，超过了英国和美国。这一比重2017年之后有所下降，2022年所占比重为8.0%（见图4-18）。

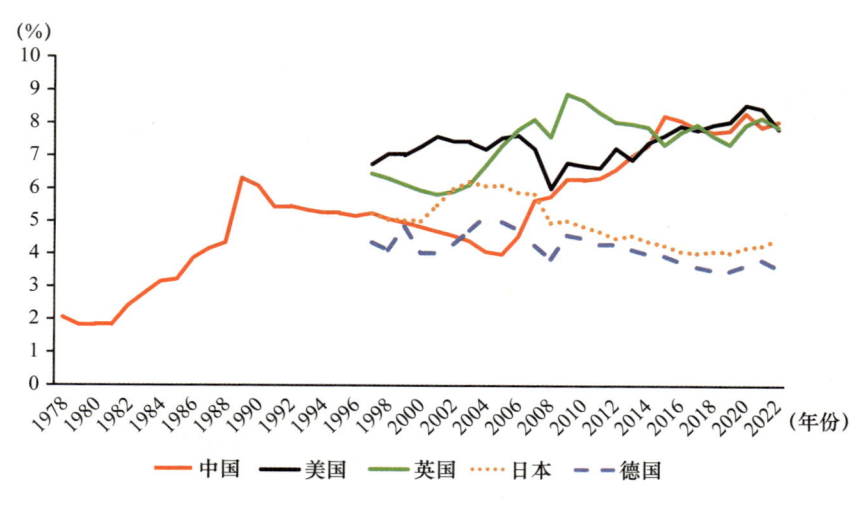

图 4-18　金融行业增加值占 GDP 比重的国际比较（1978—2022 年）
资料来源：各国统计当局；国家资产负债表研究中心（CNBS）。

关于中国金融业增加值的估算尽管存在争议（如核算方法不同、涵盖范围不同、未经风险调整等），但是中国金融业增加值偏高却是不争的事实。金融业增加值是实体经济融资成本的一部分，其占比过高也意味着实体经济获得金融服务时的成本较高。中国的这一比例在 2005 年之后快速增长的原因，除了受金融业发展的积极影响，其中仍有很大一部分在于金融部门内部的资产链条过长，整体资产规模相比企业真实融资需求过大，使得金融行业增加值占比上升。

金融体系结构

关于金融体系结构一直有所谓的"两分法"，即银行主导型金融结构与市场主导型金融结构。从国际比较来看，中国是非常典型的银行主导型金融结构。

从贷款资产占金融部门全部金融资产的比重来看（见图 4-19），自 20 世纪 90 年代以来，主要发达国家处于一个持续下降的趋势中。中国的下降趋势与其他主要国家基本一致，但相比于其他国家仍然是占比较高的，2022 年仅低于日本。虽然中国金融的多元化特征愈发明显，但相比于其他国家仍集中于银行贷款。

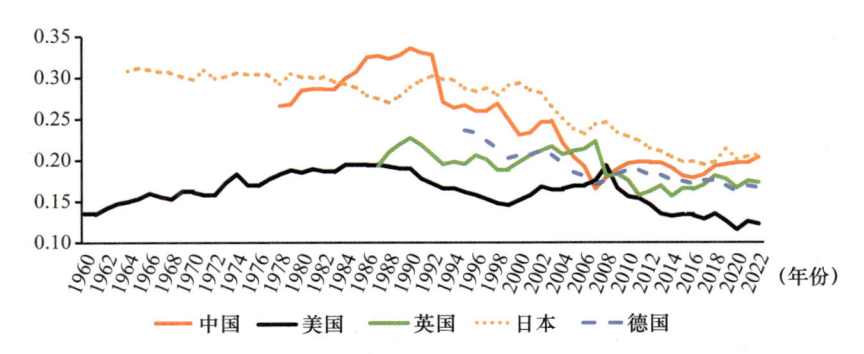

图 4-19 贷款占全部金融资产比重的国际比较（1960—2022 年）
资料来源：OECD；国家资产负债表研究中心（CNBS）。

从股票市值占 GDP 比重来看（见图 4-11），英国和美国的数据曲线在图的上方，中国和德国的数据曲线在图的下方，日本居中。这反映出英国和美国市场主导型金融体系特征相当明显，而中国和德国银行主导型金融体系特征相当明显。日本介于二者之间。

为了更清晰地比较金融体系结构是所谓的银行主导还是市场主导，我们采用另一个指标，即（股票+债券）/贷款来衡量。图4-20 显示，中国和美国处于两极，即美国的市场主导特征非常明显，而中国的银行主导特征非常明显。英国、日本和德国在 21 世纪初之前还有较大差异，呈现出英国的市场主导以及日本和德国的银行主导。但 2008 年国际金融危机之后，随着金融创新与金融结构的复杂化，英国、日本和德国出现了某种趋同，处在中国和美国"两极"之间。这一方面可能意味着，随着金融结构的复杂化，以（股票+债券）/贷款这一指标来衡量不同金融体系结构的差异可能存在不足；另一方面也表明，固守所谓的"两分法"已经跟不上金融体系的创新发展。但无论如何，中国和美国分属两极，还是说明了中国和美国之间在直接融资和金融体系的市场化发展方面还存在巨大差距。

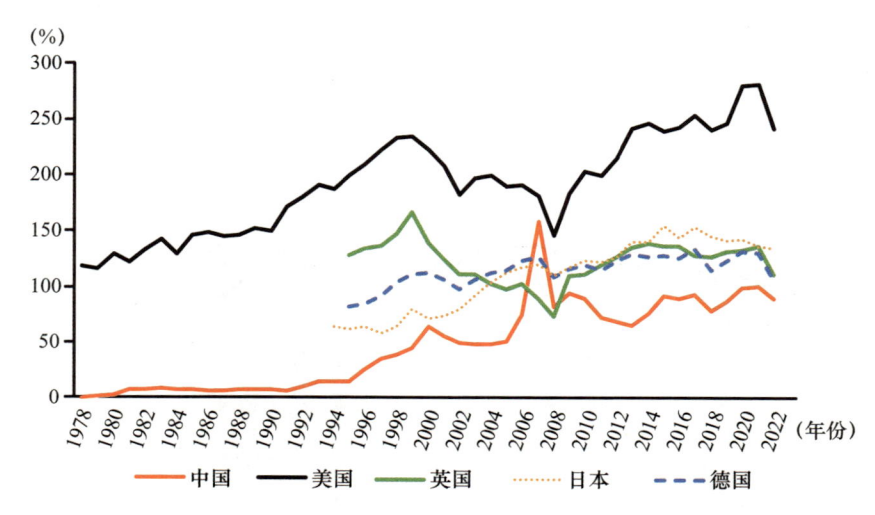

图 4-20 （股票+债券）占贷款比重的国际比较（1978—2022 年）

资料来源：世界银行；OECD；国家资产负债表研究中心（CNBS）。

4.7 结语

本章介绍了国家资产负债表中金融的数据来源和编制方法。在金融部门资产负债表的基础上，我们回顾了改革开放以来的中国特色金融发展道路，并从金融相关率、金融业增加值和金融体系结构三个角度具体分析了国际比较视野下中国金融体系的特征。

第一，金融体系为现代化融资，创造了中国经济快速发展与社会长期稳定的"两大奇迹"。一方面，中国金融促进了中国经济的赶超发展。改革开放以来，中国经济保持了近两位数的年均增长率。中国增长的成功来自多方面，金融无疑发挥了十分重要的作用。在发展型政府的主导下，金融体系采用了高储蓄—高投资模式。这一模式快速动员了资源，加速了资本形成，有效地支撑了中国经济的快速发展。另一方面，中国没有发生过金融危机。这在很大程度上与中国金融一直遵循改革、发展、稳定"三位一体"的工作原则以及将防控风险作为永恒主题有很大关系；而资产积累与债务积累"同步"的发展模式也为此提供了保障。

第二，金融体系经历了市场化和多元化的发展演进。一方面，市场化取向的金融改革取得成效。中国金融部门呈现国有主导、国有与非国有协同发展的特征。在市场经济条件下，通过国有企业特别是国有金融机构的"压舱石"作用，实现国家宏观经济调控和社会主义市场经济健康发展的目标。同时，非国有金融机构逐渐兴起，民营银行、互联网金融机构、金融科技公司较快发展；大部分国有银行在交易所上市，提升了金融机构的混合所有制程度。由此，中国金融企业中的国有净资产占比从改革开放初期的接近100%下降至当前的70%左右。另一方面，金融体系向着更加开放包容和多元化的方向发展。这一进程包括建立多层次的金融市场体系、发展多种类型的金融机构以及推动金融产品和服务的创新，进而满足经济发展的多样化金融需求。

第三，改革开放以来金融部门的长足发展有力支撑了经济的快速增长，但也带来"金融化"趋势和"脱实向虚"问题。中国的金融业增加值占比一度超过英国和美国，远高于其他主要国家。中国的金融相关率虽然并不算高，但也处于长期上涨的态势中。经济发展呈现"金融化"并出现一定程度上的"脱实向虚"，加大了实体经济的融资成本和金融体系的风险。必须长期坚持金融为实体经济服务的宗旨，把经济发展的着力点放在实体经济上，做好"五篇大文章"。这是中国特色金融发展道路的重要特点之一。

第四，中国金融体系结构亟待优化。中国金融结构的复杂度在不断上升，贷款占比下降，但与其他主要国家相比仍然是对贷款依赖度较高的体系。同时，股票市值占GDP比重在国际比较中仍处于较低水平。这反映出中国是典型的以银行为主导的金融体系。这一体系在支持传统产业发展与基础设施建设方面表现出了强大的优势。然而，随着经济发展向高科技和创新驱动型转变，直接融资，特别是通过资本市场的融资方式，显得尤为重要。一国的金融强，强在其能够支持科技强大。从这个角度来讲，中国金融体系结构亟待优化，充分发挥资本市场在助力创新方面的关键作用，是建设金融强国的关键一环。

5

融入世界经济：国外部门资产负债表

　　国外部门资产负债表是体现一个经济体与世界其他国家和地区经济关系的重要统计报表，在国民经济核算中占有举足轻重的地位，是全球经济一体化背景下各国金融资产与负债互动的"镜像"，反映出一国融入世界经济的程度，包括贸易、投资和金融流动等。通过分析国外部门资产负债表，可以评估一个国家的经济健康状况，如外债水平、外汇储备、投资收益等；也为制定财政、货币和贸易政策提供了重要依据，帮助政府和企业识别和管理与国际经济活动相关的风险。

　　改革开放以来，中国开放经济发展大体经历了三个时期。第一个是改革开放初期（1978—1992年）。期间，通过外商直接投资的引入，促进了资本积累和技术进步，并将进口商品转化为国内生产，促进了贸易账户的顺差。第二个是中国快速发展时期（1993—2012年）。期间，中国加入世界贸易组织，进一步融入全球经济体系，资产和负债继续积累，对外净头寸由负转正，成为重要的净债权国。经常账户和直接投资账户双顺差格局维持，对外净财富迅速积累。第三个是高质量发展时期（2013—2022年）。对外资产和负债增速有所下降，但对外净头寸仍然上升，反映出中国经济的结构调整和对外开放的深化。中国经济开放的重要进程都可以从国外部门资产负债表中得以体现。

5.1 "国外部门"的概念、口径及编制方法

国外部门资产负债表中的数据来源主要是外管局所公布的国际投资头寸表（International Investment Position，IIP）。国际投资头寸表是指某一时点上一国对外金融资产和金融负债的统计表，反映了最主要的资产负债情况，是本书编制国外部门资产负债表的基础数据来源。

国外部门金融资产估算

根据国际投资头寸表及其他部门资产负债表的数据，本章估算出中国的国外部门资产负债表数据，具体说明如下。

国外部门的金融资产是国外部门持有的本国的资产，对应本国部门整体的对外金融负债。本书将国外部门的金融资产分为通货、存款、贷款、债券、股票、股权、其他金融资产共7项金融工具。

通货资产是指央行所发行的现金中由国外部门所持有的部分。由于资金流量表直到1998年才有国外部门资金运用中的通货的数据，且国外部门持有人民币现金的规模较小。本书假设1997年国外部门的通货资产为0，之后每一年数据都由上一年末的存量通货与资金流量表中国外部门资金运用中的通货相加得出。2022年的国外部门通货资产数据假设与M0增速一致。

存款资产是指国外部门在本国银行所持有的存款。本书采用IIP表中"对外金融负债"中"其他投资"中的"货币和存款"减去已经估算出的"通货"资产，得到国外部门所持有的银行存款资产。

贷款资产是指国外部门对本国居民或企业的贷款。本书采用IIP表中"对外金融负债"中"其他投资"中的"贷款"和"贸易信贷"加总，得到国外部门向本国部门所发放的贷款存量数据。

债券资产是指国外部门所持有的本国企业或政府发行的债券资产。本书采用IIP表中"对外金融负债"中"证券投资"中的"债务证券"来表示。

股票资产是指国外部门所持有的本国企业所发行的上市公司股票

资产。由于中国股票市场建立于 1991 年，故 1991—2022 年的数据采用 IIP 表中"对外金融负债"中"证券投资"中的"股本证券"来表示。1978—1990 年的数据假设为 0。但 IMF 的预警指标（Early Warming Notice，EWN）表中在 1991 年之前也有很少的一部分"股本证券"的金融负债，我们认为这可能是 IMF 估算中不准确的地方，故将这部分"股本证券"的金融负债放在"股权"资产中。

股权资产是指外部门所持有本国非上市公司企业的股权资产。由于缺少实际股权投资的数据，而外商来华直接投资中绝大部分比例都是股权投资，故本书采用 IIP 表中"对外金融负债"中的"外国来华直接投资"（FDI）作为对国外部门股权资产的估算。1978—1990 年的数据，本书将 FDI 与金融负债中的"股本证券"进行加总，作为对国外部门股权资产的估算。

其他金融资产是指国外部门所持有金融资产中剩余的部分，本书采用 IIP 表中"对外金融负债"中"其他投资"中的"其他负债"来表示。

国外部门负债估算

国外部门的负债是指该部门对国内其他部门的负债，相对应的是这些部门对外的金融资产。本书将国外部门的负债分为储备资产（包括黄金储备和外汇储备）、存款、贷款、债券、股票、股权、其他金融负债共 8 项金融工具。

黄金储备是指本国央行所持有的实物黄金及货币黄金资产，其对于本国的央行部门属于金融资产中的"储备资产"，没有相应的负债部门。但由于在 SNA 编制规则中，所有金融资产与负债相等的原则，这部分本国的金融资产需要虚拟出一个对应的负债部分，而这个负债部门只能是"国外部门"。因此，本书将本国央行所持有的"黄金储备"算为国外部门的黄金储备负债。需要注意的是，中国人民银行所公布的"货币黄金"资产与 IIP 表中所公布的"对外金融资产"中"储备资产"中的"货币黄金"资产并不完全一致，二者 2004—2022 年的走势如图 5 - 1 所示。1978—2003 年，由于缺乏官方公布的 IIP 表数据，为了实现各部门数据的一致性，我们采用央行资产负债表中的"货币黄金"来表示国外部门的黄金储备负债。相对于 IIP 表，这一数据偏小。所幸货币黄金储备规模相对整体较小，以 2022 年为例，IIP 表相对央行资产负债表的数据高出约 5000 亿元人民币，对总资产和总负债的影响都不大。但这一差异也使得本书对国外部门的分析与完全基于 IIP 表的分析略有差别。

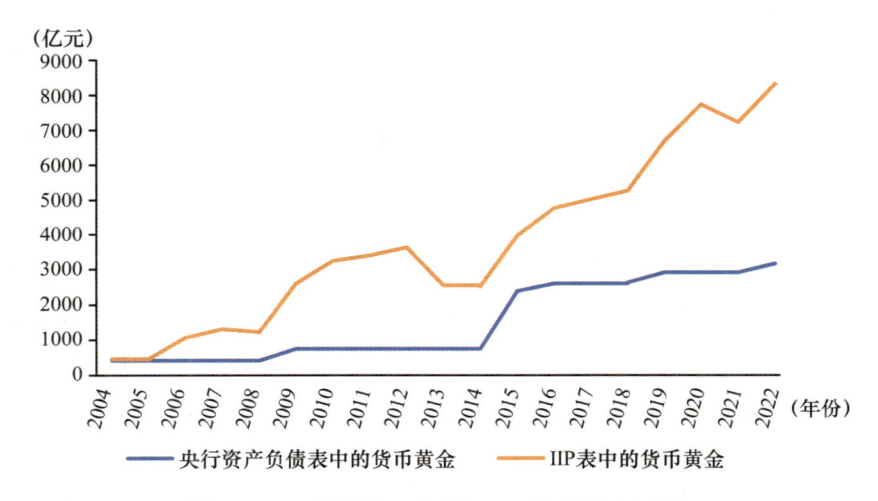

图 5-1　央行资产负债表和 IIP 表中的黄金储备资产比较（2004—2022 年）

资料来源：外管局；中国人民银行；国家资产负债表研究中心（CNBS）。

外汇储备是指本国央行所持有的外汇储备资产，其对于本国的央行部门属于金融资产，对于国外部门则属于金融负债。外汇储备主要是以其他国家国债、政府支持债券、银行存款等形式持有，是国外部门对外的债务。因此，本书将本国央行所持有的"外汇储备"资产算为国外部门的外汇储备负债。这里需要注意的是，中国人民银行所公布的外汇储备资产与 IIP 表中所公布的"对外金融资产"中"储备资产"中的"外汇"并不完全一致（见图 4-1）。本书选用央行资产负债表中给的数据来表示外汇储备，这也使得本书对国外部门的分析与完全基于 IIP 表的分析略有差别。

存款负债是指本国各部门在境外银行的存款资产，记为国外部门的负债。本书采用 IIP 表中"对外金融资产"中"其他投资"中的

"货币和存款"来表示。

贷款负债是指本国银行及其他部门发放给境外机构的贷款，记为国外部门的负债。本书采用 IIP 表中"对外金融资产"中"其他投资"中的"贷款"和"贸易信贷"进行加总来表示。

债券负债是指除本国央行以外的部门所持有的境外企业或政府所发行的债券，记为国外部门的负债。本书采用 IIP 表中"对外金融资产"中"证券"中的"债务证券"来表示。

股票负债是指除本国央行以外的部门所持有的境外企业所发行的股票，是国外部门的负债。本书采用 IIP 表中"对外金融资产"中"证券"中的"股本证券"来表示。

股权负债是指除本国央行以外的部门所持有的境外企业的股权资产，是国外部门的负债。由于缺少实际股权投资的数据，而在国外直接投资中绝大部分比例都是股权投资，故本书采用 IIP 表中"对外金融资产"中的"在国外直接投资"（FDI）作为对国外部门股权负债的估算。

其他金融负债包括两部分，一是央行部门的储备资产中除黄金储备和外汇储备以外的部分，二是除央行以外其他部门的对外资产中的其他类型金融资产，二者都是国外部门的负债。对于央行储备资产中的其他金融资产，本书采用央行资产负债表中的"其他国外资产"来表示。对于非央行部门所持有的其他金融资产，本书采用 IIP 表中"对外金融资产"中"其他投资"中的"其他资产"来表示。

国外部门资产负债表

基于以上的估算方法，本书编制了 1978—2022 年国外部门的资产负债表，如表 5-1 所示。需要注意的是，1978—2003 年的数据主要采用 IMF 的 EWN 表进行估算，[①] 2004—2022 年的数据主要采用中

---

① Lane, P. R., and Milesi-Ferretti, G. M., "The External Wealth of Nations Revisited: International Financial Integration in the Aftermath of the Global Financial Crisis", *IMF Economic Review*, Vol. 66, 2018, pp. 189 – 222; Milesi-Ferretti, G. M., "The External Wealth of Nations Database", The Brookings Institution, 2022.

5 融入世界经济：国外部门资产负债表 ·197·

国国家外管局的 IIP 表进行估算，二者存在着一定的不连续性。① 本书主要是从大趋势上理解国外部门资产负债表的规模及结构变迁，以及中国对外净财富的变化。

表 5–1　　　国外部门资产负债表（1978—2022 年）

A：净金融资产　　　　　　　　　　单位：亿元

年份	净金融资产	总资产	总负债
1978	-42	15	56
1979	-63	29	92
1980	-64	59	123
1981	-222	118	339
1982	-323	184	506
1983	-365	224	590
1984	-362	422	783
1985	-1	666	667
1986	389	1119	730
1987	766	1618	853
1988	923	2017	1094
1989	1190	2691	1501
1990	640	3579	2940
1991	126	4139	4014
1992	1039	5538	4499
1993	2461	7876	5415
1994	3766	14203	10437
1995	5114	17925	12811

---

① 具体来说，IMF 的 EWN 表的项目划分较为粗略，且其数值与中国外管局的 IIP 表相比也略有不同。例如，EWN 表中并没有具体划分出股票和其他股权类投资的具体规模，而是只给出了股票和其他股权类投资（Portfolio Equity Assets）这一项资产及负债，要根据中国股票市场的所有者结构进行还原。

续表

年份	净金融资产	总资产	总负债
1996	5389	21655	16267
1997	2349	25699	23350
1998	106	27322	27216
1999	-1494	29780	31274
2000	-5356	31870	37226
2001	-5038	37241	42279
2002	-7192	40035	47228
2003	-9221	47925	57146
2004	-18601	54093	72694
2005	-29574	65883	95458
2006	-51315	82083	133398
2007	-98604	89651	188255
2008	-130285	99909	230195
2009	-119581	132946	252527
2010	-134245	160919	295164
2011	-130151	202203	332354
2012	-134547	223075	357622
2013	-147107	255674	402781
2014	-139157	297642	436799
2015	-143256	292048	435304
2016	-152915	317595	470510
2017	-145080	332202	477282
2018	-145202	362955	508157
2019	-154171	385652	539823
2020	-147761	427884	575645
2021	-148413	461889	610302
2022	-173849	470418	644267

B：总资产

年份	通货	存款	贷款	债券	股票	股权	其他
1978	—	2	10	1	—	2	—
1979	—	5	19	2	—	4	—
1980	—	9	38	4	—	8	—
1981	—	18	76	7	—	16	—
1982	—	29	120	11	—	23	—
1983	—	34	143	13	—	34	—
1984	—	61	254	24	—	83	—
1985	—	96	401	37	—	131	—
1986	—	159	662	62	—	236	—
1987	—	237	986	92	—	303	—
1988	—	284	1184	111	—	439	—
1989	—	382	1591	148	—	570	—
1990	—	520	2165	202	—	693	—
1991	—	589	2454	229	87	780	—
1992	—	751	3128	292	101	1266	—
1993	—	899	3745	350	242	2561	81
1994	—	1531	6380	595	454	5091	151
1995	—	1772	7383	689	429	7510	143
1996	—	1928	8033	750	670	10052	223
1997	—	2190	9123	851	787	12486	262
1998	60	2090	8957	836	486	14732	162
1999	195	2024	9244	863	713	16505	238
2000	267	1908	9063	846	916	18565	305
2001	315	2433	11448	1068	826	20875	275
2002	410	2354	11519	1075	1026	23308	342
2003	558	2530	12868	1201	2903	26897	968
2004	657	2497	14026	1101	3585	30570	1656

续表

年份	通货	存款	贷款	债券	股票	股权	其他
2005	811	3095	15632	1049	5133	38090	2074
2006	993	3654	17065	1109	8318	48000	2944
2007	1191	4583	18396	1285	9417	51370	3409
2008	1438	4832	15887	1175	10279	62529	3770
2009	1681	4718	22218	1038	11939	89801	1550
2010	2072	8851	29797	1178	13644	103908	1470
2011	2442	13165	39160	2335	24296	120135	669
2012	2677	12711	41483	4669	29716	130077	1742
2013	2912	18231	54939	5421	31090	142205	876
2014	3013	27773	55468	8870	42187	159065	1267
2015	3190	18012	39031	14275	41430	174993	1116
2016	3201	18802	42314	16093	42866	191483	2836
2017	3199	25217	48465	21941	54717	177441	1223
2018	3512	29596	55487	28236	51417	193654	1054
2019	3518	26156	57655	35150	66387	195468	1318
2020	3194	31149	53108	45392	82324	210999	1717
2021	3148	34880	55568	51540	85270	229540	1942
2022	3630	33738	55717	46571	79728	247892	3142

注：财富增速与名义GDP增速（折算美元计算结果）。

C：总负债

年份	黄金储备	外汇储备	存款	贷款	债券	股票	股权	其他
1978	12	14	7	12	11	—	—	—
1979	12	21	13	24	22	—	—	—
1980	12	−8	26	49	44	—	—	—
1981	12	90	52	97	88	—	—	0
1982	12	218	61	113	102	—	1	0

续表

年份	黄金储备	外汇储备	存款	贷款	债券	股票	股权	其他
1983	12	266	68	127	114	—	2	0
1984	12	264	110	205	185	—	6	1
1985	12	93	118	220	198	—	25	1
1986	12	38	140	261	235	—	43	0
1987	12	132	140	262	236	—	69	1
1988	12	158	176	328	296	—	121	2
1989	12	265	237	441	398	—	144	4
1990	12	599	466	868	783	—	205	7
1991	12	1228	549	1024	924	—	263	13
1992	12	1102	627	1169	1055	—	514	19
1993	12	1432	666	1242	1121	—	819	123
1994	12	4264	1081	2015	1819	—	1047	198
1995	12	6511	1083	2018	1821	—	1190	177
1996	12	9330	1179	2197	1983	—	1288	278
1997	12	12649	1892	3526	3182	—	1405	683
1998	12	13088	2579	4807	4338	—	1776	617
1999	12	14061	3197	5957	5376	—	2050	620
2000	12	14815	4172	7774	7016	—	2236	1201
2001	256	18850	4169	7770	7012	—	2820	1401
2002	337	22107	4438	8270	7463	—	3369	1243
2003	337	29842	4703	8765	7909	—	4226	1363
2004	337	45940	4579	8462	7618	—	4364	1395
2005	337	62140	5447	11137	9418	—	5205	1774
2006	337	84361	5748	12434	20595	117	7076	2730
2007	337	115169	10074	14950	19345	1431	8468	18481
2008	337	149624	10443	14842	15784	1462	12683	25019
2009	670	175155	8947	16515	12854	3729	16788	17868

续表

年份	黄金储备	外汇储备	存款	贷款	债券	股票	股权	其他
2010	670	206767	13578	21409	12849	4171	20999	14722
2011	670	232389	18535	31509	7433	5562	27942	8315
2012	670	236670	24569	38777	6969	8301	34717	6949
2013	670	264270	22878	43182	6435	9550	42172	13624
2014	670	270681	27250	51560	6195	10223	56456	13764
2015	2330	248538	23354	62993	6445	10981	75027	5636
2016	2541	219425	25390	82794	10547	15337	98950	15526
2017	2541	214788	23505	76118	12682	19816	120109	7723
2018	2570	212557	26690	89523	15614	19085	137106	5012
2019	2856	212317	27692	87844	19027	26934	156341	6812
2020	2856	211308	31597	94055	19470	39494	168517	8348
2021	2856	212867	34577	103255	21113	41256	177414	16964
2022	3107	214712	36453	103347	31440	41854	198213	15141

资料来源：国家统计局；中国人民银行；国家资产负债表研究中心（CNBS）。

注：1978—2022年国外部门资产负债表，根据前文所述方法进行估算；分表A为国外部门的净金融资产及总资产和总负债，分表B为总资产的细项，分表C为总负债的细项；"—"表示假设为0，0为四舍五入为0。

5.2 国外部门的资产负债规模及结构

基于以上对国外部门资产负债表的估算数据，在本节中将具体分析国外部门1978—2022年的资产负债结构变迁历史。国外部门总资产、总负债、净资产分别与当年GDP之比如图5-2所示。在改革开放初期，国外部门的资产与负债总量规模都相对较小，中国的对外依存度非常低。1978年总资产与GDP之比仅为0.4%，总负债与GDP之比也仅为1.5%，国外部门净头寸为负，表示中国对外持有正的净头寸。截至2022年，国外部门总资产与GDP之比达到38.9%，总负债与GDP之比达到53.2%，净资产与GDP之比为-14.4%。1978—

2007年，总资产和总负债与GDP之比基本均处于上升的趋势中，到2008年之后，总资产/GDP基本保持稳定，而总负债/GDP则缓慢下滑。国外部门的总资产与总负债对应着中国国内各部门的对外负债和对外资产，是它们的"镜像"。这一趋势说明中国2008年之后对外资产/GDP有所下降，对外负债/GDP则基本保持稳定。

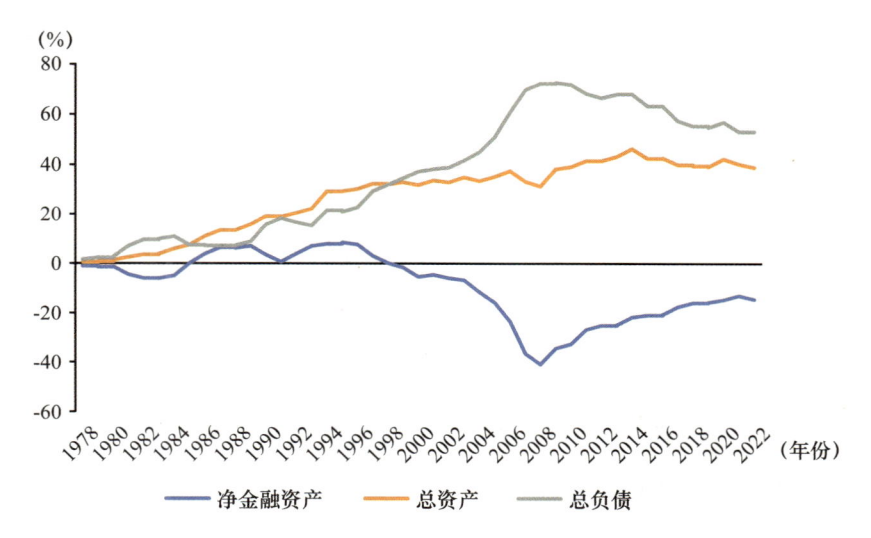

图5-2 国外部门资产和负债与GDP之比（1978—2022年）

资料来源：国家统计局；外管局；国家资产负债表研究中心（CNBS）。

从总资产结构来看，2022年国外部门占比最大的资产是股票和股权，二者共同占到当年GDP的27%，其中股票占比7%，股权占比20%。这是中国对外负债的最为本质的特征，即通过外商直接投资形成对外负债，在引进外资的过程中，中国得以实现进口替代并转向出口导向型增长，也客观促进了生产技术的进步。第二大部分是贷款和债券，二者共同占比约为GDP的8%，其中贷款占比为4.6%，债券占比为3.8%。这部分主要是企业在经营过程中所形成的贸易信贷和其他贷款，其比例自1986年以来就基本保持稳定，如图5-3所示。

从总负债结构来看，2022年国外部门负债占比最高的也是股票和股权，二者共同占到当年GDP的20%，其中股票占比为3.5%，股权占比为16.4%。中国对外投资的主要方式仍然是以对外直接投资的方式进行，尤其是2014年之后大幅增加了对"一带一路"共建国家的直接投资。2022年储备资产与GDP之比达到18%，其中主要是外汇储备。中国外汇储备最高时超过了4万亿美元，达到GDP的50%，2014年后外汇储备规模逐渐下降，到2022年还有3万亿美元，如图5-4所示。

图5-3 国外部门总资产中各分项与GDP之比（1978—2022年）

资料来源：国家统计局；外管局；国家资产负债表研究中心（CNBS）。

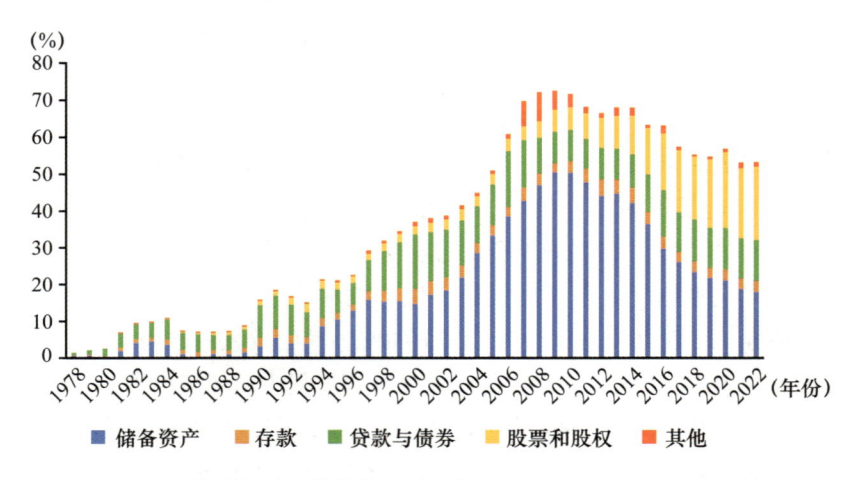

图5-4 国外部门总负债中各分项与GDP之比（1978—2022年）

资料来源：国家统计局；外管局；国家资产负债表研究中心（CNBS）。

本章将1978—2022年45年时间划分为三个时期（见图5-5）。1978—1992年是中国经济历史上极为重要的一个时期，是市场化改革的初步探索阶段。中国GDP实现了年均9.6%的高速增长。这一时期，国外部门的总资产和总负债都快速增长，总资产的年均增速超过50%，总负债的年均增速也达到37%，由此国外部门净资产由负转正，这也意味着中国在国际社会从一个净债权国家转变为净债务国家。

1993—2012年中国进入快速发展阶段，市场经济逐步完善，市场在资源配置中的决定性作用逐渐凸显。中国于2001年加入世界贸易组织，进一步融入全球经济体系，对外贸易和外商直接投资大幅增加。中国企业开始进行大规模海外投资，对外经济合作区域不断拓展。人民币国际化进程加快，人民币跨境使用范围逐渐扩大。GDP年均增长率保持在较高水平，年均增速达到10.2%，中国成为世界第二大经济体。但国内的债务也在逐渐积累，尤其是2008年国际金融危机之后，中国的一些结构性问题逐步显现，面临着一系列新的挑战。这一时期，国外部门的总资产和总负债的增速都有所下降，尤其是总资产增长速度下降得较多，总资产和总负债的年均增速分别为20%和24%。国外部门的净金融资产由正转负，中国对外金融资产快速积累。

2013—2022年，党的十八大标志着中国特色社会主义进入新时代，中国经济迈入高质量发展阶段。这一时期，数字经济、人工智能等新兴产业快速发展。中国提出并推进"一带一路"倡议，加强与共建国家的经贸合作，推动全球化发展；积极参与全球治理体系改革，推动建设开放型世界经济，维护多边贸易体制。但全球经济所面临的不确定性增加，中美贸易摩擦加剧，对外开放面临更多的挑战。这一时期，国外部门的总资产和总负债的增速再次大幅下降，年均增速分别为8%和6%。国外部门的净金融资产的负头寸还在上升，中国对外金融资产仍在积累，但积累速度有所下降。

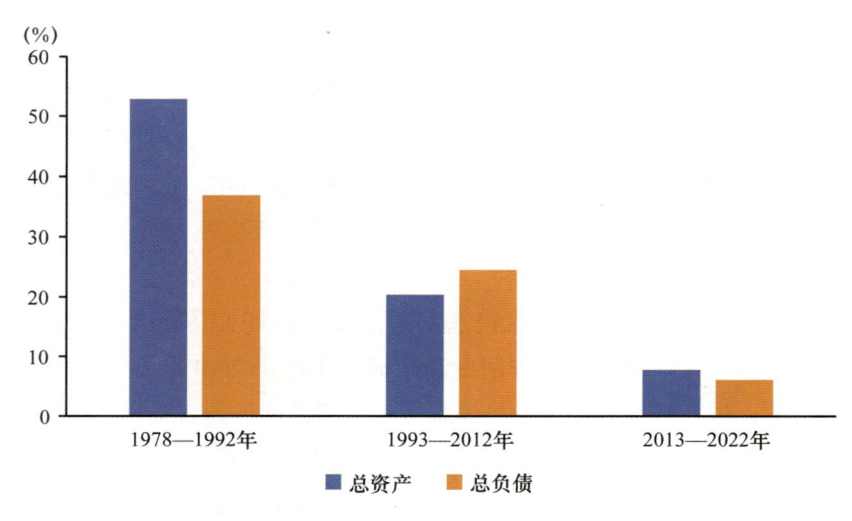

图 5-5　不同时期国外部门资产与负债的年均增速

资料来源：外管局；国家资产负债表研究中心（CNBS）。

5.3　出口导向与新发展格局

出口导向型经济在过去的较长一个时期内一直是中国经济增长的鲜明特色。出口导向战略加强了中国在全球供应链中的地位，加速了工业化进程，并帮助中国成为世界上最大的出口国之一。进入新时代，随着全球经济环境的变化以及国内经济结构的调整，中国逐渐开始构建新发展格局，推进"双循环"战略。

由于国外部门资产负债表与国际投资头寸表基本一致，且国际投资头寸表与国际收支平衡表具有内在的逻辑一致性，本章后面的分析都将基于以美元计价的国际投资头寸表和国际收支平衡表。

贸易收支账户

在改革开放初期，中国货物和服务贸易账户的流入和流出总额与GDP之比都相对较低，贸易账户净流入在0附近。随着改革开放的深入推进，中国GDP总量快速增长，而贸易账户的流入和流出总量也以更快的速度增长。到 2001 年，对外贸易账户的流入和流出分别占到当年 GDP 的 20.3% 和 18.2%，净流入占到 GDP 的 2.1%。随着中国加入世界贸易组织，对外贸易迅速发展。到 2006 年，贸易账户的流入和流出已经占到 GDP 的 35.5% 和 27.9%，进出口贸易顺差达到 GDP 的 7.4%，中国对外净资产快速积累。由对外贸易所形成的资金流入与 GDP 之比在 1997 年超过 4% 的水平，直到 2010 年基本保持在 3% 以上，其中 2005—2008 年超过 5%。中国呈现出开放经济的显著特征，如图 5-6 所示。

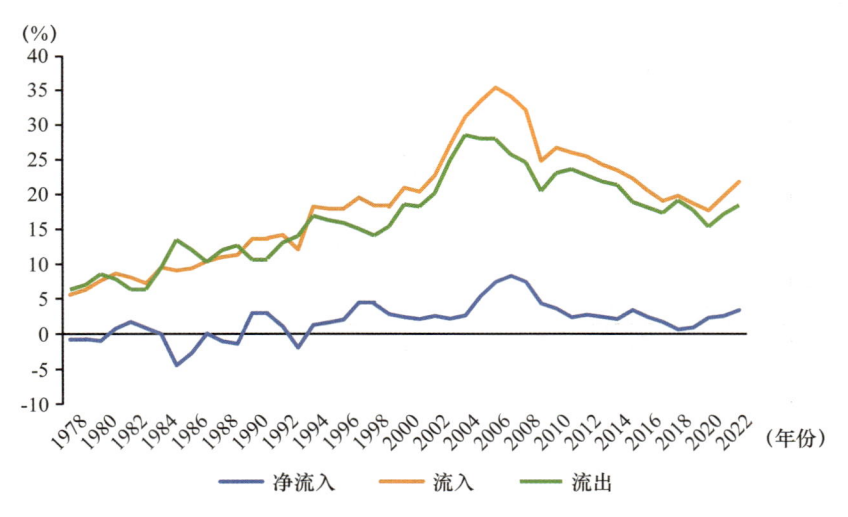

图 5-6 贸易平衡账户占 GDP 比重（1978—2022 年）

资料来源：国家统计局；外管局；国家资产负债表研究中心（CNBS）。

贸易账户的对外顺差主要来自货物贸易。但从改革开放之初到 20 世纪 90 年代初期，中国基本呈现出服务贸易顺差和货物贸易逆差并存的格局。1978—1992 年，中国货物贸易所产生的累计净逆差为 207.8 亿美元，而服务贸易所产生的累计净顺差达到 235.7 亿美元。服务贸易最大的顺差项是旅行，这一时期的累计顺差达到 161.5 亿美元。改革开放初期，中国的旅游业逐渐开放，吸引了大量外国游客，旅游收入成为服务贸易的重要组成部分，而国内人均收入水平相对较低，出国旅游的需求并不高，由此推动了服务贸易顺差。服务贸易的第二大顺差项来自加工服务，这一时期累计顺差为98.8亿美元。改革开放初期，加工贸易成为推动中国对外贸易发展的重要模式。中国具有劳动力成本低廉的竞争优势，大量外国企业将加工制造环节转移到中国，加工贸易以进口原材料、零部件，经过在华加工后再出口成品的模式迅速发展，推动了加工贸易的顺差。在这一时期，中国实施出口导向型经济战略，政府提供税收、金融等方面的支持。在加工贸易发展的过程中，中国相关产业链逐渐完善，提升了制造业的产业集群效应和全球竞争力，为中国成为全球重要的制造基地打下了坚实基础，也是中国经济快速增长的重要动力。

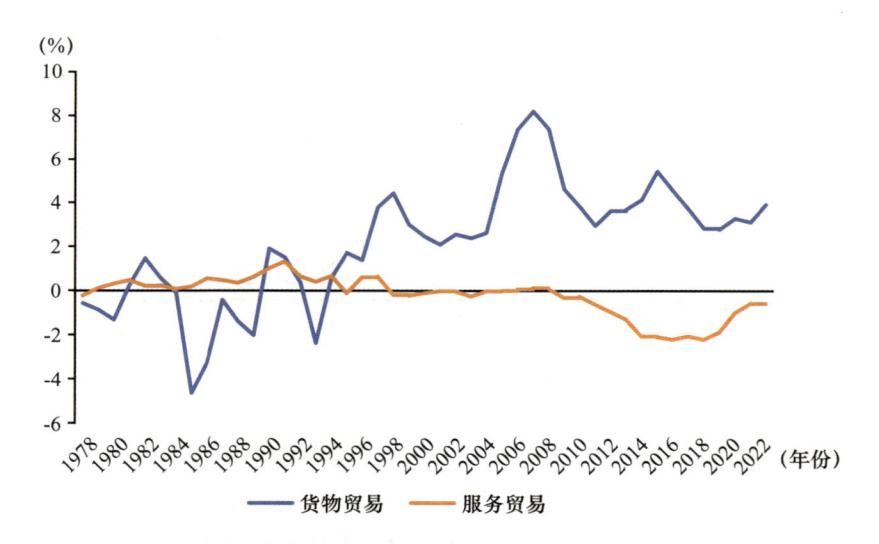

图 5-7　货物贸易与服务贸易的资金净流入与 GDP 之比（1978—2022 年）
资料来源：国家统计局；外管局；国家资产负债表研究中心（CNBS）。

中国三个时期各类货物贸易和服务贸易累计净流入规模，如表 5-2 所示。中国货物贸易从 1990 年开始转为净顺差，之后顺差规模不断扩大，中国逐渐成为世界上主要的货物出口国之一，1993—2012 年 20 年间货物贸易的累计净顺差达到 2.3 万亿美元。随着人均国民收入的提高，中国服务贸易顺差规模在 20 世纪 90 年代后开始下降，1998 年由顺差转为逆差，随后经历了较为平稳的一个时期，2009 年之后逆差规模不断扩大。1993—2012 年，中国服务贸易产生的累计逆差为 1373.9 亿美元。其中最大规模的逆差来自运输，累计逆差规模达到 2772.1 亿美元。直到当前，中国航运企业在国际市场的竞争力相对较弱，而中国作为全球最大的货物贸易国家，对货物运输服务的需求量非常高。国际运输市场主要由发达国家的一些大企业控制，且相应的国际政策和法规环境较为复杂，导致中国需要支付给这些企业较大规模的费用，产生逆差。第二大逆差规模来自保险和养老金服务，累计逆差规模达到 1182.1 亿美元。随着中国金融市场的逐步开放，中国从 1994 年开始出现保险和养老金服务业的逆差。在全球化进程中，大量跨国公司和国际投资者在中国的投资活动增加，也相应增加了对保险服务的需求。而中国本土的金融企业国际化进程较为缓慢，为外商服务以及海外拓展的能力有限，形成了对保险服务净进口。也有一定规模的中国消费者随着人均收入的提高，增强了保障性和投资性金融产品的需求，开始购买外国保险公司提供的保险产品。这一时期，加工服务仍然是服务贸易中最大的净顺差来源，累计顺差规模为 2435.3 亿美元，中国的生产加工能力不断做强。

2013—2022 年，中国经济迈入高质量发展时期，货物贸易继续快速增长，这 10 年产生的货物贸易累计净顺差达到 4.85 万亿美元，是中国经常项目净顺差的主要来源。但服务贸易的净逆差水平也逐渐扩大，累计产生净逆差 1.95 万亿美元。服务贸易最主要的逆差项转为旅游，1978—2008 年旅游服务都处于顺差状态，甚至一度是中国服务贸易最大的净顺差来源。但这一状态自 2009 年开始转变。虽然旅游服务的出口仍在不断上升，但进口上升的幅度更大，导致净出口由正转负，并成为最大的服务贸易逆差项。2013—2022 年由旅游服务产生的净逆差达到 1.67 万亿美元，其中累计出口为 3307 亿美元，而累计进口达到 2.0 万亿美元。这一变化也反映了新发展阶段中国经济的变化。中国政府逐步放宽了对居民出境旅游的限制，与更多国家和地区实现了互免签证或简化签证手续，极大地促进了居民出境旅游的便利性。人民币相对于其他主要货币的升值，提高了中国居民的购买力，使出境旅游的成本相对降低。人民群众出于对美好生活的向往以及对精神文明的需求，出现了消费结构的升级和多元化需求。出境旅游促进了中外文化的交流与互鉴，有助于增强国际的友好合作和理解。

表 5-2　不同时期各类货物贸易和服务贸易累计净流入规模

单位：亿美元

	1978—1992 年	1993—2012 年	2013—2022 年
货物贸易	-207.8	23083.3	48505.5
服务贸易	235.7	-1373.9	-19471.0
1　加工服务	98.8	2435.3	1732.2
2　维护和维修服务	—	—	326.7
3　运输	-90.0	-2772.1	-4683.5
4　旅行	161.5	-121.4	-16701.1
5　建设	8.5	407.4	584.2
6　保险和养老金服务	15.7	-1182.1	-1079.6
7　金融服务	—	-22.7	65.5
8　知识产权使用费	—	-980.7	-2633.7
9　电信、计算机和信息服务	8.2	398.7	1016.7
10　其他商业服务	46.6	501.3	2224.1
11　个人、文化和娱乐服务	—	-11.9	-165.2
12　别处未提及的政府货物和服务	-13.6	-25.8	-157.2

资料来源：外管局；国家资产负债表研究中心（CNBS）。

收入账户

中国经常账户资金的资金流动主要受贸易平衡账户的影响，如图 5-8 所示。大部分时期中国的经常账户要低于贸易平衡账户，二者虽然同为正数，但由于劳动和资本所形成的要素分配会降低由贸易顺差所形成的资金流入。而这一现象主要是由初次分配账户所导致的。在大部分时期，中国经常账户中的初次分配基本处于净流出的状态。近年来，初次分配净流出占到 GDP 的 1% 左右。

初次分配要素收入也被称为收入余额（Income Balance），主要包

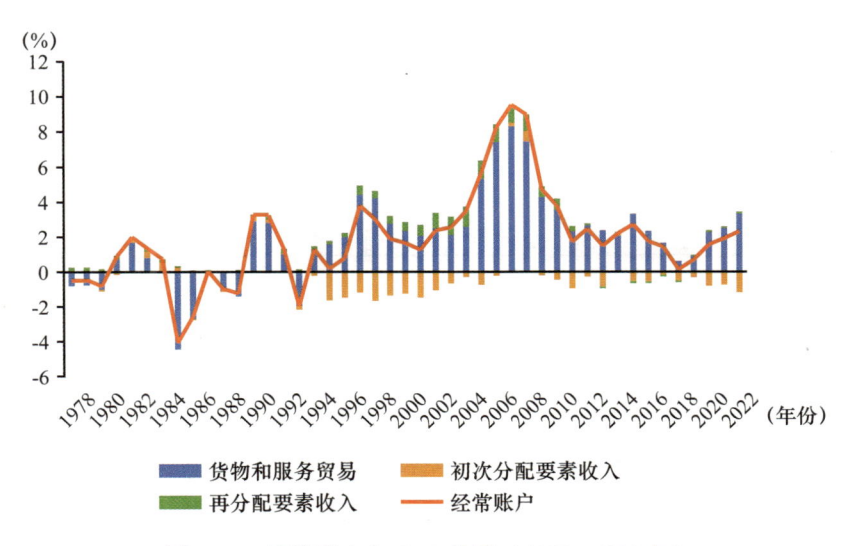

图 5-8　经常账户占 GDP 比重（1978—2022 年）

资料来源：国家统计局；外管局；国家资产负债表研究中心（CNBS）。

括雇员报酬净收入（Net International Payments to Employees）和净投资收入（Net Investment Income）。初次分配要素收入在大部分时期是净流出的，其中雇员报酬是净流入，而投资收益则是净流出。雇员报酬是指中国居民在海外由于付出劳动力所获得的报酬，以工资为主。自 1997 年有这项统计以来，中国雇员报酬基本处于净流入的状态（见图 5-9）。从趋势来看，1997—2015 年中国雇员在国外所获得的雇员报酬处于快速增长的态势，2015 年的雇员收入达到 331 亿美元，但 2016—2019 年，随着国际劳动力市场竞争加剧，以及一些国家政府对中国劳工政策法规的调整，导致中国的雇员报酬收入下降，而中国对海外劳动的支出仍处于上升趋势，导致经常账户中的雇员报酬净流入下降，甚至在 2021 年出现了短暂的净流入。随着中国开放度加深，对国外雇员的净支出将继续上升，因此中国的雇员报酬净流入规模不太可能再有显著增加。

净投资收益是指由于对外投资所产生的收入与接受国外投资所产生的支出之差。中国对外投资净收益在大部分年份都为负值，且负收益的规模在不断加大，2022 年对外投资净收益达到 -2031 亿美元，

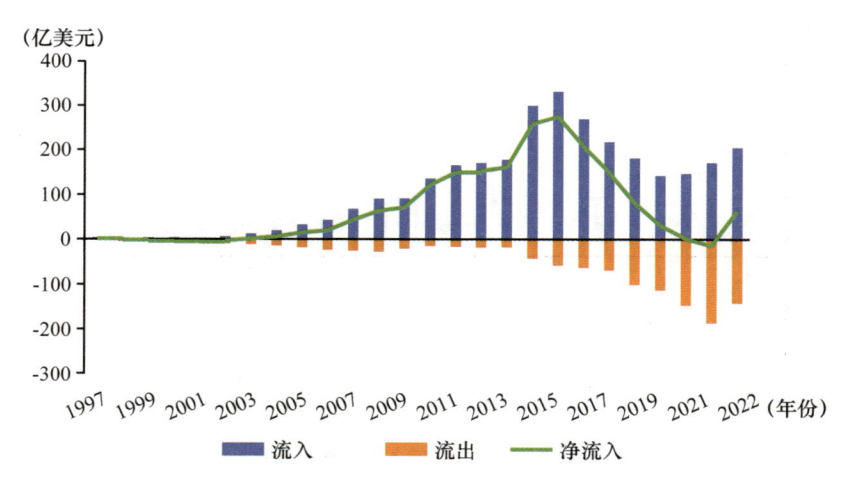

图 5-9　经常账户中的雇员报酬净收入（1997—2022 年）

资料来源：外管局；国家资产负债表研究中心（CNBS）。

是经常账户中最为重要的一个逆差项。从总收入和总支出的结构来看，1980年以来投资收益所产生的净流入和净流出整体上是在不断增长的，2004年后二者增速都显著上升，一方面中国获得了更大规模的对外投资收益，另一方面也对外形成了更大规模的资本收益支出。2009年之后，净投资收益迅速下降。

由于中国整体上处于对外持有净资产的格局，但净投资收益却基本为负，如图5-10所示。由此形成了所谓的"正资产头寸—负投资收益"悖论。2022年，在存量的投资头寸上，中国已经积累了超过2.5万亿美元的对外净金融资产，当年的对外净投资收益却低于负2000亿美元。这一悖论主要是由资产回报差导致的。中国所持有的海外资产以官方的储备资产为主，储备资产中又是以外汇储备为主体。这类资产的特征是安全性高、流动性好，但收益率相对偏低。而中国的对外负债则主要为外商来华直接投资（FDI），外商之所以投资中国，正是看中了超过全球一般水平的投资回报率和回报的稳定性。二者一增一减，导致中国出现了正资产与负收益并存的局面。而美国恰恰相反，长期处于负资产与正收益并存的局面。① 我们简单地用当年投资收益的流入规模与年末对外净资产之比当作平均的对外资产回报率，用当年的投资收益的流出规模与年末对外净负债之比当作平均的对外负债回报率。1982—2022 年二者的走势如图 5－11 所示。1982—1996 年，对外资产与对外负债的回报率并没有显著区别，但1997—2022 年，对外负债的回报率长期高于对外资产回报率。对外金融资产的回报率长期在 3% 附近波动，且 2017 年以来还出现了下降的趋势；而对外负债回报率长期在 6% 附近波动，比对外资产回报率高出 1 倍左右。正是长期较高的资产回报率吸引了大量外商投资，由此促进了中国的技术进步、资本积累、就业率上升，以及整体的工业化、城镇化进程。而中国对外资产主要是储备资产，目的就是维持币值稳定和应对国际金融风险，也是以牺牲了一部分资产回报率为代价的。

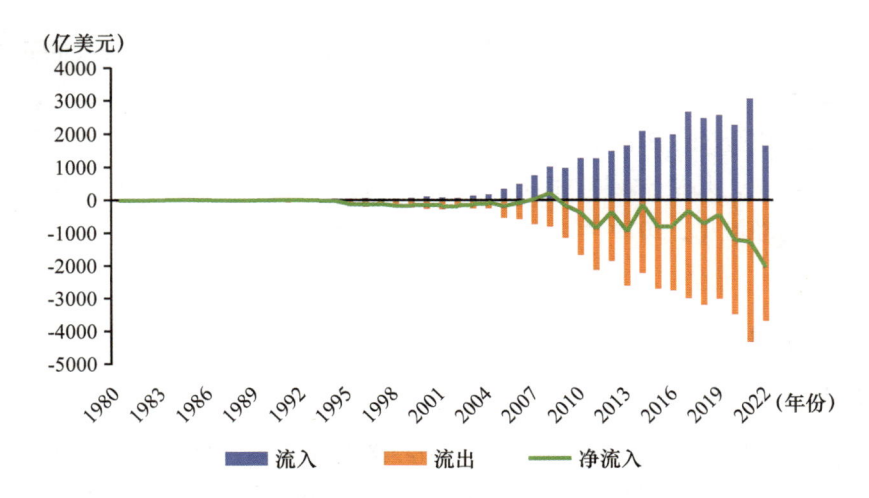

图 5－10　经常账户中的净投资收益（1980—2022 年）

资料来源：外管局；国家资产负债表研究中心（CNBS）。

---

① Fogli, A., and Perri, F., "The 'Great Moderation' and the US External Imbalance", NBER Working Paper 12708, 2006; Hausmann, R., and Sturzenegger, F., "US and Global Imbalances: Can Dark Matter Prevent a Big Bang?", Center for International Development, Harvard University, Working Paper, 2005.

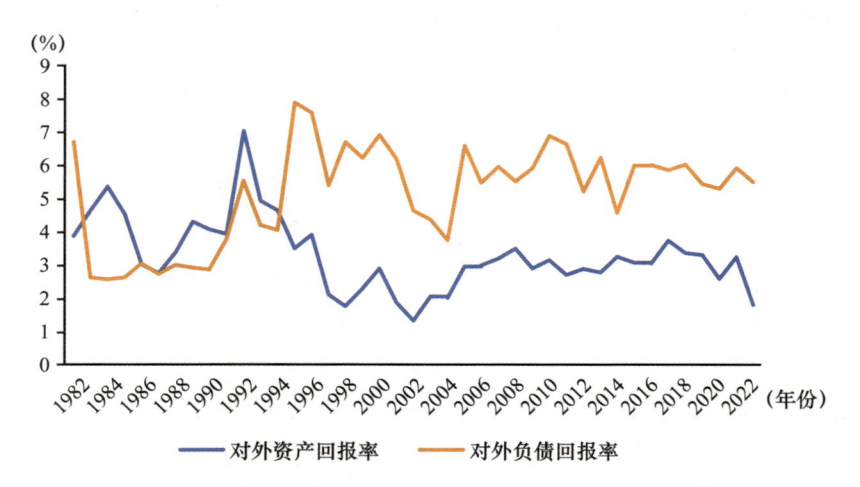

图 5-11 对外金融资产和对外金融负债的回报率（1982—2022 年）
资料来源：外管局；国家资产负债表研究中心（CNBS）。

经常账户中的"二次收入"也称作"单边转移支付"（Unilateral Transfers），主要记录民间及政府间的单边收入转移，是国际要素收入的二次分配。中国的二次收入账户在大部分时间中都为净流入，但规模较小，几乎对经常账户没有影响。2013—2018 年，二次收入账户转为净流出，2019 年之后又再次转为净流入。

5.4 "引进来"与"走出去"

"引进来"与"走出去"是中国经济发展策略中的两个关键组成部分，反映了中国在全球经济中的积极参与和战略转变。"引进来"自 1978 年中国改革开放以来就开始实施。其核心是吸引外资、引进先进技术和管理经验，以及融入全球经济体系。通过设立特殊经济区域（如深圳特区），中国大力推动了外商直接投资，促进了产业升级和经济现代化。这一策略不仅加速了中国的工业化进程，也使中国成为世界工厂和重要的全球贸易参与者。"走出去"始于 20 世纪 90 年代末，旨在鼓励中国企业投资海外、拓展国际市场、参与全球资源配置。包括海外并购、建设海外基础设施（如"一带一路"倡议）以及参与国际合作与竞争等。通过"走出去"战略，中国不仅能够保障自己的资源安全和市场多元化，还能提升其在全球经济中的影响力和竞争力。通过"引进来"与"走出去"，中国既加强了与世界的经济联系，又在全球范围内提升了自身的经济实力和国际地位。

外商直接投资

中国的"直接投资"账户始终处于净顺差的水平（仅在2016年出现过一次逆差），与经常账户顺差加在一起，共同构筑了长期"双顺差"格局（见图5-12）。1993年开始，外商来华直接投资快速增长。1993—2012年20年间，外商直接投资累计规模达到2.0万亿美元；2013—2022年10年间，外商直接投资累计规模达到2.3万亿美元。外商投资每年的流入规模仍是非常高的，即使在新冠疫情的冲击下，2020—2022年3年间，中国每年吸引外商投资的规模分别为2531亿美元、3441亿美元和1802亿美元。

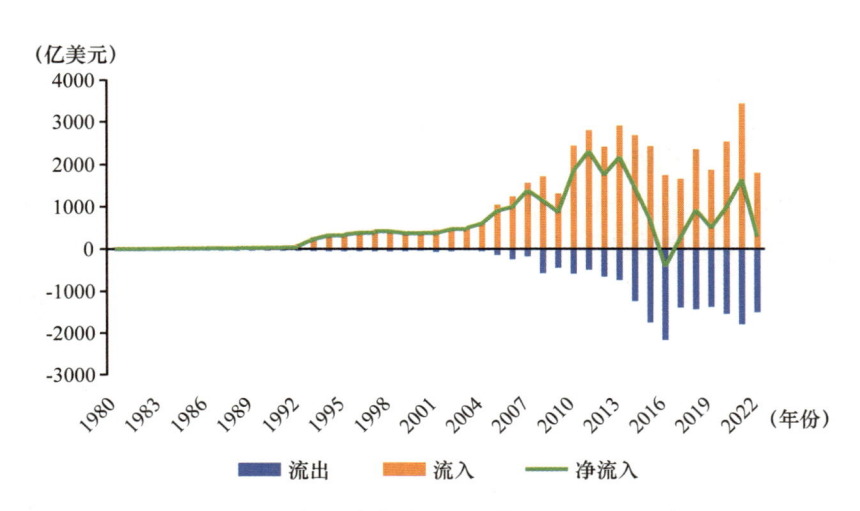

图 5-12　金融账户中的直接投资（1980—2022 年）

资料来源：外管局；国家资产负债表研究中心（CNBS）。

长期以来大量国外资本的流入和积累对中国经济发展做出了重要的贡献。首先是带来技术与知识的外溢效应。其次在于就业创造与人才培养。再次是出口贸易增长及对经济增长的拉动。最后则是促进中国的全球化进程，有助于国内各项制度环境的完善。截至2022年，外商直接投资所形成的资产总规模达到3.5万亿美元，占GDP的20%。

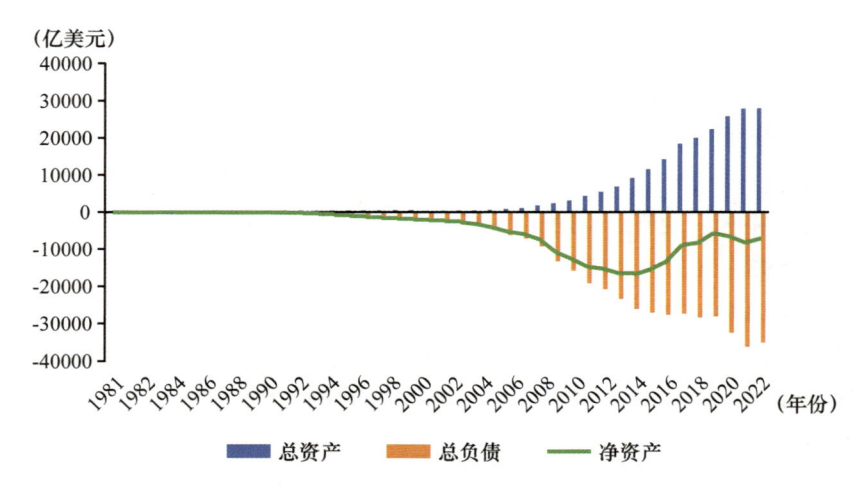

图 5-13 直接投资所形成的总资产、总负债和净资产（1981—2022年）

资料来源：外管局；国家资产负债表研究中心（CNBS）。

对外直接投资

2005年之后，中国对外直接投资（ODI）也大幅增长；尤其是2013年中国提出"一带一路"倡议后，对外投资规模迅速扩大。1993—2012年20年间，中国对外直接投资累计规模达到3566亿美元；2013—2022年10年间，对外直接投资累计规模达到1.49万亿美元。近年来，中国每年对外净投资规模稳定在1500亿美元左右。

中国对外投资增加，虽然会从金融账户上形成资金流出，使储备资产下降，但从更长远的利益上，有利于中国经济的高质量发展。首先是全球市场拓展和资源、能源的获取。通过对外投资，中国企业进入了更多的国际市场，拓展了业务范围，提高了国际竞争力，这有助于中国企业的全球化发展和品牌国际化。对外投资使中国能够更加有效地获取全球资源和能源，保障了国内经济的稳定发展和产业结构的优化。其次是经济结构调整和风险分散。对外投资有助于推动中国经济结构的优化和升级，实现由制造业为主向服务业转变，由低附加值向高附加值产业发展。通过对外投资，中国企业也能够分散市场风险，减轻国内市场经济波动对企业的影响，增强企业的抗风险能力。再次是提高了中国企业的技术与管理经验。通过海外并购和投资，中国企业能够获取先进的技术、管理经验和市场渠道，促进了国内产业的技术升级和管理水平的提高。最后则是国际经济合作的进一步加深。中国对外投资促进了与投资接受国的经济合作，加深了双边和多边经济关系，提高了中国在国际经济中的影响力。中国对外投资不仅带动了经济交流，还促进了文化、教育、科技等领域的交流与合作，提升了中国的软实力。截至2022年，中国对外直接投资所形成的资产规模达到2.8万亿美元，是GDP的16%。

价值重估

中国直接投资净值的变化，除了受到每一年外商来华直接投资及中国对外直接投资的影响，还受到价值重估的影响。用公式可表示为：

期末对外直接投资存量净值 = 期初对外直接投资净值 +
　　　　　　　　　　　　新增对外直接投资 –
　　　　　　　　　　　　新增外商来华直接投资 + 价值重估

由此可估算出每一年直接投资净值的价值重估规模及与其当年GDP之比，如图5-14所示。从总体上看，对外净直接投资的价值重估在大部分年份中都为正数，即中国对外直接投资的资产增值速度要快于外商来华直接投资资产的增值速度。仅在2006年、2008年和2009年对外投资的价值重估为负数。

中国对外直接投资主要集中在亚洲地区，尤其是东南亚国家如新加坡、印度尼西亚、马来西亚等。随着"一带一路"倡议的推进，中国在非洲的投资也逐渐增加，涉及能源、基础设施、农业等领域。在欧洲和北美也有部分对外直接投资，主要集中在高技术、高附加值的产业，如汽车、电子、生物医药等。这些投资受当地经济增长及货币价值的影响，整体上为企业提供了较高的投资回报率，除了获得相

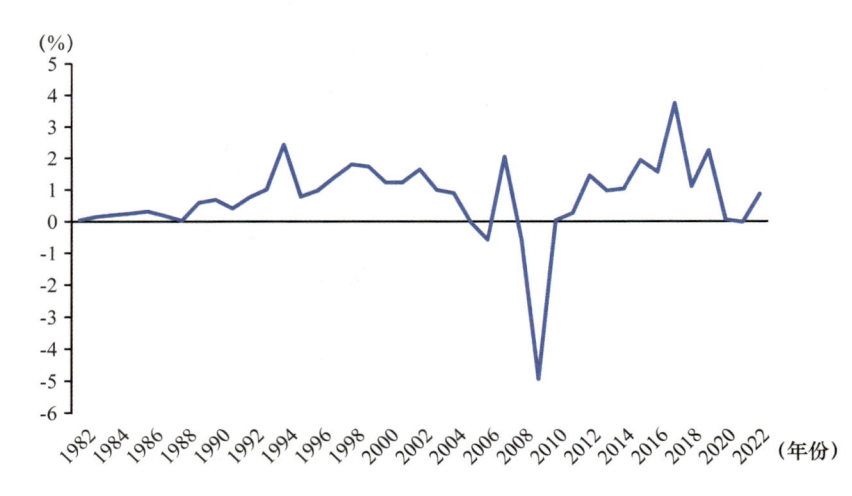

图 5-14 净直接投资的价值重估与 GDP 之比（1982—2022 年）

资料来源：国家统计局；外管局；国家资产负债表研究中心（CNBS）。

应的投资回报，还获得了较大比例的资产增值。虽然中国对外投资净头寸整体为负（对外负债大于对外资产），但由于长期以来中国的对外资产的价值增值速度更快，直接投资获得了正的价值增值。

进一步地，下文根据 Schmitt-Grohé 等[①]的方法，考察价值重估对中国直接投资净资产的累计影响。假设不存在每一期的价值重估，直接投资净资产应等于期初直接投资净资产与当期新增净对外投资规模之和。由此可以估算出一个假设的直接投资净头寸规模：

不存在价值重估的直接投资净头寸 = 基期直接投资净头寸 +
累计对外直接投资 -
累计外商来华直接投资

根据这一公式，选择 1981 年为基期，可以得出假设不存在价值重估的直接投资净头寸，如图 5-15 所示。1981—1992 年，实际的和假设的直接投资净头寸相差不大，1992 年，实际净头寸仅比假设净头寸高出 GDP 的 2.8%，价值重估的影响并不算快。但 1993 年之

---

① Schmitt-Grohé, S., Uribe, M., and Woodford, M., *International Macroeconomics: A Modern Approach*, Princeton University Press, 2022.

后，假设净头寸以更快的速度下降，而实际净头寸下降的速度并不算快，中国从价值重估中获得了较大的收益。到2004年，如果没有价值重估带来的正面影响，中国直接投资的净头寸将达到GDP的-25.8%，而实际上仅为-16.2%。2005—2011年，二者缺口变小，甚至一度基本重合，外商投资到中国的直接投资的价值增长要高于中国投资到外国的价值增值，主要受人民币大幅升值和中国经济强劲增长的影响。2012年之后，中国的海外直接投资体现出更大的价值增值，减缓了直接投资实际净头寸的下降。2015—2019年，虽然中国每年仍然是新增直接投资流入大于新增直接投资流出，但实际净头寸出现大幅度收窄，价值重估做出了重要贡献。2022年，假设的直接投资净头寸为-2.48万亿美元，而实际仅为-7005亿美元，表明1981—2022年中国在直接投资的价值重估中获得了共计1.78万亿美元的正收益。

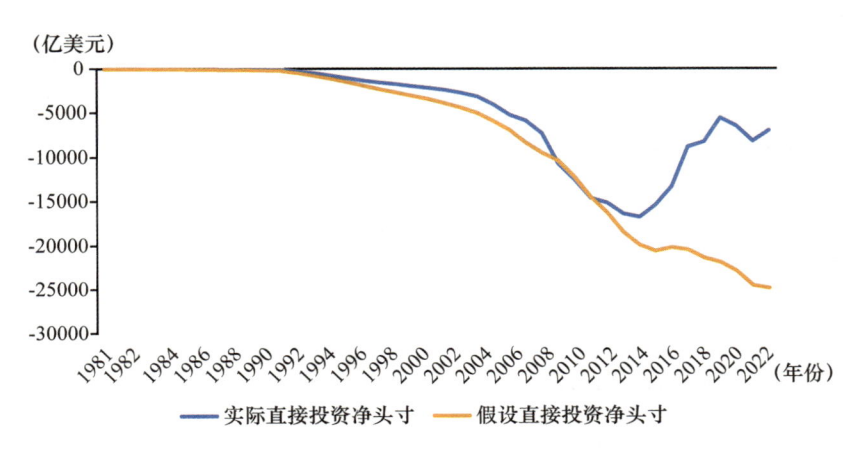

图 5-15 实际与假设的直接投资净头寸（1981—2022年）

资料来源：外管局；国家资产负债表研究中心（CNBS）。

5.5 海外金融资产配置与安全

中国的投资者将部分资金投资于国外的金融市场，包括股票、债券、基金、外汇以及其他金融衍生品等。在进行海外金融资产配置时，中国投资者和机构面临的挑战包括国际市场的波动性、政治和法律风险、汇率风险等。改革开放以来，中国资本市场逐渐开放，也加大了海外资产配置。

股票投资

中国股票市场的开放度逐渐加深。首先是在2002年启动了合格境外机构投资者（QFII）制度，允许合格的境外机构投资者投资中国境内的证券市场。股票市场的资金流入开始增长。2014年、2016年和2019年又分别开通了沪港通、深港通、沪伦通等交易所互通互联制度，为国外投资者投资于A股市场创造了更为便利的条件。中国股票市场的资金流入规模在2018年、2020年和2021年都超过了500亿美元，国外投资者占比逐渐加大。同时，中国对海外股票的投资规模在2020年之后也有较大规模的上升，2020年投资海外股票规模超过1000亿美元。2020—2022年，股票投资转为净资金流出的格局（见图5-6）。未来，由股票市场产生资金流入流出的转换主要在于对中国和其他主要发达国家经济增长的预期，如果中国经济能够保持平稳增长，以及资本市场的基础性制度建设取得成效，A股市场仍然是吸引海外投资者最为关键的市场之一。

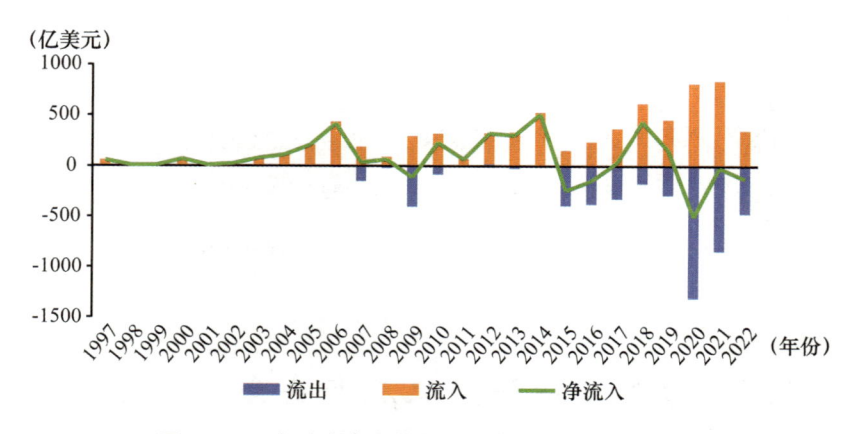

图5-16 金融账户中的股票投资（1997—2022年）

资料来源：外管局；国家资产负债表研究中心（CNBS）。

根据前文所述方法，可以估算出股票投资中每年价值重估的规模，其与 GDP 之比如图 5-17 所示。自统计数据较为完整的 2007 年以来，中国股票投资净头寸的价值重估正负参半，总规模和净规模都不算大。

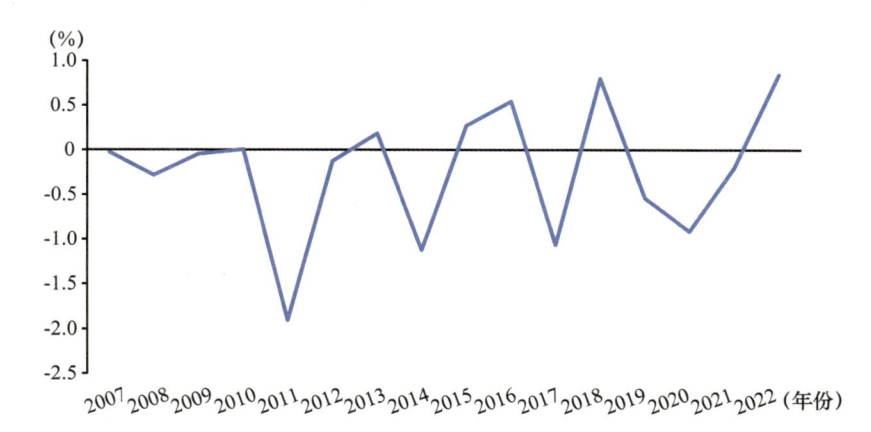

图 5-17 股票投资净头寸价值重估与 GDP 之比（2007—2022 年）
资料来源：国家统计局；外管局；国家资产负债表研究中心（CNBS）。

从资产和负债各自的角度来看，对外股票资产的价值增值规模要小于对外股票负债的价值增值，如图 5-18 所示。以 2006 年为基期，通过对每年股票投资资金流入进行累加，2022 年不考虑价值重估的假设的对外股票总资产应为 4904 亿美元，而 2022 年实际对外股票资产为 5902 亿美元，价值重估带来的累计增值规模为 998 亿美元。这表示中国投资者在 2006—2022 年累计从国外股票市场所获得的资本利得。采用相同方法估算出的国外投资者累计从中国股票市场获得的资本利得为 4328 亿美元，国外投资者从 A 股市场获得了更大的收益回报。而在这一时期，中国的沪深 300 指数从 2006 年年末的 2041 点上升到 2022 年年末的 3872 点，上升了 90%，美国的标普 500 指数从 2006 年年末的 1418 点上升到 2022 年年末的 3840 点，上升了 171%，美国股票指数的上升幅度远高于 A 股指数，但国外投资者在这一时期从 A 股所获得的价值增值却远超中国投资者从国外股票市场所获得的价值增值。这在一定程度上反映了海外投资者在股票市场投资上

·222· 中国国家资产负债表（1978—2022）

更为专业，体现出机构投资者和专业投资者的优势，而国内投资者对海外股票市场的投资虽然从长期来看也获得了正收益，但规模非常有限。2022年年末，中国对外股票投资的总资产达到5902亿美元，其中来自长期资本利得的部分仅为998亿美元，由此估算出来的投资收益率极低。未来，我们仍然需要提高机构投资者的专业能力，以期在股票投资的国际化进程中获得更高的相对收益。

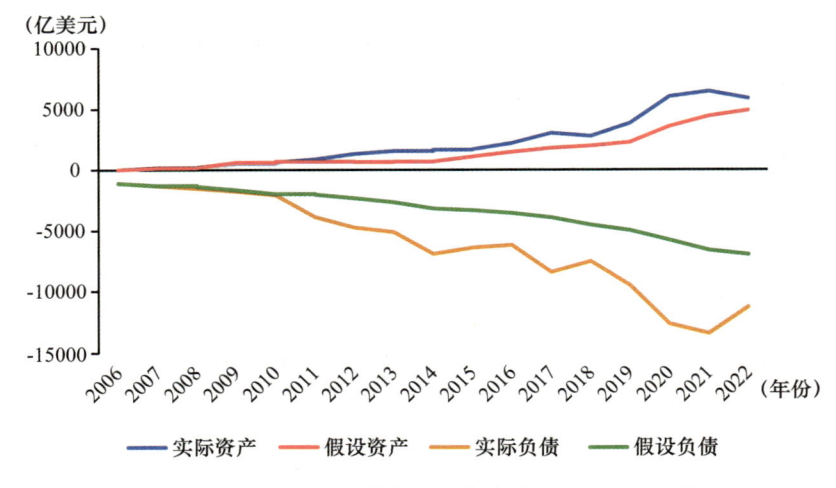

图 5–18　实际与假设的股票投资头寸（2006—2022 年）

资料来源：外管局；国家资产负债表研究中心（CNBS）。

债券投资

对外投资中的债券投资规模整体上要大于股票投资规模。如图 5–19 所示，2004 年之前，债券市场的流入流出规模都比较小，且主要以净流出为主。2005 年，债券市场的流入和流出规模都有所加大，且大部分年份仍然是以净流入为主。2022 年债券市场出现了较大波动，净流出规模加大，全年的净流出达到 2678 亿美元，主要是受到中美利差倒挂的影响。2013 年之前，中国对外债券净头寸都为正，但 2014 年由正转负，随后出现了负头寸逐年加大的趋势，直到 2021 年。

根据前文所述方法，可以估算出债券投资中每年价值重估的规模，其与GDP之比如图5-20所示。1982—2010年，中国对外债券净头寸为正，且价值重估普遍能够获得正收益率。2011年之后，受欧债危机、美元升值等因素的影响，债券投资负收益的规模加大。

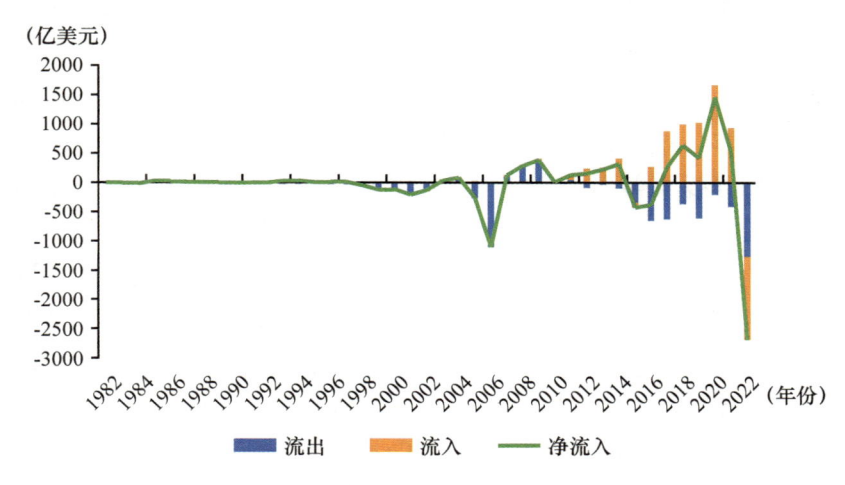

图5-19　金融账户中的债券投资（1982—2022年）

资料来源：外管局；国家资产负债表研究中心（CNBS）。

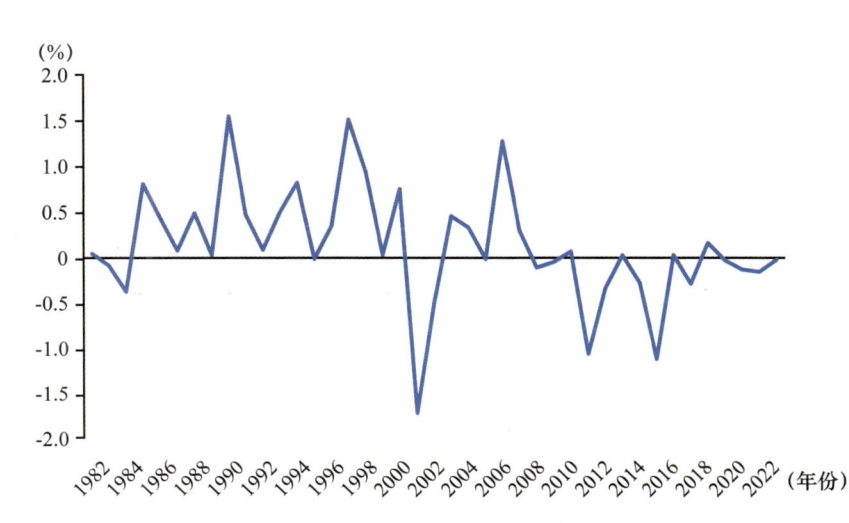

图5-20　债券投资净头寸价值重估与GDP之比（1982—2022年）

资料来源：国家统计局；外管局；国家资产负债表研究中心（CNBS）。

从资产和负债各自的角度来看，对外债券投资累计体现出负向的价值重估，而国外对中国的债券投资则累计体现出正面的价值增值，二者从资产和负债两个方面都降低了中国债券投资净头寸的价值。从资产方面来看，2010年之前，体现出了正向的价值增值，这也是债券投资理应获得的资本利得。但2011年之后，出现欧债危机且欧元相对于美元贬值，中国投资于欧洲债券市场的资产相对于美元出现较大程度缩水，对外债券投资所形成的资产出现较大价值贬值。2022年，按债券投资累计加总所估算出的假设对外债券资产头寸为5746.6亿美元，但实际头寸仅为4433.4亿美元，资产方所产生的估值损失达到1313.2亿美元。从负债方面来看，国外投资者主要投资于中国的国债和政府支持机构债券市场，中国从未发生过主权债务的违约。且企业债券的实际违约率也相当低，即使近几年来发生了多起企业债券违约事件，但从规模上看并不算大，涉及可能产生违约风险的债券与企业债券总规模相比仍不足1%。由此导致国外投资者在中国债券市场上获得了一定规模的价值增值。2022年，按债券投资累计加总所估算出的假设对外债券负债头寸为5522.9亿美元，但实际负债头寸为6567.1亿美元，负债方因价值重估所产生的净头寸损失达到1044.3亿美元。资产与负债所产生的累计净损失加总达到

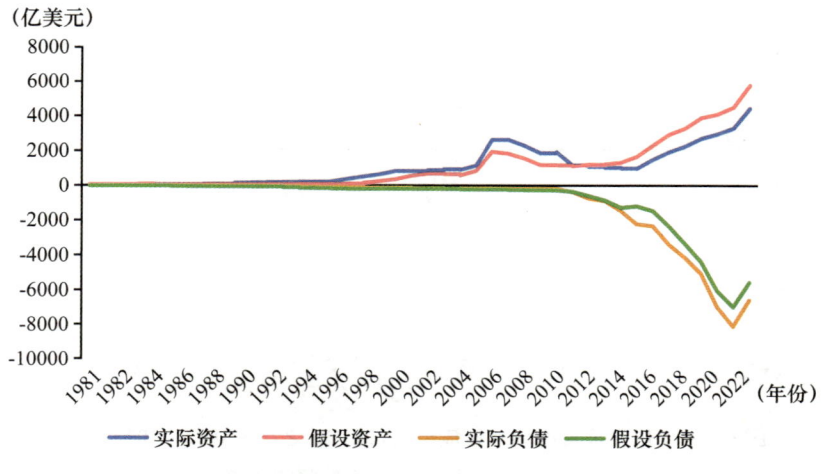

图 5-21 实际与假设的债券投资头寸（1981—2022年）

资料来源：外管局；国家资产负债表研究中心（CNBS）。

2357.5亿美元。但需要注意的是，近年来中国企业债务违约事件不断，可能涉及的违约规模也逐渐上升。海外投资者在中国债券市场所获得的正收益也面临着一定的违约风险，可能导致价值重估下降，这也是2022年海外投资者从中国债券市场大幅降低头寸的主要原因。

货币和存款

金融账户中的其他投资是指非储备资产中除直接投资和证券投资以外的部分，主要包括其他股权投资、货币和存款、贷款、保险和养老金、贸易信贷等。这里首先分析货币和存款。中国对外货币和存款的投资头寸如图5-22所示。存款和货币在2013年后基本在4000亿美元左右波动，对外负债也在5000亿美元左右。2016年之前，货币和存款的对外净头寸基本为正，2017年后由正转负，但净头寸的正负缺口都不算大。

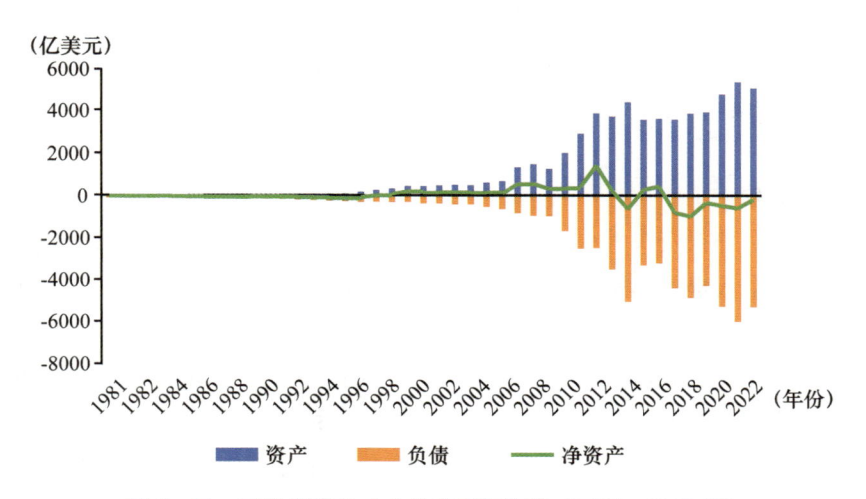

图5-22 对外投资头寸中的货币和存款（1981—2022年）

资料来源：外管局；国家资产负债表研究中心（CNBS）。

以1997年为基期，可以估算出不受价值重估影响的对外货币和存款净头寸，如图5-23所示。1997—2022年货币和存款形成的累计净流出为7400亿美元。如果没有价值重估，2022年年末的对外货币和存款所形成的净资产头寸应为7194亿美元，但实际是-129亿美元，价值重估造成了对外净头寸约 7323 亿美元的损失。人民币相对于美元升值是造成这一时期对外存款净损失的主要原因。

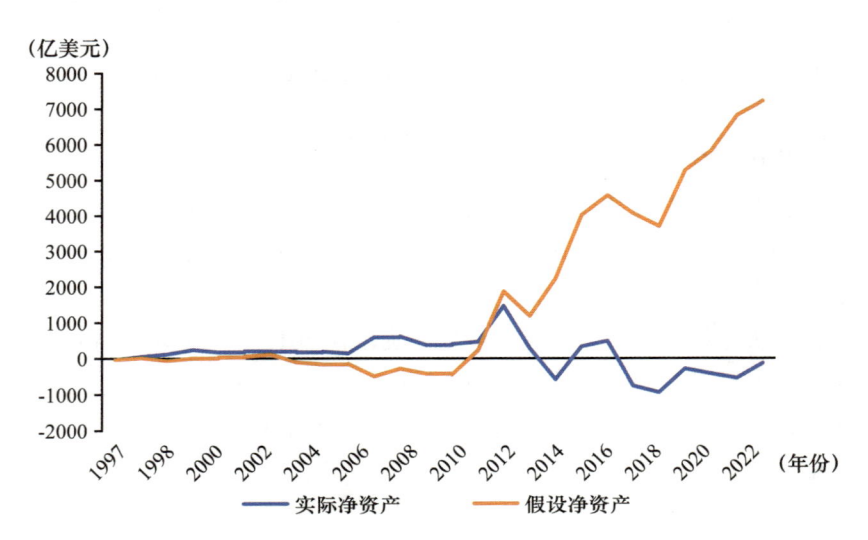

图 5-23　实际与假设的货币和存款净头寸（1997—2022 年）

资料来源：外管局；国家资产负债表研究中心（CNBS）。

贷款

将对外投资头寸中的"贷款"主要是指金融机构或其他组织向企业或个人提供的资金，"贸易信贷"专门是指由出口商提供给进口商，允许进口商在收到货物后的一段时间内支付货款。将这两个项目进行加总，从总体上考虑对外金融资产中的贷款。贷款的对外资产和负债情况如图 5-24 所示。2014 年之前，中国对外净贷款头寸基本为负，2015 年之后净贷款头寸由负转正，且有逐年上升的趋势。截至 2022 年年末，对外贷款所形成的净头寸为 6716 亿美元。从资产和负债的规模来看，中国在贷款上的对外资产和对外负债都有较大规模的上升。

以 1981 年为基期，可以估算出不受价值重估影响的对外货币和存款净头寸，如图 5-25 所示。与净存款头寸非常类似，中国对外净贷款头寸也出现了较大幅度的价值重估损失。1978—2022 年，中国由贷款所形成的累计资金净流出超出 1 万亿美元。根据估算，以

1981年为基期,如果没有价值重估,2022年年末的净贷款头寸应为1.03万亿美元,但实际贷款净投资头寸仅为6716亿美元,价值重估造成的损失超过3500亿美元。

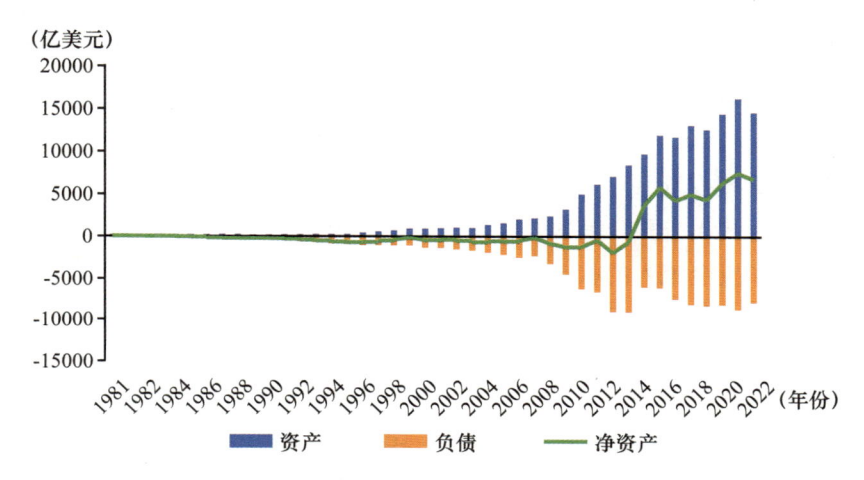

图 5-24 对外投资头寸中的贷款与贸易信贷(1981—2022年)

资料来源:外管局;国家资产负债表研究中心(CNBS)。

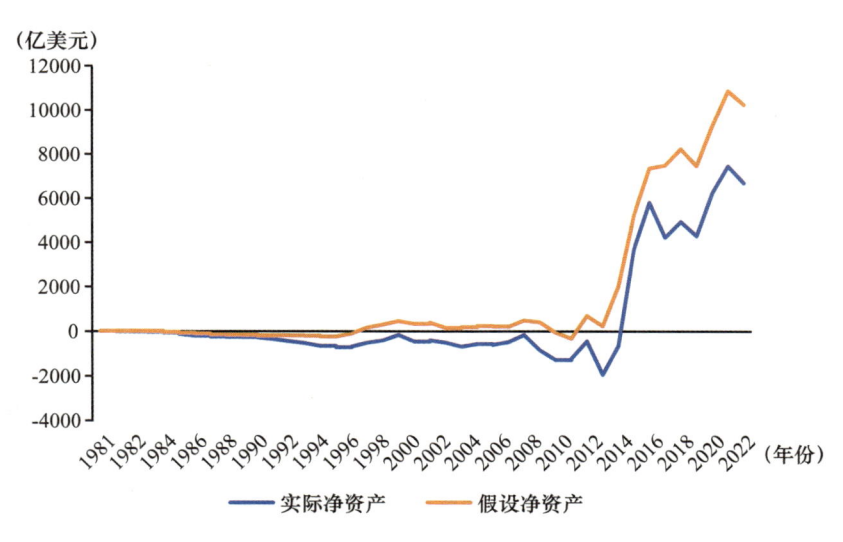

图 5-25 实际与假设的贷款净头寸(1981—2022年)

资料来源:外管局;国家资产负债表研究中心(CNBS)。

非储备资产

将对外证券类投资放在一起进行分析，1978—2022 年，中国由于股票投资所形成的累计资金净流入为 1938 亿美元，由债券投资所形成的资金净流出约为 178 亿美元，由货币和存款所形成的资金净流出约为 7400 亿美元，由贷款所形成的资金净流出约为 1.0 万亿美元，如表 5-3 所示。这反映了中国非官方对外资金流动最为显著的特征：除了由直接投资所形成的资金流入，在全部金融资产中，贷款是最重要的资金流出方式，其次是存款，债券所形成的资金流出极小，而股票则是净资金流入的状态。中国的对外资金结构与国内金融资产结构非常类似，都是以存款和贷款的形式持有资产，而股票和债券的净对外投资相对较少。

表 5-3　非储备资产中直接投资以外部分的净资金流入　　单位：亿美元

		1978—1992 年	1993—2012 年	2013—2022 年	1978—2022 年
证券	股票	—	1570	367	1938
	债券	40	-617	399	-178
其他投资	货币和存款	—	-2070	-5330	-7400
	贷款	196	-876	-9575	-10255
	其他	-250	-512	93	-670
加总		-14	-2505	-14046	-16565

资料来源：外管局；国家资产负债表研究中心（CNBS）。
注：贷款为银行贷款与贸易信贷的加总。

此外，也要看到非官方储备形式所形成的净资产受价值重估的影响非常大。1978—2022 年，中国非官方储备形式的资金净流出共计 1.66 万亿美元，但截至 2022 年年末，非官方储备资金的资产净值为 -868 亿美元。大量的资金流出非但没有形成净金融资产，反而还存在一定程度上的净金融负债。价值重估对中国对外账户所形成的净损失是非常庞大的，1978—2022 年累计达到 1.75 万亿美元。

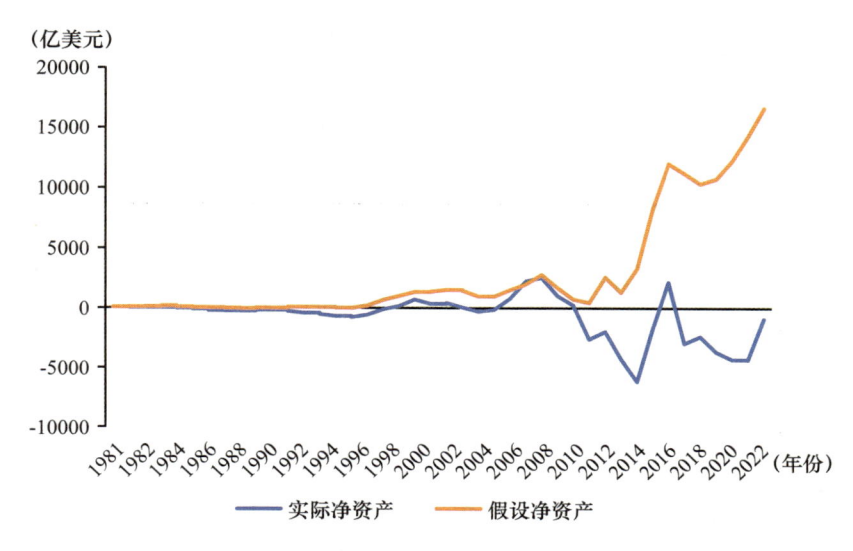

⑤ 融入世界经济：国外部门资产负债表 ·229·

图 5 – 26　实际与假设的非储备资产中直接投资外的净头寸（1981—2022 年）

资料来源：外管局；国家资产负债表研究中心（CNBS）。

国际收支平衡表的基本恒等式为：

经常账户 + 资本账户 + 金融账户 + 净误差与遗漏 = 0

一般分析中经常会将净误差与遗漏等同于热钱的流动方向。但根据国民核算规则，经常账户和金融账户分别来源于不同的经济活动，在初始核算上也是相互独立的，总会由于统计误差等方面的原因而形成一定的错误与遗漏，因此从原则上并不能将全部的净误差与遗漏项等同于热钱流动方向，也不能将这部分资金流出视为资本外逃。但如果横向对比中国和美国的"净误差与遗漏"项，也会发现，中国的数据在大部分时期存在系统性偏差。

图 5 – 27 展示了 1978—2022 年中国国际收支平衡表中的净误差与遗漏规模，可以看出，除了 2002—2008 年出现了短暂的资金净流入，其余大部分时期都是处于资金净流出的状态，1978—2022 年累计资金净流出超过 1.7 万亿美元。这部分资金流出并没有形成任何形式的对外金融资产，相当于对外净财富的损失。与前文所述的 1.75 万亿美元价值重估所带来的资产损失加在一起，全部损失的资产规模

超过3.4万亿美元，比现有的储备资产规模还要大。

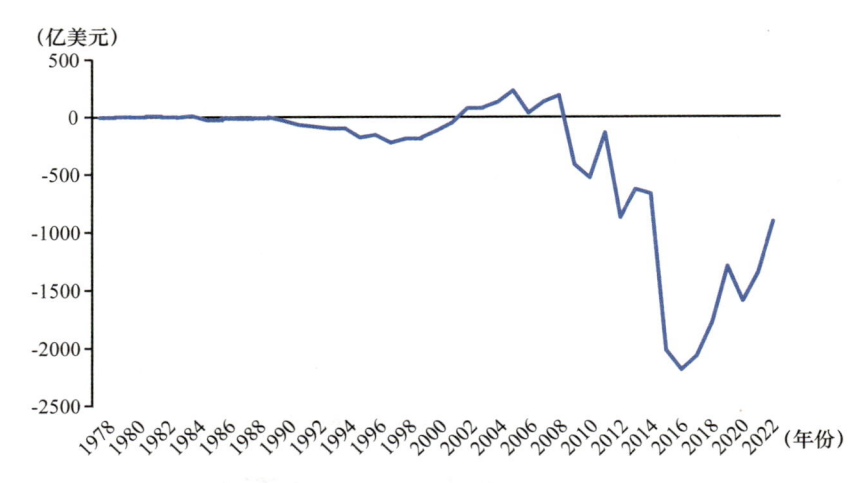

图 5-27　国际收支平衡表总的净误差与遗漏（1978—2022 年）

资料来源：外管局；国家资产负债表研究中心（CNBS）。

储备资产

根据国际收支平衡账户的恒等式，不考虑资本账户的情况下，经常账户所形成的顺差与直接投资账户所形成的顺差加总，一定等于金融账户下非储备金融净资产的上升与净储备资产的上升。中国长期以来都处于经常账户和直接投资账户双顺差的格局，由此也形成了非官方对外净金融财富和官方对外净储备的共同增长。其中由前文的分析可以看出，非储备资产并没有形成净头寸的积累，2022 年还处于对外净负债的状态。而储备资产则积累了大量的对外净头寸，2014 年年末达到3.9 万亿美元的规模，随后有所下降，2022 年年末为 3.3 万亿美元。中国对外储备资产中最主要的是外汇储备，2022 年年末为 3.1 万亿美元。

由于储备资产并不存在负债方，中国对外储备资产也主要以美元计价，其价值重估对当前储备资产存量的影响非常小。1982—2022 年，储备资产价值重估所造成的累计损失仅为 2873 亿美元

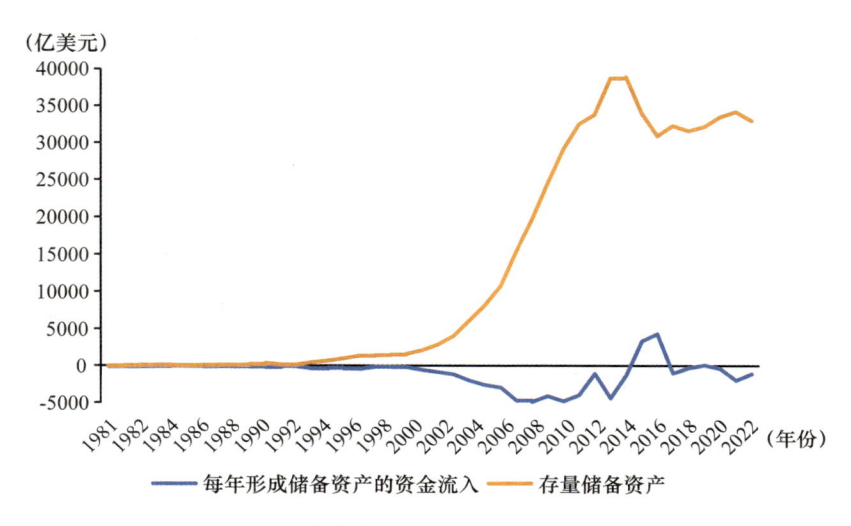

图 5-28　储备资产存量和流量（1981—2022 年）

资料来源：国家统计局；外管局；国家资产负债表研究中心（CNBS）。

注：这里的资金流入规模为负表示当年是资金净流出。资金流入导致储备资产下降，资金流出导致储备资产上升。

（其中 2022 年价值重估就造成了 2203 亿美元的损失）。但同时，也能看到 2015 年之后，官方储备资产经历了一次较大规模的下降，从 2014 年年末的 3.9 万亿美元下降到 2022 年年末的 3.3 万亿美元。其中，2015 年和 2016 年两年是储备资产下降的最主要时期，从流量上看，这两年储备资产的资金流入分别为 3429 亿美元和 4437 亿美元（国际收支平衡表中的资金流入对应着资产下降）。在此，本书从国际收支平衡表的角度来分析这两年中国储备资产大幅下降的原因。

首先，从经常账户和直接投资账户来看，2015—2016 年并未发生较大变化。这两年经常账户形成的顺差分别占到 GDP 的 2.8% 和 1.8%，均高于其前后几年的平均值。2015 年直接投资形成了 681 亿美元的净流入，2016 年直接投资形成了 417 亿美元的净流出。与 2014 年及之前普遍超过 1000 亿美元的每年资金净流入相比，2015 年之后直接投资产生的净流入下降了，甚至 2016 年出现了资金净流出，但直接投资无论是绝对规模还是与 GDP 之比都非常小，并不是外汇储备下降的主要原因。

其次，除直接投资以外的非储备资产出现了大幅资金流出。证券投资在 2015 年和 2016 年各流出 665 亿美元和 523 亿美元。在 2015 年之前及 2016 年之后的大部分时期中，证券投资都处于资金净流入的状态，但这两年，无论是股票市场，还是债券市场，都出现了较大规模的资金流出，由此消耗了部分外汇储备。值得注意的是，2022 年，中国债券市场再次出现了较大规模的资金流出，流出金额达到 2678 亿美元，尽管外汇储备在 2022 年没有下降，但证券投资所形成的资金流出对外汇储备形成一定压力。由存款、贷款等形式构成的其他投资导致的资金流出在 2015—2016 年也提高到较大规模，两年流出的规模分别为 4340 亿美元和 3167 亿美元。将证券投资和其他投资加总，2015—2016 年由除直接投资以外的非储备资产所产生的资金流出规模分别为 5005 亿美元和 3690 亿美元。资金由官方储备转为民间对外金融投资的形式，这是外汇储备在 2015—2016 年大幅下降的主要原因。

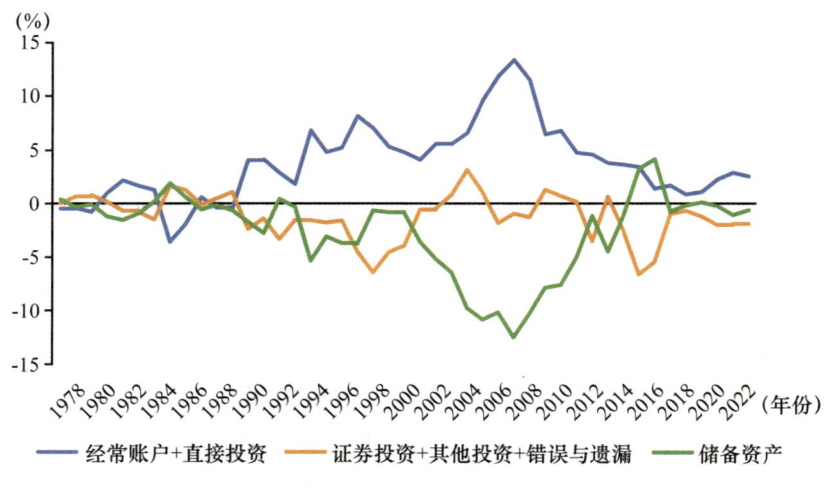

图 5–29　国际收支平衡表占 GDP 比重（1978—2022 年）

资料来源：国家统计局；外管局；国家资产负债表研究中心（CNBS）。

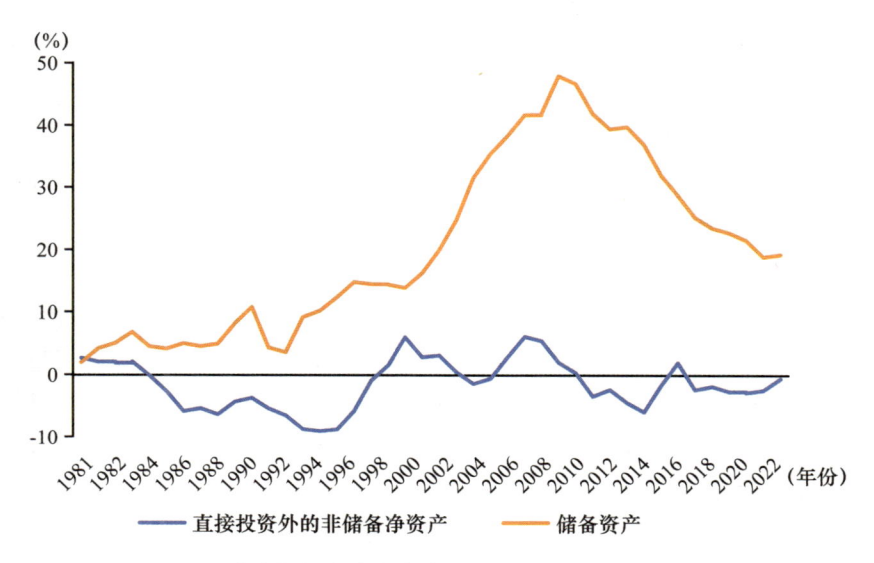

图 5-30　非直接投资类净资产占 GDP 比重（1981—2022 年）

资料来源：国家统计局；外管局；国家资产负债表研究中心（CNBS）。

最后，中国的净对外金融资产经历了较大规模的价值重估损失，虽然官方外汇储备转为民间的金融投资，但中国的非官方的实际投资头寸并未表现出显著上升。尽管 2015—2016 年中国直接投资外的非储备资产由负转正，但 2017 年后再次转为负头寸。从流量角度来看，似乎储备下降是藏汇于民的体现，外汇从官方账户转移到民间账户。但本书并未从国际投资头寸表中看到民间对外净金融资产的大幅上升，且 2011 年之后大部分时期都是对外净负债的状态。从账面上看，主要原因在于中国对外资产的估值损失，这体现了中国在国际金融市场中尚不具备明显的竞争优势。适当的资本管制，尤其是对金融市场的全球开放进程仍应予以谨慎应对。

5.6　结　语

在国外部门资产负债表编制的基础上，本章回顾了改革开放以来中国融入世界经济的进程，概括了对外账户的一些显著特征，以反映四十多年来具有中国特色的融入世界经济之路。

第一，经常账户和直接投资账户双顺差格局是中国经济增长的重要驱动力。从改革开放初期至今，与其他主要发达国家相比，中国经济最为显著的比较优势是劳动力素质相对较高、劳动力成本相对较低、居民储蓄率相对较高。这反映了中国人民勤劳、节俭、重视教育等多方面的传统美德。改革开放初期，中国与发达国家最大的差距在资本和技术领域，通过外商直接投资引入国外的资金、技术、先进企业管理水平等要素，极大地促进了中国的资本积累和技术进步，促进了经济增长。通过引入外商投资，大部分原先需要从国外进口的商品转为在国内生产，并转为中国的 GDP 和国民收入。进而，由于中国居民部门较高的储蓄率，部分产品无法在国内形成有效需求，而是要销售到其他国家，促进了贸易账户的顺差。由此形成了直接投资账户和贸易账户的双顺差格局。这一过程也相应激发了国内企业的技术进步，逐步增加了国产化比例，帮助中国实现赶超。随着中国经济从高速增长迈向高质量发展的新阶段，中国对外双顺差格局也可能会有所转变。从直接投资账户来看，随着中国对外投资的增加，直接投资净顺差规模将会下降；而随着国内消费市场的不断完善，对外贸易的净顺差增长的趋势也会有所扭转。

第二，长期的经常账户顺差形成了对外净财富的积累，中国从一个净债务国转为净债权国。近年来，虽然净财富积累速度有所下降，但总趋势仍是不断上升的。改革开放初期，中国对外净金融资产为正。随着中国对消费品和投资品进口需求的增加，随后几年中国持续出现经常账户的净逆差，1986 年对外净资产由正转负。再之后则是通过逐渐实现进口替代和出口导向的过程，1999 年，对外净资产再次转为正头寸。21 世纪以来，随着中国加入世界贸易组织，对外净财富迅速积累。截至 2022 年年末，中国的对外净财富达到 2.5 万亿美元，其中直接投资所形成的净资产为 -7007 亿美元，除直接投资以外的非储备净资产为 -868 亿美元，储备资产为 3.3 万亿美元。从财富积累的进程来看，1978—1992 年 15 年间对外总资产和总负债都快速增长，资产年均增速达到 37%，负债年均增速达到 50%，而负债主要以外商直接投资的方式进行积累，帮助中国完成了改革开放初期的资本积累。1993—2012 年 20 年间，中国加入世界贸易组织，进一步融入全球经济体系，对外资产和负债继续积累，资产年均增速为 24%，负债年均增速为 20%，对外净头寸由负转正，成为重要的净债权国。2013—2022 年 10 年间，中国经济迈入高质量发展阶段，通过"一带一路"倡议等方式实现了资产对外的转移，对外资产和负债增速进一步下降，资产和负债的年均增速分别为 6% 和 8%，对外净头寸仍是上升的。

第三，官方储备资产是中国对外净财富积累的主要形式。从总量上，如果只看 2015 年之前的表现，1978—2014 年，中国累计从经常账户和直接投资中所获得的资金流入共计 4.6 万亿美元，其中有 3.97 万亿美元形成了储备资产的增量，仅有 7077 亿美元形成了非储备资产（除直接投资）的增量。可见储备资产是最主要的对外财富形成方式。但 2015 年之后这一格局有所变化，2015—2022 年，中国累计从经常账户和直接投资中所获得的资金流入共计 2.3 万亿美元，其中有 2.65 万亿美元形成了非储备资产（除直接投资）的增量，而储备资产反而回流了 3785 亿美元。

第四，非储备形式的对外净资产体现出"正资产—负收益"悖论。中国非储备形式的对外资产以传统的存款和贷款为主，股票和债券投资的净资产并不高。2022 年年末，中国对外金融资产中，贷款（包括贸易信贷）规模为 1.46 万亿美元，存款规模为 5140 亿美元，股票规模为 5902 亿美元，债券规模为 4433 亿美元。对外资产中，贷款大于股票，大于存款，大于债券。而对外金融负债中，贷款（包括贸易信贷）规模为 7857 亿美元，存款规模为 5269 亿美元，股票规模为 1.12 万亿美元，债券规模为 6567 亿美元。对外负债中，股票大于贷款，大于债券，大于存款。中国的这一国际净金融资产结构与国内金融系统的结构非常类似，财富中的绝大部分比例是以存贷款形式存在，而股票投资和债券投资这类直接投资方式所形成的金融资产相对较小。这样的金融资产和负债结构导致资产方的收益水平相对较低，以固定收益为主；而负债方的收益水平较高，以权益类投资为主，国外资本充分分享了中国经济高速增长的红利。由此出现了对外净资产为正但净收益为负的悖论。

　　第五，价值重估对非储备金融资产造成了较大规模的净值损失，而对直接投资则是价值增值。1978—2022年，中国累计以储备资产形式的资金流出共计3.59万亿美元，以非储备资产（除直接投资）和错误与遗漏项形成的资金流出共计3.36万亿美元，二者相差不大。但截至2022年年末，中国储备资产规模为3.3万亿美元，而非储备资产（除直接投资）的净金融资产为－868亿美元。价值重估对非储备资产（除直接投资）造成了约3万亿美元的净资产损失。虽然人民币相对于美元升值是价值重估损失的重要因素，但如此大额的损失也反映了中国在国际金融市场中相对较弱的竞争力。中国对外直接投资则整体获得了价值重估的正收益，改革开放以来中国在直接投资的价值重估中共获得1.78万亿美元的正收益。

　　第六，居民海外资产配置从无到有，对风险资产配置的比例在上升。随着人均收入水平提高以及居民资产规模上升，居民海外资产配置需求也会上升。2010—2022年，中国持有的海外股票规模从630亿美元增长至5902亿美元，持有的海外债券从1941亿美元增长至4433亿美元，股票的增长规模远大于债券的增长规模。随着中国经济的快速增长和扩大对外开放，居民和企业获得更多的投资渠道。出于追求多元化收益、分散风险和资产保值增值等因素的考虑，中国居民不断提高海外风险资产配置需求，这是未来一个时期重要的趋势性变化。

附 录

中国国家资产负债表（1978—2022 年）

资料来源：国家资产负债表研究中心（CNBS）。

附表

中国国家资产负债表（1978—2022年）

单位：亿元

1978	居民部门 资产	居民部门 负债	非金融企业 资产	非金融企业 负债	金融部门 资产	金融部门 负债	政府部门 资产	政府部门 负债	国内合计 资产	国内合计 负债	国外部门 资产	国外部门 负债	合计 资产	合计 负债
一、非金融资产	1800		8218		61		10475		20554				20554	
二、金融资产与负债	463	149	1160	5008	1929	1990	3636		7188	7147	15	56	7203	7203
1.官方国际储备					27				27			27	27	27
（1）黄金					12				12			12	12	12
（2）外汇储备					14				14			14	14	14
2.现金与存款	456		656			1463	356		1468	1463	2	7	1470	1470
（1）通货	245		52			306	9		306	306			306	306
（2）库存现金	211		604			1157	347		1162	1157	2	7	1164	1164
（3）存款														
（4）准备金														
3.债券	7		3						10		1	11	11	11
4.贷款		149		1751	1903				1903	1900	10	12	1912	1912
（1）同业贷款		149		1751	1903				1903	1900	10	12	1912	1912
（2）央行贷款														
5.股权与投资基金				3257		25	3280		3280	3282	2		3282	3282
（1）股票														
（2）股权				3257		25	3280		3280	3282	2		3282	3282
（3）基金														
6.保险														
7.其他			501		1990	501			501	501			501	501
资产净值		2114		4370				14111		20596	15	-42		20554
资产、负债与资产净值总计	2263	2263	9378	9378	1990	1990	14111	14111	27742	27742	15	15	27757	27757

附录 中国国家资产负债表（1978—2022 年）

续表

1979	居民部门 资产	居民部门 负债	非金融企业 资产	非金融企业 负债	金融部门 资产	金融部门 负债	政府部门 资产	政府部门 负债	国内合计 资产	国内合计 负债	国外部门 资产	国外部门 负债	合计 资产	合计 负债
一、非金融资产	2130		9054		76		12580		23840				23840	
二、金融资产与负债	620	173	1295	5417	2140	2216	3849	35	7904	7841	29	92	7933	7933
1.官方国际储备					33				33			33	33	33
（1）黄金					12				12			12	12	12
（2）外汇储备					21				21			21	21	21
2.现金与存款	570		822			1728	344		1737	1728	5	13	1741	1741
（1）通货	289		61			361	11		361	361			361	361
（2）库存现金														
（3）存款	281		761			1367	334		1376	1367	5	13	1380	1380
（4）准备金														
3.债券	39		17					35	56	35	2	22	57	57
4.贷款		173		1929	2107				2107	2101	19	24	2126	2126
（1）贷款		173		1929	2107				2107	2101	19	24	2126	2126
（2）同业贷款														
（3）央行贷款														
5.股权与投资基金	11		27	3488		59	3505		3543	3547	4		3547	3547
（1）股票	11		27	3488		59	3505		3543	3547	4		3547	3547
（2）基金														
6.保险														
7.其他			429			429			429	429			429	429
资产净值		2577		4932				16394		23903		-63		23840
资产、负债与资产净值总计	2750	2750	10349	10349	2216	2216	16429	16429	31744	31744	29	29	31773	31773

续表

1980	居民部门 资产	居民部门 负债	非金融企业 资产	非金融企业 负债	金融部门 资产	金融部门 负债	政府部门 资产	政府部门 负债	国内合计 资产	国内合计 负债	国外部门 资产	国外部门 负债	合计 资产	合计 负债
一、非金融资产	2537		9955		93		14338		26924				26924	
二、金融资产与负债	853	242	1803	6191	2704	2797	4167	233	9527	9463	59	123	9586	9586
1. 官方国际储备					4				4			4	4	4
(1) 黄金					12				12			12	12	12
(2) 外汇储备					−8				−8		9	−8	−8	−8
2. 现金与存款	757		1007			2151	403		2168	2151	9	26	2177	2177
(1) 通货	362		77			452	14		452	452			452	452
(2) 库存现金														
(3) 存款	396		930			1699	390		1716	1699	9	26	1725	1725
(4) 准备金														
3. 债券	70		30					60	100	60	4	44	104	104
4. 贷款		242		2274	2700			173	2700	2689	38	49	2738	2738
(1) 贷款		242		2274	2700			173	2700	2689	38	49	2738	2738
(2) 同业贷款														
(3) 夹行贷款														
5. 股权与投资基金	25		61	3917		−59	3764		3849	3858	8		3858	3858
(1) 股票	25		61	3917		−59	3764		3849	3858	8		3858	3858
(2) 股权														
(3) 基金														
6. 保险						705				705			705	705
7. 其他			705						705				705	705
资产净值		3148		5568				18272		26988		−64		26924
资产、负债与资产净值总计	3390	3390	11759	11759	2797	2797	18505	18505	36451	36451	59	59	36510	36510

附录　中国国家资产负债表（1978—2022 年）

续表

1981	居民部门 资产	居民部门 负债	非金融企业 资产	非金融企业 负债	金融部门 资产	金融部门 负债	政府部门 资产	政府部门 负债	国内合计 资产	国内合计 负债	国外部门 资产	国外部门 负债	合计 资产	合计 负债
一、非金融资产	3015		10852		125		16470		30463				30463	
二、金融资产与负债	1074	274	2357	6744	3252	3377	4363	428	11045	10823	118	339	11163	11163
1. 官方国际储备					102				102			102	102	102
（1）黄金					12				12			12	12	12
（2）外汇储备					90				90			90	90	90
2. 现金与存款	944		1247			2642	485		2676	2642	18	52	2694	2694
（1）通货	421		89			526	16		526	526			526	526
（2）库存现金	523		1157				469		2149	2115	18	52	2168	2168
（3）存款						2115								
（4）准备金														
3. 债券	91		218					228	309	228	7	88	316	316
4. 贷款		274		2655	3150			200	3150	3129	76	97	3227	3227
（1）同业贷款		274		2655	3150			200	3150	3129	76	97	3227	3227
（2）央行贷款														
5. 股权与投资基金	39		95	4089	3377	−61	3878		4012	4028	16		4028	4028
（1）股票														
（2）股权	39		95	4089	3377	−61	3878		4012	4028	16		4028	4028
（3）基金														
6. 保险						797				797			797	797
7. 其他			797	6465					797					
资产净值		3815		13209				20405			−222			
资产、负债与资产净值总计	4089	4089	13209	13209	3377	3377	20833	20833	41508	41508	118	118	41626	41626

·242· 中国国家资产负债表（1978—2022）

续表

1982	居民部门 资产	居民部门 负债	非金融企业 资产	非金融企业 负债	金融部门 资产	金融部门 负债	政府部门 资产	政府部门 负债	国内合计 资产	国内合计 负债	国外部门 资产	国外部门 负债	合计 资产	合计 负债
一、非金融资产	3561		11704		161		18832		34258				34258	
二、金融资产与负债	1322	316	2504	7266	3726	3887	4732	493	12285	11962	184	506	12468	12468
1. 官方国际储备					230				230			230	230	230
（1）黄金					12				12			12	12	12
（2）外汇储备					218				218			218	218	218
2. 现金与存款	1138		1425			3057	525		3088	3057	29	61	3117	3117
（1）通货	463		98			579	17		579	579			579	579
（2）库存现金														
（3）存款	675		1327			2478	507		2510	2478	29	61	2539	2539
（4）准备金														
3. 债券	129		235					272	363	272	11	102	374	374
4. 贷款		316		2967	3496			220	3496	3504	120	113	3617	3617
（1）同业贷款														
（2）央行贷款		316		2967	3496			220	3496	3504	120	113	3617	3617
5. 股权与投资基金	55		133	4299		120	4208		4397	4419	23	1	4420	4420
（1）股票														
（2）股权	55		133	4299		120	4208		4397	4419	23	1	4420	4420
（3）基金														
6. 保险														
7. 其他			710	6942	3887	710		710	710			710	710	
资产净值	4568								34581		−323		34258	
资产、负债与资产净值总计	4884	4884	14208	14208	3887	3887	23564	23071	46543	46543	184	184	46727	46727

续表

1983	居民部门 资产	居民部门 负债	非金融企业 资产	非金融企业 负债	金融部门 资产	金融部门 负债	政府部门 资产	政府部门 负债	国内合计 资产	国内合计 负债	国外部门 资产	国外部门 负债	合计 资产	合计 负债
一、非金融资产	4209		12675		189		21160		38234				38234	
二、金融资产与负债	1677	374	2779	8109	4219	4408	5167	585	13841	13476	224	590	14066	14066
1. 官方国际储备					278				278			278	278	278
(1) 黄金					12				12			12	12	12
(2) 外汇储备					266				266			266	266	266
2. 现金与存款	1435		1572			3595	622		3629	3595	34	68	3663	3663
(1) 通货	542		115			678	20		678	678			678	678
(2) 库存现金	893		1457				602		2951		34	68	2986	2986
(3) 存款						2918				2918				
(4) 准备金														
3. 债券	165		274					338	439	338	13	114	452	452
4. 贷款		374		3336	3940			247	3940	3957	143	127	4083	4083
(1) 贷款		374		3336	3940			247	3940	3957	143	127	4083	4083
(2) 同业贷款														
(3) 央行贷款														
5. 股权与投资基金	77		186	4774		66	4545		4808	4840	34	2	4842	4842
(1) 股票	77		186	4774		66	4545		4808	4840	34	2	4842	4842
(2) 股权														
(3) 基金														
6. 保险														
7. 其他			746		4408	746			746	746			746	746
资产净值		5513		7344				25742		38599		-365		38234
资产、负债与资产净值总计	5886	5886	15454	15454	4408	4408	26328	26328	52075	52075	224	224	52299	52299

续表

1984	居民部门 资产	居民部门 负债	非金融企业 资产	非金融企业 负债	金融部门 资产	金融部门 负债	政府部门 资产	政府部门 负债	国内合计 资产	国内合计 负债	国外部门 资产	国外部门 负债	合计 资产	合计 负债
一、非金融资产	5000		14183		243		24836		44261				44261	
二、金融资产与负债	2459	700	4032	10139	5541	5784	5665	712	17697	17335	422	783	18119	18119
1. 官方国际储备					276				276			276	276	276
(1) 黄金					12				12			12	12	12
(2) 外汇储备					264				264			264	264	264
2. 现金与存款	2108		2236			4913	618		4962	4913	61	110	5023	5023
(1) 通货	893		190			1117	34		1117	1117			1117	1117
(2) 存款	1215		2046			3796	585		3845	3796	61	110	3906	3906
(3) 库存现金														
(4) 准备金	237		323					398	560	398	24	185	584	584
3. 债券								313		313		205		205
4. 贷款		700		4300	5265				5265	5314	254	205	5519	5519
(1) 贷款		700		4300	5265				5265	5314	254	205	5519	5519
(2) 同业贷款														
(3) 央行贷款														
5. 股权与投资基金	114		275	5839		−327	5047		5436	5512	83	6	5519	5519
(1) 股票	114		275	5839		−327	5047		5436	5512	83	6	5519	5519
(2) 股权														
(3) 基金														
6. 保险														
7. 其他			1198			1198			1198	1198		1	1198	1198
资产净值		6758		8075				29790		44623		−362		44261
资产、负债与资产净值总计	7459	7459	18214	18214	5784	5784	30502	30502	61958	61958	422	422	62380	62380

附录　中国国家资产负债表（1978—2022年）

续表

1985	居民部门 资产	居民部门 负债	非金融企业 资产	非金融企业 负债	金融部门 资产	金融部门 负债	政府部门 资产	政府部门 负债	国内合计 资产	国内合计 负债	国外部门 资产	国外部门 负债	合计 资产	合计 负债
一、非金融资产	6339		16776		492		28511		52118				52118	
二、金融资产与负债	2972	786	3770	13499	10375	10868	8919	883	26036	26035	666	667	26702	26702
1. 官方国际储备					105				105			105	105	105
(1) 黄金					12				12			12	12	12
(2) 外汇储备					93				93			93	93	93
2. 现金与存款	2706		2555		891	6902	771		6923	6902	96	118	7019	7019
(1) 通货	1084		230			1355	41		1355	1355			1355	1355
(2) 库存现金														
(3) 存款	1623		2325		891	4656	730		4678	4656	96	118	4774	4774
(4) 准备金					891				891	891			891	891
3. 债券	87		263		275			463	624	463	37	198	662	662
4. 贷款		786		5813	9104	2267		419	9104	9285	401	220	9505	9505
(1) 贷款		786		5813	6837			419	6837	7018	401	220	7238	7238
(2) 同业贷款														
(3) 央行贷款					2267	2267			2267	2267			2267	2267
5. 股权与投资基金	179		432	7686		1181	8148		8760	8867	131	25	8891	8891
(1) 股票														
(2) 股权	179		432	7686		1181	8148		8760	8867	131	25	8891	8891
(3) 基金														
6. 保险														
7. 其他			519	7047		518			519	518		1	519	519
资产净值		8524		7047				36548		52119		-1		52118
资产、负债与资产净值总计	9311	9311	20546	20546	10868	10868	37430	37430	78154	78154	666	666	78820	78820

续表

1986	居民部门 资产	居民部门 负债	非金融企业 资产	非金融企业 负债	金融部门 资产	金融部门 负债	政府部门 资产	政府部门 负债	国内合计 资产	国内合计 负债	国外部门 资产	国外部门 负债	合计 资产	合计 负债
一、非金融资产	7566		19489		632		33330		61017				61017	
二、金融资产与负债	3863	1109	5023	16559	13316	13948	10094	1069	32296	32685	1119	730	33415	33415
1. 官方国际储备					50				50			50	50	50
(1) 黄金					12				12			12	12	12
(2) 外汇储备					38				38			38	38	38
2. 现金与存款	3556		3378		1123	8863	787		8844	8863	159	140	9003	9003
(1) 通货	1318		280			1647	49		1647	1647			1647	1647
(2) 库存现金	2238		3098			6093	738		6074	6093	159	140	6233	6233
(3) 存款					1123	1123			1123	1123			1123	1123
(4) 准备金	68		260		370			525	698	525	62	235	760	760
3. 债券				7696	11772	2824		545	11772	12173	662	261	12434	12434
4. 贷款		1109		7696	8948			545	8948	9349	662	261	9610	9610
(1) 同业贷款		1109			2824	2824			2824	2824			2824	2824
(2) 央行贷款	239		577	8864		1453	9307		10123	10317	236	43	10360	10360
5. 股权与投资基金	239		577	8864		1453	9307		10123	10317	236	43	10360	10360
(1) 股票														
(2) 股权														
(3) 基金														
6. 保险						808				808				808
7. 其他		10320	808	7953	13948			42355	808	60628		389	808	61017
资产净值	11429		24512				43424		93314		1119		94432	
资产、负债与资产净值总计	11429	11429	24512	24512	13948	13948	43424	43424	93314	93314	1119	1119	94432	94432

附录 中国国家资产负债表（1978—2022年） ·247·

续表

1987	居民部门 资产	居民部门 负债	非金融企业 资产	非金融企业 负债	金融部门 资产	金融部门 负债	政府部门 资产	政府部门 负债	国内合计 资产	国内合计 负债	国外部门 资产	国外部门 负债	合计 资产	合计 负债
一、非金融资产	8518		22487		752		38677		70434				70434	
二、金融资产与负债	4764	1450	5915	19734	15582	16334	11778	1287	38039	38804	1618	853	39657	39657
1. 官方国际储备					144				144			144	144	144
（1）黄金					12				12			12	12	12
（2）外汇储备					132				132			132	132	132
2. 现金与存款	4430		3955		1198	10511	831		10414	10511	237	140	10651	10651
（1）通货	1347		286			1684	51		1684	1684			1684	1684
（2）库存现金														
（3）存款	3083		3669			7629	781		7533	7629	237	140	7769	7769
（4）准备金					1198	1198			1198	1198			1198	1198
3. 债券	15		253		515			639	783	639	92	236	875	875
4. 贷款		1450		9350	13725	3001		648	13725	14449	986	262	14711	14711
（1）贷款		1450		9350	10724			648	10724	11448	986	262	11710	11710
（2）同业贷款														
（3）央行贷款					3001	3001			3001	3001			3001	3001
5. 股权与投资基金	319		769	10384		1885	10947		12035	12269	303	69	12338	12338
（1）股票	319		769	10384		1885			769	10384				
（2）股权							10947		12035	12269	303	69	12338	12338
（3）基金														
6. 保险														
7. 其他			938	8668		938		49169	938	69669		1	938	938 766 1618 70434
资产净值	11832													
资产、负债与资产净值总计	13282	13282	28402	28402	16334	16334	50455	50455	108473	108473	1618	1618	110091	110091

·248· 中国国家资产负债表（1978—2022）

续表

1988	居民部门 资产	居民部门 负债	非金融企业 资产	非金融企业 负债	金融部门 资产	金融部门 负债	政府部门 资产	政府部门 负债	国内合计 资产	国内合计 负债	国外部门 资产	国外部门 负债	合计 资产	合计 负债
一、非金融资产	10290		27656		914		48538		87398				87398	
二、金融资产与负债	6334	1309	6932	24974	18909	19824	14656	1648	46832	47755	2017	1094	48849	48849
1. 官方国际储备					170				170			170	170	170
(1) 黄金					12				12			12	12	12
(2) 外汇储备					158				158			158	158	158
2. 现金与存款	5701		4881		1350	12797	757		12689	12797	284	176	12973	12973
(1) 通货	1882		400			2352	71		2352	2352			2352	2352
(2) 库存现金														
(3) 存款	3819		4481		1350	9095	687		8987	9095	284	176	9271	9271
(4) 准备金					1350	1350			1350	1350			1350	1350
3. 债券	177		340		577	86		823	1094	909	111	296	1205	1205
4. 贷款		1309		11839	16812	3694		825	16812	17667	1184	328	17996	17996
(1) 贷款		1309		11839	13118			825	13118	13973	1184	328	14302	14302
(2) 同业贷款														
(3) 央行贷款					3694	3694			3694	3694			3694	3694
5. 股权与投资基金	456		1100	13135		2637	13899		15454	15772	439	121	15893	15893
(1) 股票	456		1100	13135		2637	13899		15454	15772	439	121	15893	15893
(2) 股权														
(3) 基金														
6. 保险						610				610		2	612	612
7. 其他	612				19824			61546	612	86475	2017	923	136247	87398
资产净值		15315		9614										
资产、负债与资产净值总计	16624	16624	34588	34588	19824	19824	63194	63194	134230	134230	2017	2017	136247	136247

附录　中国国家资产负债表（1978—2022年）

续表

1989	居民部门 资产	居民部门 负债	非金融企业 资产	非金融企业 负债	金融部门 资产	金融部门 负债	政府部门 资产	政府部门 负债	国内合计 资产	国内合计 负债	国外部门 资产	国外部门 负债	合计 资产	合计 负债
一、非金融资产	12156		32588		1127		55183		101055				101055	
二、金融资产与负债	7977	1017	7966	29520	23200	24327	16719	2188	55862	57052	2691	1501	58553	58553
1.官方国际储备					277				277			277	277	277
(1) 黄金					12				12			12	12	12
(2) 外汇储备					265				265			265	265	265
2.现金与存款	7060		5217		1854	15289	1013		15144	15289	382	237	15526	15526
(1) 通货	1875		398			2344	70		2344	2344			2344	2344
(2) 库存现金														
(3) 存款	5184		4819			11091	943		10946	11091	382	237	11328	11328
(4) 准备金					1854	1854			1854	1854			1854	1854
3.债券	276		429		707	81		1082	1412	1162	148	398	1560	1560
4.贷款		1017		14822	20306	4591		1025	20306	21455	1591	441	21896	21896
(1) 贷款		1017		14822	15715			1025	15715	16864	1591	441	17305	17305
(2) 同业贷款					4591	4591			4591	4591			4591	4591
(3) 央行贷款					57	3343	15706		17614	18040	570	144	18184	18184
5.股权与投资基金	559		1292	14697	57	3261	15624		17533	17959	570	144	18103	18103
(1) 股票	559		1292	14697										
(2) 股权														
(3) 基金	82		1028			82	82	82	82	82			82	82
6.保险	82												82	82
7.其他			1028			1023		82	1028	1023		4	1028	1028
资产净值		19116		11035				69714		99865		1190		101055
资产、负债与资产净值总计	20133	20133	40555	40555	24327	24327	71902	71902	156917	156917	2691	2691	159608	159608

续表

1990	居民部门 资产	居民部门 负债	非金融企业 资产	非金融企业 负债	金融部门 资产	金融部门 负债	政府部门 资产	政府部门 负债	国内合计 资产	国内合计 负债	国外部门 资产	国外部门 负债	合计 资产	合计 负债
一、非金融资产	15159		37371		1458		65562		119549				119549	
二、金融资产与负债	10459	1284	10520	34315	29520	30978	18021	2583	68520	69159	3579	2940	72099	72099
1.官方国际储备					611				611			611	611	611
(1)黄金					12				12			12	12	12
(2)外汇储备					599				599			599	599	599
2.现金与存款	9150		6714		2805	19827	1103		19772	19827	520	466	20292	20292
(1)通货	2116		450			2644	79		2644	2644			2644	2644
(2)库存现金														
(3)存款	7034		6265			14377	1024	1209	14323	14377	520	466	14843	14843
(4)准备金					2805	2805			2805	2805			2805	2805
3.债券	521		539		838	108	1898	1257	1898	1317	202	783	2100	2100
4.贷款		1284		18392	25189	5554		1257	25189	26487	2165	868	27354	27354
(2)贷款		1284		18392	19635				19635	20933	2165	868	21800	21800
(3)同业贷款					5554	5554			5554	5554			5554	5554
5.股权与投资基金	671		1542	15923	76	3772	16918		19208	19695	693	205	19900	19900
(1)股票	671		1542	15923	76	3654	16801		19090	19577	693	205	19783	19783
(2)基金						117	117		117	117			117	117
(3)保险	117													
6.其他			1724			1717			1724	1717		7	1724	1724
7.资产净值		24333		13576				81000		118910		640		119549
资产、负债与资产净值 总计	25617	25617	47891	47891	30978	30978	83583	83583	188069	188069	3579	3579	191648	191648

附录 中国国家资产负债表（1978—2022 年）

续表

1991	居民部门 资产	居民部门 负债	非金融企业 资产	非金融企业 负债	金融部门 资产	金融部门 负债	政府部门 资产	政府部门 负债	国内合计 资产	国内合计 负债	国外部门 资产	国外部门 负债	合计 资产	合计 负债
一、非金融资产	19147		43454		1850		72086		136537				136537	
二、金融资产与负债	13106	1612	12853	41430	36404	38254	21591	2784	83954	84080	4139	4014	88093	88093
1. 官方国际储备					1240				1240			1240	1240	1240
（1）黄金					12				12			12	12	12
（2）外汇储备					1228				1228			1228	1228	1228
2. 现金与存款	11649		8560		3841	25443	1353		25403	25443	589	549	25992	25992
（1）通货	2542		540			3178	95		3178	3178			3178	3178
（2）库存现金														
（3）存款	9107		8020		3841	18424	1258	1104	18384	18424	589	549	18973	18973
（4）准备金						3841			3841	3841			3841	3841
3. 债券	397		446		1105	149		1511	1947	1252	229	924	2176	2176
4. 贷款		1612		21959	30092	6441		1511	30092	31522	2454	1024	32546	32546
（1）同业贷款		1612		21959	23651				23651	25081	2454	1024	26105	26105
（2）央行贷款					6441	6441			6441	6441			6441	6441
5. 股权与投资基金	890		2014	19471	127	4401	20238		23269	23873	867	263	24136	24136
（1）股票	9		14	111	1				24	111	87		111	111
（2）股权	881		2000	19360	126	4232	20068		23075	23592	780	263	23855	23855
（3）基金						170	170		170	170			170	170
6. 保险	170					1820		170	170	1820			170	170
7. 其他		30642	1833	14876				90893	1833	136411		13	1833	1833
资产净值	32253		56307		38254		93677		220490		4139	126	224630	136537
资产、负债与资产净值 总计	32253		56307		38254		93677		220490	220490	4139	4139	224630	224630

· 252 · 中国国家资产负债表（1978—2022）

续表

1992	居民部门 资产	居民部门 负债	非金融企业 资产	非金融企业 负债	金融部门 资产	金融部门 负债	政府部门 资产	政府部门 负债	国内合计 资产	国内合计 负债	国外部门 资产	国外部门 负债	合计 资产	合计 负债
一、非金融资产	23021		53232		2279		86415		164946				164946	
二、金融资产与负债	17245	2051	16080	52254	42826	45106	25509	3288	101660	102699	5538	4499	107198	107198
1. 官方国际储备					1114				1114			1114	1114	1114
(1) 黄金					12				12			12	12	12
(2) 外汇储备					1102				1102			1102	1102	1102
2. 现金与存款	14975		11840		3967	31986	1081		31862	31986	751	627	32613	32613
(1) 通货	3430		763			4336	143		4336	4336			4336	4336
(2) 库存现金														
(3) 存款	11545		11077		3967	23683	937		23559	23683	751	627	24310	24310
(4) 准备金					3967	3967			3967	3967			3967	3967
3. 债券	504		477		1282	300		1200	2263	1500	292	1055	2555	2555
4. 贷款		2051		26820	36262	7515		1835	36262	38221	3128	1169	39390	39390
(1) 同业贷款					28747				28747					
(2) 同业贷款		2051		26820	28747			1835	28747	30706	3128	1169	31875	31875
(3) 央行贷款					7515	7515			7515	7515			7515	7515
5. 股权与投资基金	1514		3239	25435	201	4800	24428		29382	30235	1367	514	30749	30749
(1) 股票	263		394	786	28				685	786	101		786	786
(2) 股权	1251		2845	24649	173	4548	24175		28444	29196	1266	514	29710	29710
(3) 基金						253	253		253	253			253	253
6. 保险	253								253	253			253	253
7. 其他			524			505		253	524	505		19	524	524
资产净值	38214		17057				108636		163907			1039	164946	
资产、负债与资产净值总计	40266	40266	69311	69311	45106	45106	111923	111923	266606	266606	5538	5538	272144	272144

附录　中国国家资产负债表（1978—2022 年）

续表

1993	居民部门 资产	居民部门 负债	非金融企业 资产	非金融企业 负债	金融部门 资产	金融部门 负债	政府部门 资产	政府部门 负债	国内合计 资产	国内合计 负债	国外部门 资产	国外部门 负债	合计 资产	合计 负债
一、非金融资产	29419		70646		3055		105377		208497				208497	
二、金融资产与负债	23972	2510	23349	70701	57722	60777	30663	4178	135705	138166	7876	5415	143582	143582
1. 官方国际储备					1444				1444			1444	1444	1444
（1）黄金					12				12			12	12	12
（2）外汇储备					1432				1432			1432	1432	1432
2. 现金与存款	19616		16268		5991	43512	1404		43279	43512	899	666	44178	44178
（1）通货	4593		1087			5865	185		5865	5865			5865	5865
（2）库存现金					450	450			450	450			450	450
（3）存款	15024		13889		5541	30365	1219		30132	30365	899	666	31031	31031
（4）准备金			1292		1725	6833			6833	6833			6833	6833
3. 债券	411		478	5	1725	323		1516	2615	1844	350	1121	2965	2965
4. 贷款		2510		34873	47099	9861		2358	47099	49602	3745	1242	50844	50844
（1）贷款		2510		34191	36556			2358	36556	39059	3745	1242	40301	40301
（2）同业贷款				682	9861	9861			10544	10544			10544	10544
（3）央行贷款					10544									
5. 股权与投资基金	3159		5299	35743	1357	5315	29258		39074	41057	2803	819	41877	41877
（1）股票	1101		1652	3437	442		3195		3437		242		3437	3437
（2）股权	1786		3466	32306	843	4484	28955		35049	36790	2561	819	37610	37610
（3）基金	272		181		73	830	304		830	830			830	830
6. 保险	785				106	481			785	785			785	785
7. 其他			1303	81		1286		304	1409	1366	81	123	1489	1489
资产净值	50881		23294					131862		206036		2461		208497
资产、负债与资产净值总计	53391	53391	93995	93995	60777	60777	136039	136039	344203	344203	7876	7876	352079	352079

续表

1994	居民部门 资产	居民部门 负债	非金融企业 资产	非金融企业 负债	金融部门 资产	金融部门 负债	政府部门 资产	政府部门 负债	国内合计 资产	国内合计 负债	国外部门 资产	国外部门 负债	合计 资产	合计 负债
一、非金融资产	37132		86234		4125		133738		261229				261229	
二、金融资产与负债	32981	70113	28973	91703	72365	76490	37196	5788	171515	175281	14203	10437	185718	185718
1. 官方国际储备					4276				4276			4276	4276	4276
（1）黄金					12				12			12	12	12
（2）外汇储备					4264				4264			4264	4264	4264
2. 现金与存款	27216		21603		8064	59251	1919		58801	59251	1531	1081	60333	60333
（1）通货	5697		1392			7289	199		7289	7289			7289	7289
（2）库存现金					595	595			595	595			595	595
（3）存款	21518	1300	18345		7468	42033	1720		41584	42033	1531	1081	43115	43115
（4）准备金			1866		1947	9334			9334	9334			9334	9334
3. 债券	941		948	5	1947	182		2427	3837	2614	595	1819	4433	4433
4. 贷款		1300		45784	56436	10721		2995	56436	60800	6380	2015	62816	62816
（1）同业贷款				45056	44987			2995	44987	49351	6380	2015	51366	51366
（2）央行贷款				728	11449	10721			11449	11449			11449	11449
5. 股权与投资基金	3881		6790	45762	1467	6151	35277		47415	51913	5545	1047	52960	52960
（1）股票	1110		1665	3610	381				3156	3610	454		3610	3610
（2）股权	2458		4915	42152	1014	5190	34911		43298	47342	5091	1047	48389	48389
（3）基金	314		209		72	961	366		961	961			961	961
6. 保险	942				175	576		366	942	942			942	942
7. 其他		68813	−368	151		−391			−193	−239	151	198	−41	−41
资产净值	70113		23504				165146		257463		3766		261229	
资产、负债与资产净值总计	70113	70113	115207	115207	76490	76490	170934	170934	432743	432743	14203	14203	446946	446946

附录　中国国家资产负债表（1978—2022 年）

续表

1995	居民部门 资产	居民部门 负债	非金融企业 资产	非金融企业 负债	金融部门 资产	金融部门 负债	政府部门 资产	政府部门 负债	国内合计 资产	国内合计 负债	国外部门 资产	国外部门 负债	合计 资产	合计 负债
一、非金融资产	52250		102843		5263		167235		327591				327591	
二、金融资产与负债	43768	1741	36034	113124	89416	94679	42985	7773	212203	217318	17925	12811	230128	230128
1. 官方国际储备					6523				6523			6523	6523	6523
(1) 黄金					12				12			12	12	12
(2) 外汇储备					6511				6511			6511	6511	6511
2. 现金与存款	35823		27413		10361	76414	2127		75724	76414	1772	1083	77496	77496
(1) 通货	6160		1520			7885	205		7885	7885			7885	7885
(2) 库存现金					689	689			689	689			689	689
(3) 存款	29662		23380		9673	55654	1923		54965	55654	1772	1083	56737	56737
(4) 准备金			2513			12186			12186	12186			12186	12186
3. 债券	2179		1461	1	2191	1222		3477	5831	4700	689	1821	6520	6520
4. 贷款		1741		56866	68713	11692		3780	68713	74079	7383	2018	76096	76096
(1) 同业贷款						11692								
(2) 央行贷款		1741		56186	56341			3780	56341	61707	7383	2018	63724	63724
5. 股权与投资基金	4637		8465	680	12372	6075	40858		55440	62189	7938	1190	63378	63378
(1) 股票	1072		1609	56114	1481				2984	3413	429		3413	3413
(2) 股权	3201		6614	3413	303	4885	40341		51266	57586	7510	1190	58775	58775
(3) 基金	363		242	52701	1110	1190	517		1190	1190			1190	1190
6. 保险	1130				68	613		517	1130	1130			1130	1130
7. 其他			-1306	143	146	-1336			-1159	-1193	143	177	-1017	-1017
资产净值	94277		25753				202447		322477		5114		327591	
资产、负债与资产净值总计	96018	96018	138877	138877	94679	94679	210220	210220	539794	539794	17925	17925	557719	557719

续表

1996	居民部门 资产	居民部门 负债	非金融企业 资产	非金融企业 负债	金融部门 资产	金融部门 负债	政府部门 资产	政府部门 负债	国内合计 资产	国内合计 负债	国外部门 资产	国外部门 负债	合计 资产	合计 负债
一、非金融资产	69209		119961		6728		180538		376436				376436	
二、金融资产与负债	58660	2199	45037	137761	111476	118205	47580	9976	262752	268141	21655	16267	284408	284408
1. 官方国际储备					9342				9342			9342	9342	9342
(1) 黄金					12				12			12	12	12
(2) 外汇储备					9330				9330			9330	9330	9330
2. 现金与存款	45499		33719		14988	97412	2457		96663	97412	1928	1179	98591	98591
(1) 通货	6978		1610			8802	214		8802	8802			8802	8802
(2) 库存现金					633				633	633			633	633
(3) 存款	38521		29011			70523	2243		69775	70523	1928	1179	71702	71702
(4) 准备金			3099		14355	17454			17454	17454			17454	17454
3. 债券	4451		2490	10	2123	3107		4714	9064	7831	750	1983	9813	9813
4. 贷款		2199		67649	83215	14636		4566	83215	89050	8033	2197	91247	91247
(1) 同业贷款		2199		66990	67920			4566	67920	73755	8033	2197	75952	75952
(2) 央行贷款				659	15295	14636			15295	15295			15295	15295
5. 股权与投资基金	7353		13077	69879	1589	6697	45122		67142	76576	10722	1288	77864	77864
(1) 股票	3326		4989	9631	647	9631			8962	9631	670		9631	9631
(2) 股权	3603		7806	60248	887	5239	44426		56723	65487	10052	1288	66775	66775
(3) 基金	424		283		55	1458	696		1458	1458			1458	1458
6. 保险	1356					660		696	1356	1356			1356	1356
7. 其他			−4250	223	220	−4307			−4029	−4084	223	278	−3806	−3806
资产净值	125670		27236					218141	371047			5389	376436	
资产、负债与资产净值 总计	127869	127869	164997	164997	118205	118205	228117	228117	639188	639188	21655	21655	660843	660843

续表

1997	居民部门 资产	居民部门 负债	非金融企业 资产	非金融企业 负债	金融部门 资产	金融部门 负债	政府部门 资产	政府部门 负债	国内合计 资产	国内合计 负债	国外部门 资产	国外部门 负债	合计 资产	合计 负债
一、非金融资产	91438		134735		8127		189762		424062				424062	
二、金融资产与负债	72837	3701	58193	165748	136753	144880	56194	11996	323976	326325	25699	23350	349675	349675
1. 官方国际储备					12661				12661			12661	12661	12661
(1) 黄金					12				12			12	12	12
(2) 外汇储备					12649				12649			12649	12649	12649
2. 现金与存款	54480		40858		16918	115215	2662		114918	115215	2190	1892	117107	117107
(1) 通货	8200		1749			10178	228		10178	10178			10178	10178
(2) 库存现金					804	804			804	804			804	804
(3) 存款	46280		35572		16115	84582	2433		84285	84582	2190	1892	86474	86474
(4) 准备金			3537		19652	19652			19652	19652			19652	19652
3. 债券	7319		3700	39	3037	6039		5649	14057	11727	851	3182	14909	14909
4. 贷款		3701		80507	100557	16430		5515	100557	106154	9123	3526	109680	109680
(1) 贷款		3701		80336	83955	16430		5515	83955	89552	9123	3526	93079	93079
(2) 同业贷款				171	16601				16601	16601			16601	16601
(3) 央行贷款														
5. 股权与投资基金	9410		15433	84941	3011	8313	53532		81387	93254	13272	1405	94659	94659
(1) 股票	5816		8724	17089	1763				16303	17089	787		17089	17089
(2) 股权	3133		6402	67851	1156	6620	52700		63390	74471	12486	1405	75876	75876
(3) 基金	461		308		93	1694	832		1694	1694			1694	1694
6. 保险	1628				568	796		832	1628	1628			1628	1628
7. 其他			-1799	262		-1914			-1231	-1651	262	683	-969	-969
资产净值	164274	160573	192928	27180	144880		245956	233960	748038	421713	25699	2349	773737	424062
资产、负债与资产净值总计	164274	164274	192928	192928	144880	144880	245956	245956	748038	748038	25699	25699	773737	773737

续表

1998	居民部门 资产	居民部门 负债	非金融企业 资产	非金融企业 负债	金融部门 资产	金融部门 负债	政府部门 资产	政府部门 负债	国内合计 资产	国内合计 负债	国外部门 资产	国外部门 负债	合计 资产	合计 负债
一、非金融资产	106263		146327		8976		197212		458779				458779	
二、金融资产与负债	86494	4916	65557	183449	150351	159327	62706	17521	365107	365214	27322	27216	392430	392430
1. 官方国际储备					13100				13100			13100	13100	13100
(1) 黄金					12				12				12	12
(2) 外汇储备					13088				13088			13088	13088	13088
2. 现金与存款	62458		47769		15605	129123	3721		129553	129123	2150	2579	131702	131702
(1) 通货	9051		1846			11204	248		11144	11204	60		11204	11204
(2) 库存现金					860				860				860	860
(3) 存款	53408		41396			97788	3473		98277	97788	2090	2579	100367	100367
(4) 准备金			4527		14745				19271	19271			19271	19271
3. 债券	11921		5796	97	3989	7696		10410	21705	18204	836	4338	22541	22541
4. 贷款		4916		90669	113776	16021		6320	113776	117926	8957	4807	122732	122732
(1) 贷款		4916		90565	97651			6320	97651	101801	8957	4807	106608	106608
(2) 同业贷款														
(3) 央行贷款				104	16125	16021			16125	16125			16125	16125
5. 股权与投资基金	10162		16338	92521	3421	9827	58985		88906	102348	15218	1776	104124	104124
(1) 股票	6572		9858	19036	2121				18551	19036	486		19036	19036
(2) 股权	3015		6096	73485	1176	7953	58194		68481	81437	14732	1776	83213	83213
(3) 基金	576		384		124	1874	791		1874	1874			1874	1874
6. 保险	1953				460	1162		791	1953	1953			1953	1953
7. 其他		187841	-4346	162		-4502			-3885	-4340	162	617	-3723	-3723
资产净值	192757		211884		159327		242397		458673			106	458779	
资产、负债与资产净值总计	192757	192757	211884	211884	159327	159327	259918	259918	823887	823887	27322	27322	851209	851209

附录　中国国家资产负债表（1978—2022年）

续表

1999	居民部门 资产	居民部门 负债	非金融企业 资产	非金融企业 负债	金融部门 资产	金融部门 负债	政府部门 资产	政府部门 负债	国内合计 资产	国内合计 负债	国外部门 资产	国外部门 负债	合计 资产	合计 负债
一、非金融资产	121143		157619		10542		198308		487613				487613	
二、金融资产与负债	93664	6566	82739	204743	187154	197696	69966	23024	433523	432029	29780	31274	463303	463303
1. 官方国际储备					14073				14073			14073	14073	14073
（1）黄金					12				12			12	12	12
（2）外汇储备					14061				14061			14061	14061	14061
2. 现金与存款	72532		54282		18150	146230	4236	1991	149199	148221	2218	3197	151418	151418
（1）通货	10919		2049			13455	293		13261	13455	195		13455	13455
（2）库存现金					1614	1614			1614	1614			1614	1614
（3）存款	61613		48411		1807	112610	3943	1991	115774	114601	2024	3197	117798	117798
（4）准备金			3822		14728	18550			18550	18550			18550	18550
3. 债券	5624		3110	269	15701	6474		13180	24435	19922	863	5376	25298	25298
4. 贷款		6566		97708	132864	26228	1195	6843	134058	137345	9244	5957	143302	143302
（1）贷款		6566		97607	106535		1195	6843	107729	111016	9244	5957	116973	116973
（2）同业贷款				102	7021	7021			7021	7021			7021	7021
（3）央行贷款					19309	19207			19309	19309			19309	19309
5. 股权与投资基金	12904		20468	106529	5981	12527	64536		103888	119055	17217	2050	121106	121106
（1）股票	8832		13248	25860	3067	9838			25147	25860	713		25860	25860
（2）股权	3671		6952	80669	1904	9838	63526		76053	90508	16505	2050	92558	92558
（3）基金	401		268		1010	2688	1010		2688	2688			2688	2688
6. 保险	2604					1594			2604	2604			2604	2604
7. 其他			4879	238	385	4644		1010	5264	4881	238	620	5502	5502
资产净值		208242		35615				245250		489106		-1494		487613
资产、负债与资产净值总计	214808	214808	240357	240357	197696	197696	268274	268274	921135	921135	29780	29780	950915	950915

续表

2000	居民部门 资产	居民部门 负债	非金融企业 资产	非金融企业 负债	金融部门 资产	金融部门 负债	政府部门 资产	政府部门 负债	国内合计 资产	国内合计 负债	国外部门 资产	国外部门 负债	合计 资产	合计 负债
一、非金融资产	156391		171439		12059		194800		534689				534689	
二、金融资产与负债	110635	11505	106245	237725	210373	222431	77156	27391	504408	499052	31870	37226	536278	536278
1. 官方国际储备					14827				14827			14827	14827	14827
(1) 黄金					12				12			12	12	12
(2) 外汇储备					14815				14815			14815	14815	14815
2. 现金与存款	79122		64602		18872	163772	6049	2877	168646	166649	2175	4172	170821	170821
(1) 通货	11913		2156			14653	317		14386	14653	267		14653	14653
(2) 库存现金					1286	1286			1286	1286			1286	1286
(3) 存款	67209		57911		1568	127281	5732	2877	132421	130157	1908	4172	134329	134329
(4) 准备金			4534		16019	20553			20553	20553			20553	20553
3. 债券	7397		3870	397	18977	7429		16248	30244	24074	846	7016	31090	31090
4. 贷款		11505		98765	144810	30615	1726	6939	146536	147824	9063	7774	155599	155599
(1) 贷款		11505		98655	114084	13628	1726	6939	115810	117098	9063	7774	124873	124873
(2) 同业贷款				110	8496	8496			8496	8496			8496	8496
5. 股权与投资基金	20742		32387	138257	12131	22120	69381		134640	151885	19481	2236	154122	154122
(1) 股票	15598		23397	47008	7097	13628			46092	47008	916	2236	47008	47008
(2) 股权	5003		8896	91250	3173	10204	68053		85125	101454	18565		103690	103690
(3) 基金	142		95		1860	3424	1328		3424	3424			3424	3424
6. 保险	3374				756	2046			3374	3374			3374	3374
7. 其他			5386	305		4941		1328	6142	5246	305	1201	6448	6448
资产净值		255521		39959				244565		540046		-5356		534689
资产、负债与资产净值总计	267026	267026	277684	277684	222431	222431	271956	271956	1039098	1039098	31870	31870	1070968	1070968

附录　中国国家资产负债表（1978—2022年）

续表

2001	居民部门 资产	居民部门 负债	非金融企业 资产	非金融企业 负债	金融部门 资产	金融部门 负债	政府部门 资产	政府部门 负债	国内合计 资产	国内合计 负债	国外部门 资产	国外部门 负债	合计 资产	合计 负债
一、非金融资产	174265		187042		13711		220219		595237				595237	
二、金融资产与负债	121699	15823	118142	255652	237605	251316	82358	31975	559804	554766	37241	42279	597044	597044
1. 官方国际储备					19106				19106			19106	19106	19106
(1) 黄金					256				256			256	256	256
(2) 外汇储备					18850				18850			18850	18850	18850
2. 现金与存款	90221		75945		20930	188563	6560	3672	193656	192235	2748	4169	196404	196404
(1) 通货	12787		2250			15689	337		15374	15689	315		15689	15689
(2) 库存现金					1180	1180			1180	1180			1180	1180
(3) 存款	77434		67802		2661	148711	6223	3672	154120	152383	2433	4169	156552	156552
(4) 准备金			5894		17089	22983			22983	22983			22983	22983
3. 债券	6003		3273	397	24551	8448	2203	19037	33826	27882	1068	7012	34894	34894
4. 贷款		15823		110338	159309	31385	2203	7643	161512	165190	11448	7770	172960	172960
(1) 贷款		15823		110143	127728		2203	7643	129932	133609	11448	7770	141379	141379
(2) 同业贷款					11526	11526			11526	11526			11526	11526
(3) 央行贷款				196	20054	19859			20054	20054			20054	20054
5. 股权与投资基金	20884		32847	144642	12954	14520	73595		140280	159161	21701	2820	161981	161981
(1) 股票	14061		21092	42569	6590				41743	42569	826		42569	42569
(2) 股权	6654		11643	102072	4411	10663	71972		94680	112735	20875	2820	115555	115555
(3) 基金	169		112		1953	3857	1623		3857	3857			3857	3857
6. 保险	4591				754	2969		1623	4591	4591			4591	4591
7. 其他			6078	275		5431			6832	5706	275	1401	7108	7108
资产净值		280141		49532				270600		600274		−5038		595237
资产、负债与资产净值总计	295964	295964	305184	305184	251316	251316	302575	302575	1155040	1155040	37241	37241	1192280	1192280

· 262 · 中国国家资产负债表（1978—2022）

续表

2002	居民部门 资产	居民部门 负债	非金融企业 资产	非金融企业 负债	金融部门 资产	金融部门 负债	政府部门 资产	政府部门 负债	国内合计 资产	国内合计 负债	国外部门 资产	国外部门 负债	合计 资产	合计 负债
一、非金融资产	221885		204931		16858		248663		692337				692337	
二、金融资产与负债	139515	21257	136380	282043	275499	292357	89366	37911	640760	633568	40035	47228	680795	680795
1. 官方国际储备					22445				22445			22445	22445	22445
(1) 黄金					337				337			337	337	337
(2) 外汇储备					22107				22107			22107	22107	22107
2. 现金与存款	105419		89581		23188	221149	9036	4403	227225	225552	2765	4438	229989	229989
(1) 通货	14106		2393			17278	369		16868	17278	410		17278	17278
库存现金					1311	1311			1311	1311			1311	1311
(2) 存款	91314		79778		2739	176011	8666	4403	182497	180414	2354	4438	184851	184851
(3) 准备金			7411		19138	26549			26549	26549			26549	26549
3. 债券	6824		3625	609	30540	11635		22358	40990	34602	1075	7463	42065	42065
4. 贷款		21257	6114	130518	185544	37047	2642	8726	194300	197549	11519	8270	205819	205819
(1) 同业贷款		21257	6114	130312	148290		2642	8726	157046	160295	11519	8270	168565	168565
(2) 央行贷款				207	17519	17519			17519	17519			17519	17519
5. 股权与投资基金	20777		32778	150997	12983	19528	77689	14195	144227	165192	24334	3369	168561	168561
(1) 股票	12376		18564	37540	5573				36513	37540	1026		37540	37540
(2) 股权	7975		13930	113458	5310	8962	75266		102481	122420	23308	3369	125789	125789
(3) 基金	426		284		2100	5232	2423		5232	5232			5232	5232
6. 保险	6494				798	4071		2423	6494	6494			6494	6494
7. 其他			4282	-81		4261			5081	4180	342	1243	5423	5423
资产净值		340142		59268				300119		699529		-7192		692337
资产、负债与资产净值总计	361400	361400	341311	341311	292357	292357	338030	338030	1333097	1333097	40035	40035	1373132	1373132

附录 中国国家资产负债表（1978—2022 年）

续表

2003	居民部门 资产	居民部门 负债	非金融企业 资产	非金融企业 负债	金融部门 资产	金融部门 负债	政府部门 资产	政府部门 负债	国内合计 资产	国内合计 负债	国外部门 资产	国外部门 负债	合计 资产	合计 负债
一、非金融资产	252081		232467		22589		290628		797766				797766	
二、金融资产与负债	167229	28599	166928	328906	335075	357665	100297	45140	769530	760309	47925	57146	817455	817455
1. 官方国际储蓄					30179				30179			30179	30179	30179
(1) 黄金					337				337			337	337	337
(2) 外汇储备					29842				29842			29842	29842	29842
2. 现金与存款	124755		108944		26389	265763	12273	4983	272361	270746	3088	4703	275449	275449
(1) 通货	16154		2615			19746	419		19188	19746	558		19746	19746
(2) 库存现金					1494	1494			1494	1494			1494	1494
(3) 存款	108601		97286		2336	212922	11855	4983	220078	217905	2530	4703	222608	222608
(4) 准备金			9043		22558	31601			31601	31601			31601	31601
3. 债券	9121		4609	1418	36816	14771		27650	50547	43838	1201	7909	51748	51748
4. 贷款		28599	8728	155190	222765	44468	2990	10330	234484	238587	12868	8765	247352	247352
(1) 贷款		28599	8728	154984	178091		2990	10330	189809	193913	12868	8765	202677	202677
(2) 同业贷款				206	25229	25229			25229	25229			25229	25229
(3) 央行贷款					19445	19239			19445	19445			19445	19445
5. 股权与投资基金	24230		37466	171813	17963	18453	85034		164692	190266	29800	4226	194492	194492
(1) 股票	12875		19313	41627	6536				38724	41627	2903		41627	41627
(2) 股权	10839		17809	130186	8341	12332	82858		119848	142518	26897	4226	146744	146744
(3) 基金	515		344		3086	6121	2176		6121	6121			6121	6121
6. 保险	9123				963	6947		2176	9123	9123			9123	9123
7. 其他			7182	485		7264			8144	7749	968	1363	9112	9112
资产净值		390712		70490				345785		806987		-9221		797766
资产、负债与资产净值总计	419310	419310	399396	399396	357665	357665	390925	390925	1567296	1567296	47925	47925	1615221	1615221

续表

2004	居民部门 资产	居民部门 负债	非金融企业 资产	非金融企业 负债	金融部门 资产	金融部门 负债	政府部门 资产	政府部门 负债	国内合计 资产	国内合计 负债	国外部门 资产	国外部门 负债	合计 资产	合计 负债
一、非金融资产	314348		272311		25764		337689		950113				950113	
二、金融资产与负债	224071	31647	228821	438166	396854	422617	114818	53532	964564	945963	54093	72694	1018657	1018657
1. 官方国际储备					46277				46277			46277	46277	46277
(1) 黄金					337				337			337	337	337
(2) 外汇储备					45940				45940			45940	45940	45940
2. 现金与存款	149564		114907		38982	311090	14842	5781	318294	316870	3155	4579	321449	321449
(1) 通货	17588		2770			21468	453		20811	21468	657		21468	21468
(2) 库存现金					1636	1636			1636	1636			1636	1636
(3) 存款	131977		112057		1673	252234	14389	5781	260096	258014	2497	4579	262593	262593
(4) 准备金			79		35673	35752			35752	35752			35752	35752
3. 债券	10457		5181	1474	49998	26384		31261	65636	59119	1101	7618	66737	66737
4. 贷款		31647	11591	173718	239446	42282	3468	12421	254505	260069	14026	8462	268531	268531
(1) 同业贷款		31647	11591	173582	197028		3468	12421	212087	217651	14026	8462	226113	226113
(2) 央行贷款				136	22993	22993			22993	22993			22993	22993
5. 股权与投资基金	52197		88422	261879	21468	26506	96508		258595	288386	34155	4364	292750	292750
(1) 股票	12338		18507	36389	1959				32804	36389	3585		36389	36389
(2) 股权	38137		68767	225491	16321	16378	92439		215662	241869	30570	4364	246232	246232
(3) 基金	1723		1148		3188	10128	4069		10128	10128			10128	10128
6. 保险	11854				683	7784		4069	11854	11854			11854	11854
7. 其他		506772	8721	1094		8571		398975	9403	9664	1656	1395	11059	11059
资产净值		538419		62966						968713		-18601		950113
资产、负债与资产净值总计	538419	538419	501132	501132	422617	422617	452507	452507	1914676	1914676	54093	54093	1968769	1968769

附录　中国国家资产负债表（1978—2022 年）

续表

2005	居民部门 资产	居民部门 负债	非金融企业 资产	非金融企业 负债	金融部门 资产	金融部门 负债	政府部门 资产	政府部门 负债	国内合计 资产	国内合计 负债	国外部门 资产	国外部门 负债	合计 资产	合计 负债
一、非金融资产	391268		303663		34490		361538		1090959				1090959	
二、金融资产与负债	258448	35364	253908	498503	497417	531908	145331	59756	1155105	1125531	65883	95458	1220988	1220988
1.官方国际储备					62477				62477			62477	62477	62477
（1）黄金					337				337			337	337	337
（2）外汇储备					62140				62140			62140	62140	62140
2.现金与存款	175275		134715		42170	364886	20547	6279	372707	371165	3906	5447	376612	376612
（1）通货	19715		3001			24032	505		23220	24032	811		24032	24032
（2）库存现金					1822				1822	1822			1822	1822
（3）存款	155560		131616		1956	300543	20042	6279	309175	306822	3095	5447	312269	312269
（4）准备金			98		38391	38489			38489	38489			38489	38489
3.债券	12754		6232	3378	67904	40791	3767	34353	86890	78521	1049	9418	87939	87939
4.贷款		35364	12589	189957	277590	59548	3767	13572	293946	298441	15632	11137	309578	309578
（1）同业贷款		35364	12589	189890	217975				234331	238826	15632	11137	249963	249963
（2）央行贷款				67	33630	33630			33630	33630			33630	33630
（3）股权与投资基金					25985	25918			25985	25985			25985	25985
5.股权与投资基金	55193		86051	290890	33569	42958	121017		295829	333847	43223	5205	339052	339052
（1）股票	10182		15273	31925	1337				26792	31925	5133		31925	31925
（2）股权	43307		69641	258965	26844	29176	115464		255256	288141	38090	5205	293346	293346
（3）基金	1705		1136		5388	13782	5552		13782	13782			13782	13782
6.保险	15226				13708	9673		5552	15226	15226			15226	15226
7.其他			14322	14278		14052	28030		28030	28330	2074	1774	30104	30104
资产净值		614352		59069				447113		1120534		-29574		1090959
资产、负债与资产净值总计	649716	649716	557572	557572	531908	531908	506869	506869	2246064	2246064	65883	65883	2311948	2311948

续表

2006	居民部门 资产	居民部门 负债	非金融企业 资产	非金融企业 负债	金融部门 资产	金融部门 负债	政府部门 资产	政府部门 负债	国内合计 资产	国内合计 负债	国外部门 资产	国外部门 负债	合计 资产	合计 负债
一、非金融资产	443035		348087		37127		422546		1250796				1250796	
二、金融资产与负债	326426	42817	332659	629252	601908	639035	168812	67385	1429805	1378490	82083	133398	1511888	1511888
1.官方国际储备					84698				84698			84698	84698	84698
(1)黄金					337				337			337	337	337
(2)外汇储备					84361				84361			84361	84361	84361
2.现金与存款	199105		153222		55739	425968	26537	7534	434603	433502	4647	5748	439250	439250
(1)通货	22240		3275			27073	565		26079	27073	993		27073	27073
(2)库存现金					2066	2066			2066	2066			2066	2066
(3)存款	176865		149787	219595	5214	348210	25973	7534	357839	355744	3654	5748	361492	361492
(4)准备金			160		48459	48619			48619	48619			48619	48619
3.债券	21200		9721	5698	86706	55774		36668	117626	98140	1109	20595	118735	118735
4.贷款		42817	15941	219595	321843	69036	4520	15488	342304	346936	17065	12434	359369	359369
(1)同业贷款			15941	219529	252741	34501	4520	15488	273202	277834	17065	12434	290267	290267
(2)央行贷款				66	40569	40569			40569	40569			40569	40569
5.股权与投资基金	86390		132268	389213	39119	55443	137755		395531	444656	56318	7193	451849	451849
(1)股票	28829		43244	87904	7630				79703	87904	8318	117	88021	88021
(2)股权	53498		86315	301310	25014	34501	130059		294886	335810	48000	7076	342886	342886
(3)基金	4063		2708		6475	20942	7696		20942	20942			20942	20942
6.保险	19731				13802	12036		7696	19731	19731			19731	19731
7.其他			21509	14746		20779	35311		35311	35525	2944	2730	38255	38255
资产净值		726643		51494		28466		523973		1302110		-51315		1250796
资产、负债与资产净值总计	769460	769460	680746	680746	639035	639035	591359	591359	2680600	2680600	82083	82083	2762683	2762683

附录 中国国家资产负债表（1978—2022 年）

续表

2007	居民部门 资产	居民部门 负债	非金融企业 资产	非金融企业 负债	金融部门 资产	金融部门 负债	政府部门 资产	政府部门 负债	国内合计 资产	国内合计 负债	国外部门 资产	国外部门 负债	合计 资产	合计 负债
一、非金融资产	562392		415454		41217		493142		1512205				1512205	
二、金融资产与负债	444711	56247	529484	933217	777868	819085	245574	90485	1997638	1899034	89651	188255	2087289	2087289
1. 官方国际储备					115506				115506			115506	115506	115506
（1）黄金					337				337			337	337	337
（2）外汇储备					115169				115169			115169	115169	115169
2. 现金与存款	213794		186539		85161	509203	37297	9287	522791	518491	5774	10074	528565	528565
（1）通货	24980		3572			30375	632		29184	30375	1191		30375	30375
（2）库存现金					2596	2596			2596	2596			2596	2596
（3）存款	188814		182809		14149	407658	36665	9287	422436	416946	4583	10074	427020	427020
（4）准备金			158	8034	68416	68574			68574	68574			68574	68574
3. 债券	20665		9464		117292	68265	5572	53061	147420	129360	1285	19345	148705	148705
4. 贷款		56247	25969	257646	374126	77633	5572	17586	405667	409113	18396	14950	424063	424063
（1）同业贷款			25969	257583	296429			17586	327970	331416	18396	14950	346366	346366
（2）央行贷款				64	56798	56798			56798	56798			56798	56798
5. 股权与投资基金	181249		263463	646608	57998	109695	202705		705415	756303	60787	9899	766202	766202
（1）股票	103021		154532	292128	26589	51991			284142	292128	9417	1431	293559	293559
（2）股权	56915		94723	354480	19776		192155		363570	406472	51370	8468	414940	414940
（3）基金	21312		14208		11633	57703	10550		57703	57703			57703	57703
6. 保险	29004				27786	18454		10550	29004	29004			29004	29004
7. 其他			44050	20928		35836			71836	56764	3409	18481	75245	75245
资产净值		950857		11720				648232		1610809		-98604		1512205
资产、负债与资产净值总计	1007104	1007104	944937	944937	819085	819085	738716	738716	3509843	3509843	89651	89651	3599494	3599494

·268· 中国国家资产负债表（1978—2022）

续表

2008	居民部门 资产	居民部门 负债	非金融企业 资产	非金融企业 负债	金融部门 资产	金融部门 负债	政府部门 资产	政府部门 负债	国内合计 资产	国内合计 负债	国外部门 资产	国外部门 负债	合计 资产	合计 负债
一、非金融资产	585883		515620		53368		542236		1697108				1697108	
二、金融资产与负债	459094	63568	485223	877192	907077	960445	280149	100052	2131542	2001257	99909	230195	2231451	2231451
1. 官方国际储备					149962				149962			149962	149962	149962
（1）黄金					337				337			337	337	337
（2）外汇储备					149624				149624			149624	149624	149624
2. 现金与存款	264575		211979		104403	606691	40717	10809	621674	617501	6270	10443	627944	627944
（1）通货	28125		3942			34219	714		32781	34219	1438		34219	34219
（2）库存现金					2897				2897	2897			2897	2897
（3）存款	236450		208037		9399	477469	40003	10809	493890	488278	4832	10443	498722	498722
（4）准备金					92107	92107			92107	92107			92107	92107
3. 债券	21970		9888	14358	140407	88515	6486	54783	172265	157655	1175	15784	173439	173439
4. 贷款		63568	31225	296634	430349	88538	6486	20366	468060	469105	15887	14842	483947	483947
（1）同业贷款			31225	296590	341768	68252		20366	379478	380523	15887	14842	395365	395365
（2）央行贷款				44	68252	20329			68252	68252			68252	68252
5. 股权与投资基金	139130		182572	553301	59512	119524	232947		614161	672824	72808	14145	686969	686969
（1）股票	36680		55019	109730	9213				100912	109730	10279	1462	111191	111191
（2）股权	82848		114484	443571	36505	58964	218853		452690	502535	62529	12683	515219	515219
（3）基金	19603		13068		13794	60559	14094		60559	60559			60559	60559
6. 保险	33418				22444	19325		14094	33418	33418			33418	33418
7. 其他			49558	12900		37853			72002	50753	3770	25019	75773	75773
资产净值	981409		123652				722333		1827394		-130285		1697108	
资产、负债与资产净值总计	1044977	1044977	1000843	1000843	960445	960445	822385	822385	3828651	3828651	99909	99909	3928560	3928560

附录　中国国家资产负债表（1978—2022 年）

续表

2009	居民部门 资产	居民部门 负债	非金融企业 资产	非金融企业 负债	金融部门 资产	金融部门 负债	政府部门 资产	政府部门 负债	国内合计 资产	国内合计 负债	国外部门 资产	国外部门 负债	合计 资产	合计 负债
一、非金融资产	755162		585866		62290		619036		2022355				2022355	
二、金融资产与负债	576193	91543	645089	1166668	1123637	1185927	342856	124058	2687776	2568195	132946	252527	2820722	2820722
1. 官方国际储备					175824				175824			175824	175824	175824
(1) 黄金					670				670			670	670	670
(2) 外汇储备					175155				175155			175155	175155	175155
2. 现金与存款	316322		283173		121443	754949	52766	16207	773703	771156	6400	8947	780103	780103
(1) 通货	31465		4306			38247	795		36566	38247	1681		38247	38247
(2) 库存现金					3309	3309			3309	3309			3309	3309
(3) 存款	284856		278867		15705	610964	51971	16207	631400	627171	4718	8947	636118	636118
(4) 准备金					102429	102429			102429	102429	1038	12854	102429	102429
3. 债券	29123		12982	26734	154748	94786	9724	63517	196853	185037	22218	16515	197891	197891
4. 贷款		91543	42492	393145	563182	109789	9724	26624	615398	621101	22218	16515	637616	637616
(1) 同业贷款		91543	42492	393101	453349				505565	511268			527783	527783
(2) 央行贷款				44	91097	91097			91097	91097			91097	91097
5. 股权与投资基金	190114		257527	723007	75938	18692	280366		803945	18736	101740	20517	18736	18736
(1) 股票	75558		113337	219432	22327	162160			211222	885168	11939	3729	905685	905685
(2) 股权	82642		122914	503575	34871	72521	262656		503083	219432	89801	16788	223161	223161
(3) 基金	31914		21276		18741	89640	17710		89640	576096			592884	592884
6. 保险	40635				32501	22925		17710	40635	89640			89640	89640
7. 其他		1239812	48916	23781		41317			81417	65099	1550	17868	40635	40635
资产净值				64288				837834		2141935		-119581	82967	82967
资产、负债与资产净值总计	1331356	1331356	1230956	1230956	1185927	1185927	961892	961892	4710130	4710130	132946	132946	2022355	2022355
													4843076	4843076

·270· 中国国家资产负债表（1978—2022）

续表

2010	居民部门 资产	居民部门 负债	非金融企业 资产	非金融企业 负债	金融部门 资产	金融部门 负债	政府部门 资产	政府部门 负债	国内合计 资产	国内合计 负债	国外部门 资产	国外部门 负债	合计 资产	合计 负债
一、非金融资产	843511		706387		63514		749492		2362903				2362903	
二、金融资产与负债	676249	123773	759741	1396914	1347324	1410837	425179	142724	3208493	3074247	160919	295164	3369411	3369411
1. 官方国际储备					207437				207437			207437	207437	207437
（1）黄金					670				670			670	670	670
（2）外汇储备					206767				206767			206767	206767	206767
2. 现金与存款	367686		332580		154245	925767	92555	18644	947066	944411	10923	13578	957989	957989
（1）通货	36740		4892			44628	925		42557	44628	2072		44628	44628
（2）库存现金					4018	4018			4018	4018			4018	4018
（3）存款	330946		327689		13562	740456	91630	18644	763827	759100	8851	13578	772678	772678
（4）准备金					136665	136665			136665	136665			136665	136665
3. 债券	36688		16284	38042	169699	100415	11187	72543	222671	211000	1178	12849	223850	223850
4. 贷款		123773	77008	480471	665406	127645		30098	753600	761988	29797	21409	783397	783397
（1）同业贷款		123773	77008	480446	537735			30098	625930	634317	29797	21409	655726	655726
（2）央行贷款				25	106834	106834			106834	106834			106834	106834
5. 股权与投资基金	221393		294937	844412	109315	195053	321438		947083	1039465	117551	25169	1064634	1064634
（1）股票	82051		123076	243423	28824				233950	243423	13644	4171	247594	247594
（2）股权	99508		145305	600988	51831	78564	300000		596644	679553	103908	20999	700551	700551
（3）基金	39834		26556		28661	116489	21438		116489	116489			116489	116489
6. 保险	50482							21438	50482	50482			50482	50482
7. 其他			38932	33988	41222	29043			80154	66901	1470	14722	81623	81623
资产净值		1395986		69213		32913		1031948		2497148		−134245		2362903
资产、负债与资产净值总计	1519759	1519759	1466127	1466127	1410837	1410837	1174672	1174672	5571395	5571395	160919	160919	5732314	5732314

附录　中国国家资产负债表（1978—2022年）

续表

2011	居民部门 资产	居民部门 负债	非金融企业 资产	非金融企业 负债	金融部门 资产	金融部门 负债	政府部门 资产	政府部门 负债	国内合计 资产	国内合计 负债	国外部门 资产	国外部门 负债	合计 资产	合计 负债
一、非金融资产	1025138		856398		73095		885241		2839871				2839871	
二、金融资产与负债	787218	148770	777828	1577753	1599814	1672910	528107	163382	3692968	3562816	202203	332354	3895170	3895170
1. 官方国际储备					233059				233059			233059	233059	233059
(1) 黄金					670				670			670	670	670
(2) 外汇储备					232389				232389			232389	232389	232389
2. 现金与存款	414932		337963		217131	1082735	136801	21163	1106827	1103899	15607	18535	1122434	1122434
(1) 通货	41812		5447			50748	1048		48307	50748	2442		50748	50748
(2) 库存现金					5102	5102			5102	5102			5102	5102
(3) 存款	373120		332516		43238	858094	135753	21163	884627	879257	13165	18535	897792	897792
(4) 准备金					168792	168792			168792	168792			168792	168792
3. 债券	38610		17181	51814	179733	99883	12698	78729	235524	230426	2335	7433	237859	237859
4. 贷款		148770	94795	552240	769723	150184	12698	33672	877215	884866	39160	31509	916375	916375
(1) 贷款		148770	94795	552215	619514	129292		33672	727006	734658	39160	31509	766166	766166
(2) 同业贷款				25	129292	129292			129292	129292			129292	129292
(3) 央行贷款					20916	20892			20916	20916			20916	20916
5. 股权与投资基金	273538		273535	936208	155807	256208	378608		1081488	1192416	144431	33503	1225919	1225919
(1) 股票	62755		94133	198245	22622	93085			179511	198245	24296	5562	203806	203806
(2) 股权	158831		144768	737963	86465	348790			738855	831048	120135	27942	858990	858990
(3) 基金	51951		34634		46719		29818		163123	163123			163123	163123
6. 保险	60138					30320		29818	60138	60138			60138	60138
7. 其他			54355	37492	44362	53579			98717	91071	669	8315	99386	99386
资产净值		1663586		56473				1249965		2970024		−130151		2839871
资产、负债与资产净值总计	1812356	1812356	1634227	1634227	1672910	1672910	1413347	1413347	6532840	6532840	202203	202203	6735043	6735043

续表

2012	居民部门 资产	居民部门 负债	非金融企业 资产	非金融企业 负债	金融部门 资产	金融部门 负债	政府部门 资产	政府部门 负债	国内合计 资产	国内合计 负债	国外部门 资产	国外部门 负债	合计 资产	合计 负债
一、非金融资产	1151070		974942		87765		942102		3155878				3155878	
二、金融资产与负债	921206	177936	928332	1879625	1909748	1997512	617612	187278	4376897	4242351	223075	357622	4599973	4599973
1.'官方国际储备					237340				237340			237340	237340	237340
(1) 黄金					670				670			670	670	670
(2) 外汇储备					236670				236670			236670	236670	236670
2. 现金与存款	482096		375460		257216	1237234	158447	26805	1273219	1264039	15388	24569	1288607	1288607
(1) 通货	45090		5768			54660	1126		51983	54660	2677		54660	54660
(2) 库存现金					5986	5986			5986	5986			5986	5986
(3) 存款	437006		369692		59531	984888	157321	26805	1023550	1011693	12711	24569	1036262	1036262
(4) 准备金					191699	191699			191699	191699			191699	191699
3. 债券	47481		21167	74819	201396	108546	16554	84378	270044	267743	4669	6969	274713	274713
4. 贷款		177936	112828	643609	918725	190713	16554	38554	1048106	1050812	41483	38777	1089589	1089589
(1) 同业贷款		177936	112828	643584	727986				857368	860074	41483	38777	898851	898851
(2) 央行贷款				25		163974			163974	163974			163974	163974
5. 股权与投资基金	318083		350775	1101435	231510	358319	442611		1342979	1459754	159793	43018	1502772	1502772
(1) 股票	65917		98876	208885	22677				187470	208885	29716	8301	217186	217186
(2) 股权	172660		198895	892550	128605	108041	405071		905231	1000591	130077	34717	1035308	1035308
(3) 基金	79506		53004		80228	250278	37540		250278	250278			250278	250278
6. 保险	73546					36006		37540	73546	73546			73546	73546
7. 其他			68103	59762	63561	66695			131664	126457	1742	6949	133406	133406
资产净值		1894340		23650				1372436		3290426		−134547		3155878
资产、负债与资产净值总计	2072276	2072276	1903274	1903274	1997512	1997512	1559714	1559714	7532776	7532776	223075	223075	7755851	7755851

附录 中国国家资产负债表（1978—2022年）

续表

2013	居民部门 资产	居民部门 负债	非金融企业 资产	非金融企业 负债	金融部门 资产	金融部门 负债	政府部门 资产	政府部门 负债	国内合计 资产	国内合计 负债	国外部门 资产	国外部门 负债	合计 资产	合计 负债
一、非金融资产	1313631		1097303		116941		1083827		3611704				3611704	
二、金融资产与负债	1110307	220335	1060836	2197844	2231381	2348322	726043	214959	5128567	4981460	255674	402781	5384241	5384241
1. 官方国际储备					264940				264940			264940	264940	264940
(1) 黄金					670				670			670	670	670
(2) 外汇储备					264270				264270			264270	264270	264270
2. 现金与存款	545486		409037		283285	1396337	191944	31679	1429752	1428016	21143	22878	1450895	1450895
(1) 通货	48370		6089			58574	1204		55663	58574	2912		58574	58574
(2) 库存现金					6406	6406			6406	6406			6406	6406
(3) 存款	497116		402948		70837	1125314	190740	31679	1161640	1156993	18231	22878	1179872	1179872
(4) 准备金					206042	206042			206042	206042			206042	206042
3. 债券	57674		25628	92925	222250	115954		95659	305553	304538	5421	6435	310973	310973
4. 贷款		220335	141053	753440	1052313	210344	21733	42737	1215099	1226856	54939	43182	1270038	1270038
(1) 贷款		220335	141053	753415	841944		21733	42737	1004730	1016487	54939	43182	1059669	1059669
(2) 同业贷款				25	188289	188289			188289	188289			188289	188289
(3) 央行贷款						22080			22080	22080			22080	22080
5. 股权与投资基金	424260		383151	1272815	321423	489959	512366		1641200	1762774	173296	51722	1814495	1814495
(1) 股票	70759		106139	219286	20847				197746	219286	31090	9550	228836	228836
(2) 股权	237954		199981	1053529	174338	126260	467482		1079755	1179788	142205	42172	1221961	1221961
(3) 基金	115546		77031		126237	363699	44884		363699	363699			363699	363699
6. 保险	82887				87170	38003		44884	82887	82887			82887	82887
7. 其他			101967	78664		97726			189137	176389	876	13624	190013	190013
资产净值		2203603		-39704				1594911		3758811		-147107		3611704
资产、负债与资产净值总计	2423938	2423938	2158140	2158140	2348322	2348322	1809871	1809871	8740271	8740271	255674	255674	8995944	8995944

· 274 · 中国国家资产负债表（1978—2022）

续表

2014	居民部门 资产	居民部门 负债	非金融企业 资产	非金融企业 负债	金融部门 资产	金融部门 负债	政府部门 资产	政府部门 负债	国内合计 资产	国内合计 负债	国外部门 资产	国外部门 负债	合计 资产	合计 负债
一、非金融资产	1407411		1223333		126065		1062666		3819476				3819476	
二、金融资产与负债	1306180	257033	1199163	2571497	2684050	2810115	832071	243662	6021464	5882307	297642	436799	6319106	6319106
1. 官方国际储备					271351				271351			271351	271351	271351
(1) 黄金					670				670			670	670	670
(2) 外汇储备					270681				270681			270681	270681	270681
2. 现金与存款	593705		433911		342776	1560482	223600	37047	1593992	1597528	30786	27250	1624778	1624778
(1) 通货	49768		6241			60260	1238		57247	60260	3013		60260	60260
(2) 库存现金					6892	6892			6892	6892			6892	6892
(3) 存款	543937		427670		108943	1266389	222362	37047	1302912	1303435	27773	27250	1330685	1330685
(4) 准备金					226942	226942			226942	226942			226942	226942
3. 债券	66319		29401	116900	263363	137736	25522	107122	359083	361757	8870	6195	367952	367952
4. 贷款		257033	161960	841050	1215073	260522	25522	47859	1402555	1406463	55468	51560	1458023	1458023
(1) 贷款		257033	161960	841038	954540	151059	25522	47859	1142022	1145930	55468	51560	1197490	1197490
(2) 同业贷款				12	227688	227688			227688	227688			227688	227688
(3) 央行贷款					32846	32834			32846	32846			32846	32846
5. 股权与投资基金	544565		465598	1530115	500215	697785	582949		2093327	2227900	201252	66679	2294579	2294579
(1) 股票	101734		152601	330363	44064				298399	330363	42187	10223	340586	340586
(2) 股权	277013		202452	1199752	237423	151059	531314		1248201	1350811	159065	56456	1407266	1407266
(3) 基金	165818		110545		218728	546726	51635		546726	546726			546726	546726
6. 保险	101591				91271	49956		51635	101591	101591			101591	101591
7. 其他			108293	83433		103634			199564	187067	1267	13764	200831	200831
资产净值		2456558		-149001				1651075		3958632		-139157		3819476
资产、负债与资产净值总计	2713590	2713590	2422496	2422496	2810115	2810115	1894737	1894737	9840939	9840939	297642	297642	10138581	10138581

附录 中国国家资产负债表（1978—2022年）

续表

2015	居民部门 资产	居民部门 负债	非金融企业 资产	非金融企业 负债	金融部门 资产	金融部门 负债	政府部门 资产	政府部门 负债	国内合计 资产	国内合计 负债	国外部门 资产	国外部门 负债	合计 资产	合计 负债
一、非金融资产	1592505		1318398		129005		1066666		4106574				4106574	
二、金融资产与负债	1499691	303178	1324949	2892741	3316149	3445154	951062	307523	7091852	6948596	292048	435304	7383899	7383899
1.官方国际储备					250867				250867			250867	250867	250867
(1) 黄金					2330				2330			2330	2330	2330
(2) 外汇储备					248538				248538			248538	248538	248538
2.现金与存款	644826		485070		366998	1697910	243843	40675	1740737	1738585	21202	23354	1761939	1761939
(1) 通货	52222		6507			63217	1297		60027	63217	3190		63217	63217
(2) 库存现金					6669				6669	6669			6669	6669
(3) 存款	592604		478563		153837	1421533	242546	40675	1467549	1462208	18012	23354	1485562	1485562
(4) 准备金					206492	206492			206492	206492			206492	206492
3.债券	74554		33084	146258	366508	181023	32865	154694	474145	481976	14275	6445	488421	488421
4.贷款		303178	168642	896751	1421718	346073	32865	53261	1623224	1599263	39031	62993	1662256	1662256
(1) 同业贷款					1075573				1277080	1253118	39031	62993	1316111	1316111
(2) 央行贷款		303178	168642	896679										
(3) 其他				72	312790	312790			312790	312790			312790	312790
5.股权与投资基金	656714		509558	1750071	806744	1027713	674354		2647370	2777784	216423	86009	2863793	2863793
(1) 股票	142641		213962	484650	97598				454201	484650	41430	10981	495631	495631
(2) 股权	290279		146401	1265421	302064	188749	615461		1354205	1454170	174993	75027	1529198	1529198
(3) 基金	223793		149196		407082	838964	58893		838964	838964			838964	838964
6.保险	123598					64705		58893	123598	123598			123598	123598
7.其他			128595	99660	103315	127730			231910	227390	1116	5636	233026	233026
资产净值	2789019		-249393					1710205		4249830		-143256		4106574
资产、负债与资产净值总计	3092196	3092196	2643347	2643347	3445154	3445154	2017728	2017728	11198426	11198426	292048	292048	11490474	11490474

续表

2016	居民部门 资产	居民部门 负债	非金融企业 资产	非金融企业 负债	金融部门 资产	金融部门 负债	政府部门 资产	政府部门 负债	国内合计 资产	国内合计 负债	国外部门 资产	国外部门 负债	合计 资产	合计 负债
一、非金融资产	1817264		1450790		151399		1118841		4538294				4538294	
二、金融资产与负债	1699876	374265	1402127	3086745	3983870	4135270	1058220	394898	8144093	7991178	317595	470510	8461688	8461688
1. 官方国际储备					221967				221967			221967	221967	221967
(1) 黄金					2541				2541			2541	2541	2541
(2) 外汇储备					219425				219425			219425	219425	219425
2. 现金与存款	708889		563250		399176	1894764	272464	45628	1943779	1940392	22003	25390	1965782	1965782
(1) 通货	56739		6965			68304	1399		65103	68304	3201		68304	68304
(2) 库存现金					6581	6581			6581	6581			6581	6581
(3) 存款	652150		556285		158501	1585785	271064	45628	1638001	1631413	18802	25390	1656803	1656803
(4) 准备金					234095	234095			234095	234095			234095	234095
3. 债券	94321		44019	181460	481596	217852		226171	619936	625482	16093	10547	636029	636029
4. 贷款		374265	171188	975284	1742439	500458	40535	57675	1954163	1913682	42314	82794	1996476	1996476
(1) 贷款		374265	171188	975203	1235900		40535	57675	1447623	1407143	42314	82794	1489937	1489937
(2) 同业贷款					415395	415395			415395	415395			415395	415395
(3) 央行贷款				81	91144	91063			91144	91144			91144	91144
5. 股权与投资基金	745497		475727	1882134	1082636	1287010	745221		3049082	3169144	234349	114286	3283431	3283431
(1) 股票	140988		211481	465091	85092				437561	465091	42866	15337	480427	480427
(2) 股权	355400		98173	1417044	402100	210959	679796		1535469	1628002	191483	98950	1726952	1726952
(3) 基金	249110		166073		595444	1076051	65425		1076051	1076051			1076051	1076051
6. 保险	151169					85744		65425	151169	151169			151169	151169
7. 其他			147942	47867	56056	143441	203998	191308			2836	15526	206834	206834
资产净值		3142875		-233828				1782163		4691210		-152915		4538294
资产、负债与资产净值总计	3517140	3517140	2852918	2852918	4135270	4135270	2177061	2177061	12682388	12682388	317595	317595	12999983	12999983

附录　中国国家资产负债表（1978—2022 年）

续表

2017	居民部门 资产	居民部门 负债	非金融企业 资产	非金融企业 负债	金融部门 资产	金融部门 负债	政府部门 资产	政府部门 负债	国内合计 资产	国内合计 负债	国外部门 资产	国外部门 负债	合计 资产	合计 负债
一、非金融资产	1944723		1685899		189255		1202660		5022537				5022537	
二、金融资产与负债	1833949	450200	1581370	3405571	4279696	4468951	1246540	471752	8941555	8796475	332202	477282	9273757	9273757
1. 官方国际储备					217330				217330			217330	217330	217330
（1）黄金					2541				2541			2541	2541	2541
（2）外汇储备					214788				214788			214788	214788	214788
2. 现金与存款	762428		603317		417695	2043741	307010	51621	2090451	2095362	28416	23505	2118867	2118867
（1）通货	58824		7176			70646	1446		67446	70646	3199		70646	70646
（2）库存现金					6428				6428	6428			6428	6428
（3）存款	703604		595146		167465	1721870	305564	51621	1711779	1773491	25217	23505	1796996	1796996
（4）准备金			995		243802	244797			244797	244797			244797	244797
3. 债券	111120		53683	188467	540901	244456		282039	705703	714962	21941	12682	727644	727644
4. 贷款		450200	184334	1084965	1917033	520855	45050	62744	2146416	2118763	48465	76118	2194881	2194881
（1）贷款		450200	184334	1084863	1396076		45050	62744	1625460	1597807	48465	76118	1673924	1673924
（2）同业贷款				102	412638	412638			412638	412638			412638	412638
（3）央行贷款					108319	108217			108319	108319			108319	108319
5. 股权与投资基金	792911		581382	2095143	1146250	1412112	894480		3415023	3507255	232157	139925	3647180	3647180
（1）股票	155938		233906	514460	89715				479559	514460	54717	19816	534276	534276
（2）股权	356257		160331	1580683	430867	243235	819132		1766586	1823918	177441	120109	1944027	1944027
（3）基金	280717		187145		625667	1168877	75349		1168877	1168877			1168877	1168877
6. 保险	167489					92141		75349	167489	167489			167489	167489
7. 其他			158655	36997	40488	155647			199143	192643	1223	7723	200366	200366
资产净值	3328472		-138301				1977448		5167618		-145080		5022537	
资产、负债与资产净值总计	3778672	3778672	3267270	3267270	4468951	4468951	2449200	2449200	13964093	13964093	332202	332202	14296295	14296295

续表

2018	居民部门 资产	居民部门 负债	非金融企业 资产	非金融企业 负债	金融部门 资产	金融部门 负债	政府部门 资产	政府部门 负债	国内合计 资产	国内合计 负债	国外部门 资产	国外部门 负债	合计 资产	合计 负债
一、非金融资产	2312594		1887432		183031		1317049		5700106				5700106	
二、金融资产与负债	1901123	528800	1646345	3545257	4321853	4504885	1400255	545433	9269577	9124375	362955	508157	9632531	9632531
1. 官方国际储备					215126				215126			215126	215126	215126
(1) 黄金					2570				2570				2570	2570
(2) 外汇储备					212557				212557			212557	212557	212557
2. 现金与存款	843166		639502		424839	2183806	327817	57935	2235324	2241741	33107	26690	2268431	2268431
(1) 通货	60793		7407			73208	1497		69697	73208	3512		73208	73208
(2) 库存现金					5937	5937			5937	5937			5937	5937
(3) 存款	782373		615795		183391	1852849	326319	57935	1907879	1910784	29596	26690	1937475	1937475
(4) 准备金			16300		235511	251811			251811	251811			251811	251811
3. 债券	131234		67137	207017	602793	276628		330141	801164	813786	28236	15614	829400	829400
4. 贷款		528800	161886	1147744	2055534	488706	49846	67980	2267266	2233230	55487	89523	2322753	2322753
(1) 同业贷款		528800	161886	1147716	1566801		49846	67980	1778533	1744496	55487	89523	1834019	1834019
(2) 央行贷款				28	372546	372546			372546	372546			372546	372546
5. 股权与投资基金	743414		624450	2167119	997552	1309769	1022592		3388008	3476888	245070	156191	3633079	3633079
(1) 股票	128881		193322	391990	37454				359658	391990	51417	19085	411074	411074
(2) 股权	352557		256477	1775130	444155	267823	933215		1986405	2042952	193654	137106	2180058	2180058
(3) 基金	261976		174650		515942	1041946	89378		1041946	1041946			1041946	1041946
6. 保险	183309					93931		89378	183309	183309			183309	183309
7. 其他		3684917	153371	23376	26008	152045		2171870	179379	175422	1054	5012	180433	180433
资产净值				−11479						5845308		−145202		5700106
资产、负债与资产净值总计	4213717	4213717	3533777	3533777	4504885	4504885	2717304	2717304	14969683	14969683	362955	362955	15332637	15332637

附录 中国国家资产负债表（1978—2022 年）

续表

2019	居民部门 资产	居民部门 负债	非金融企业 资产	非金融企业 负债	金融部门 资产	金融部门 负债	政府部门 资产	政府部门 负债	国内合计 资产	国内合计 负债	国外部门 资产	国外部门 负债	合计 资产	合计 负债
一、非金融资产	2542191		2078206		180617		1423745		6224759				6224759	
二、金融资产与负债	2087272	609179	1844809	3914539	4549165	4729783	1543444	617019	10024690	9870519	385652	539823	10410342	10410342
1. 官方国际储备					215173				215173			215173	215173	215173
(1) 黄金					2856				2856			2856	2856	2856
(2) 外汇储备					212317				212317			212317	212317	212317
2. 现金与存款	950999		671896		429792	2330052	340756	65372	2393442	2395425	29674	27692	2423117	2423117
(1) 通货	64330		7765			77189	1577		73672	77189	3518		77189	77189
(2) 库存现金					5670	5670			5670	5670			5670	5670
(3) 存款	886669		648839		198098	2005877	339179	65372	2072785	2071250	26156	27692	2098942	2098942
(4) 准备金			15292		226024	241316			241316	241316			241316	241316
3. 债券	161930		81855	235622	660405	305647		379044	904190	920313	35150	19027	939339	939339
4. 贷款		609179	147697	1228134	2228441	488462	55883	76057	2432021	2401832	57655	87844	2489677	2489677
(1) 同业贷款					1739979				1739979					
(1) 同业贷款		609179	147697	1228134	488462		55883	76057	1943559	1913370	57655	87844	2001214	2001214
(2) 央行贷款					366090	366090			366090	366090			366090	366090
(3) 央行贷款					122372	122372			122372	122372			122372	122372
5. 股权与投资基金	768698		776679	2416368	977951	1332343	1146804		3670132	3748711	261855	183276	3931987	3931987
(1) 股票	165139		247709	528689	76388				489236	528689	66387	26934	555623	555623
(2) 股权	328423		345546	1887680	426504	302179	1050259		2150732	2189858	195468	156341	2346200	2346200
(3) 基金	275136		183424		475059	1030164	96545		1030164	1030164			1030164	1030164
6. 保险	205645				37404	109100		96545	205645	205645			205645	205645
7. 其他		4020284	166683	34414		164179		2350170	204087	198593	1318	6812	205405	205405
资产净值				8476						6378930		-154171		6224759
资产、负债与资产净值 总计	4629463	4629463	3923015	3923015	4729783	4729783	2967189	2967189	16249449	16249449	385652	385652	16635101	16635101

续表

2020	居民部门 资产	居民部门 负债	非金融企业 资产	非金融企业 负债	金融部门 资产	金融部门 负债	政府部门 资产	政府部门 负债	国内合计 资产	国内合计 负债	国外部门 资产	国外部门 负债	合计 资产	合计 负债
一、非金融资产	2748472		2182771		196211		1667809		6795262				6795262	
二、金融资产与负债	2298601	694215	2043328	4307536	4947156	5143367	1711980	708185	11001064	10853303	427884	575645	11428948	11428948
1. 官方国际储备					214164				214164			214164	214164	214164
(1) 黄金					2856				2856			2856	2856	2856
(2) 外汇储备					211308				211308			211308	211308	211308
2. 现金与存款	1078419		745920		438576	2538701	346081	73041	2608996	2611743	34343	31597	2643340	2643340
(1) 通货	70995		8406			84315	1720		81120	84315	3194		84315	84315
(2) 库存现金						5509			5509	5509			5509	5509
(3) 存款	1007425		719815		210161	2208273	344362	73041	2281762	2281315	31149	31597	2312912	2312912
(4) 准备金			17699		222906	240605			240605	240605			240605	240605
3. 债券	195850		99168	275500	760038	341873		463604	1055056	1080977	45392	19470	1100448	1100448
4. 贷款		694215	145700	1343413	2446961	499396	62314	77003	2654975	2614027	53108	94055	2708083	2708083
(1) 同业贷款			145700	1343413	1947565		62314	77003	2155578	2114631	53108	94055	2208686	2208686
(2) 央行贷款					361594	361594			361594	361594			361594	361594
					137803	137803			137803	137803			137803	137803
5. 股权与投资基金	791347		852287	2646437	1042143	1428237	1303585		3989362	4074675	293323	208011	4282685	4282685
(1) 股票	215470		323205	722195	140689				679365	722195	82324	39494	761689	761689
(2) 股权	282344		333393	1924242	390407	333433	1209049		2215193	2257675	210999	168517	2426192	2426192
(3) 基金	293533		195688		511047	1094804	94537		1094804	1094804			1094804	1094804
6. 保险	232984					138448		94537	232984	232984			232984	232984
7. 其他			200253	42186	45275	196711			245527	238897	1717	8348	247245	247245
资产净值		4352857		-81438				2671604		6943023		-147761		6795262
资产、负债与资产净值总计	5047072	5047072	4226099	4226099	5143367	5143367	3379789	3379789	17796327	17796327	427884	427884	18224211	18224211

附录 中国国家资产负债表（1978—2022年） ·281·

续表

2021	居民部门 资产	居民部门 负债	非金融企业 资产	非金融企业 负债	金融部门 资产	金融部门 负债	政府部门 资产	政府部门 负债	国内合计 资产	国内合计 负债	国外部门 资产	国外部门 负债	合计 资产	合计 负债
一、非金融资产	2871322		2499408		210119		1800007		7380857				7380857	
二、金融资产与负债	2568463	780031	2219955	4755189	5325300	5535419	1909845	804510	12023563	11875149	461889	610302	12485451	12485451
1. 官方国际储备					215723				215723			215723	215723	215723
(1) 黄金					2856				2856			2856	2856	2856
(2) 外汇储备					212867				212867			212867	212867	212867
2. 现金与存款	1191835		794635		473530	2745857	364287	81882	2824288	2827739	38028	34577	2862316	2862316
(1) 通货	76835		8992			90825	1850		87677	90825	3148		90825	90825
(2) 库存现金					5340	5340			5340	5340			5340	5340
(3) 存款	1115000		764714		255798	2416370	362438	81882	2497949	2498252	34880	34577	2532829	2532829
(4) 准备金			20930		212393	233323			233323	233323			233323	233323
3. 债券	231403		119179	299300	839177	385275		535611	1189759	1220186	51540	21113	1241299	1241299
4. 贷款		780031	138800	1445777	2644492	496560	68931	82167	2852223	2804536	55568	103255	2907791	2907791
(1) 同业贷款		780031	138800	1445777	2147932		68931	82167	2355663	2307975	55568	103255	2411230	2411230
(2) 央行贷款					363790	363790			363790	363790			363790	363790
(3)					132771	132771			132771	132771			132771	132771
5. 股权与投资基金	896351		985622	2998552	1132382	1588569	1476626		4490981	4587121	314810	218670	4805791	4805791
(1) 股票	256176		384265	854648	170192				810633	854648	85270	41256	895904	895904
(2) 股权	303616		376985	2143905	409518	370117	1371776		2461896	2514022	229540	177414	2691436	2691436
(3) 基金	336558		224372		552672	1218452	104850		1218452	1218452			1218452	1218452
6. 保险	248874					144024		104850	248874	248874			248874	248874
7. 其他			181719	11559	19996	175133			201715	186692	1942	16964	203657	203657
资产净值		4659754		-35826				2905342		7529270		-148413		7380857
资产、负债与资产净值总计	5439785	5439785	4719363	4719363	5535419	5535419	3709852	3709852	19404419	19404419	461889	461889	19866308	19866308

续表

2022	居民部门 资产	居民部门 负债	非金融企业 资产	非金融企业 负债	金融部门 资产	金融部门 负债	政府部门 资产	政府部门 负债	国内合计 资产	国内合计 负债	国外部门 资产	国外部门 负债	合计 资产	合计 负债
一、非金融资产	2868150		2659370		214458		1822922		7564900				7564900	
二、金融资产与负债	2774120	822381	2230518	4886887	5684688	5899146	2003068	910130	12692394	12518545	470418	644267	13162812	13162812
1. 官方国际储备					217819				217819			217819	217819	217819
（1）黄金					3107				3107			3107	3107	3107
（2）外汇储备					214712				214712			214712	214712	214712
2. 现金与存款	1393143		849284		508825	3042096	382385	92455	3133636	3134551	37368	36453	3171004	3171004
（1）通货	88578		10366			104706	2132		101076	104706	3630		104706	104706
（2）准备金					5307	5307			5307	5307			5307	5307
（3）存款	1304565		815851		275642	2681140	380253	92455	2776310	2773595	33738	36453	2810048	2810048
（4）准备金			23067		227877	250943			250943	250943			250943	250943
3. 债券	242922		127331	310100	947780	415548	380253	607516	1318033	1333164	46571	31440	1364604	1364604
4. 贷款		822381	139000	1605837	2883305	526103	72984	93338	3095289	3047659	55717	103347	3151006	3151006
（2）贷款		822381	139000	1605837	2357202		72984	93338	2569186	2521556	55717	103347	2624903	2624903
（3）央行贷款					381414	381414			381414	381414			381414	381414
5. 股权与投资基金					144689	144689			144689	144689			144689	144689
（1）股票	866588		940884	2964666	1113156	1591213	1547699		4468327	4555879	327620	240067	4795947	4795947
（2）股权	226017		339025	734189	131272				696315	734189	79728	41854	776043	776043
保险	314785		384668	2230477	430768	380299	1430877		2561098	2610776	247892	198213	2808990	2808990
6. 其他	325786		217191		551116	1210914	116822		1210914	1210914			1210914	1210914
7. 其他	2711467					154645		116822	271467	271467			271467	271467
			174018	6284	13804	169540			187823	175824	3142	15141	190965	190965
资产净值		4819889		3001				2915859		7738749		-173849	7564900	
资产、负债与资产净值总计	5642270	5642270	4889888	4889888	5899146	5899146	3825990	3825990	20257294	20257294	470418	470418	20727711	20727711

参考文献

马克思：《政治经济学批判》，人民出版社1976年版。

《毛泽东文集》第一卷，人民出版社1993年版。

习近平：《习近平谈治国理政》第二卷，外文出版社2017年版。

《习近平经济思想学习纲要》，人民出版社2022年版。

《中共中央关于全面深化改革若干重大问题的决定》，人民出版社2013年版。

《中共中央关于坚持和完善中国特色社会主义制度 推进国家治理体系和治理能力现代化若干重大问题的决定》，人民出版社2019年版。

《中共中央关于制定国民经济和社会发展第十四个五年规划和二〇三五年远景目标的建议》，人民出版社2020年版。

《中共中央关于党的百年奋斗重大成就和历史经验的决议》，人民出版社2021年版。

《中共中央关于进一步全面深化改革 推进中国式现代化的决定》，人民出版社2024年版。

蔡昉主编：《新中国经济建设70年》，中国社会科学出版社2019年版。

蔡昉主编：《中国奇迹背后：改革的逻辑与学理》，社会科学文献出版社2020年版。

蔡昉、贾朋：《构建中国式福利国家的理论和实践依据》，《比较》2022年第3期。

蔡真、栾稀、黎紫莹：《从资产回报率看企业杠杆——兼论宏微观杠杆率的两层背离》，载中国社会科学院国家金融与发展实验室编

《管理结构性减速过程中的金融风险》，社会科学文献出版社 2017 年版。

陈钊、陈杰、刘晓峰：《安得广厦千万间：中国城镇住房体制市场化改革的回顾与展望》，《世界经济文汇》2008 年第 1 期。

杜金富、阮健弘、朱尔茜主编：《住户部门资产负债表编制：国际准则与实践》，中国金融出版社 2020 年版。

国家统计局国民经济核算司编著：《中国资产负债表编制方法》，中国统计出版社 2007 年版。

国家统计局国民经济核算司编：《中国国内生产总值核算历史资料：1952—2004》，中国统计出版社 2007 年版。

国家统计局国民经济综合统计司编：《新中国六十年统计资料汇编》，中国统计出版社 2009 年版。

黄群慧：《中国共产党领导社会主义工业化建设及其历史经验》，《中国社会科学》2021 年第 7 期。

吉富星：《地方政府隐性债务的实质、规模与风险研究》，《财政研究》2018 年第 11 期。

贾康等：《中国住房制度与房地产税改革》，企业管理出版社 2017 年版。

金戈：《中国基础设施与非基础设施资本存量及其产出弹性估算社会基础设施》，《经济研究》2016 年第 5 期。

李扬：《"辨"金融服务实体经济》，《经济研究》2017 年第 6 期。

李扬等：《中国国家资产负债表 2013——理论、方法与风险评估》，中国社会科学出版社 2013 年版。

李扬、张晓晶、常欣等：《中国国家资产负债表 2015——杠杆调整与风险管理》，中国社会科学出版社 2015 年版。

李扬、张晓晶等：《中国国家资产负债表 2018》，中国社会科学出版社 2018 年版。

李扬、张晓晶等：《国国家资产负债表 2020》，中国社会科学出版社 2020 年版。

李扬、张晓晶、常欣等：《中国主权资产负债表及其风险评估（上）》，《经济研究》2012 年第 6 期。

李扬、张晓晶、常欣等：《中国主权资产负债表及其风险评估（下）》，《经济研究》2012年第7期。

李成瑞：《关于我国目前公私经济比重的初步测算》，《探索》2006年第4期；

李实、詹鹏、陶彦君：《财富积累与共同富裕：中国居民财产积累机制（2002—2018）》，《社会学研究》2023年第4期。

林毅夫、蔡昉、李周：《中国的奇迹：发展战略与经济改革》，上海三联书店、上海人民出版社1994年版。

刘向耘、牛慕鸿、杨娉：《中国居民资产负债表分析》，《金融研究》2009年第10期。

马金华：《地方政府债务：现状、成因与对策》，《中国行政管理》2011年第4期；

马骏、张晓蓉、李治国等：《中国国家资产负债表研究》，社会科学文献出版社2012年版。

裴长洪：《中国公有制主体地位的量化估算及其发展趋势》，《中国社会科学》2014年第1期。

乔坤元：《我国官员晋升锦标赛机制：理论与证据》，《经济科学》2013年第1期。

任泽平、熊柴、白学松：《2019中国住房市值报告：一线住房市值占全国四分之一》，恒大研究院，2019年。

单豪杰：《中国资本存量K的再估算：1952—2006年》，《数量经济技术经济研究》2008年第10期。

沈坤荣、施宇：《地方政府隐性债务的表现形式、规模测度及风险评估》，《经济学动态》2022年第7期。

宋立刚、周伊晓、［澳］卢克·赫斯特：《中国的经济转型：来自青年经济学家的观察》，社会科学文献出版社2021年版。

汤铎铎、李成：《全球复苏、杠杆背离与金融风险——2018年中国宏观经济报告》，《经济学动态》2018年第3期。

王健、彭山桂、李永乐等：《新预算法对地方政府土地财政依赖影响研究》，《财经论丛》2022年第10期。

王小鲁、樊纲、刘鹏：《中国经济增长方式转换和增长可持续性》，

《经济研究》2009年第1期。

王志刚、黎恩银：《地方政府专项债目标定位、风险及对策》，《地方财政研究》2021年第4期。

吴敬琏、樊纲、刘鹤等主编：《中国经济50人看三十年——回顾与分析》，中国经济出版社2008年版。

夏诗园：《地方政府专项债特征、优势及问题研究》，《西南金融》2020年第8期。

谢宇、张晓波、李建新等：《中国民生发展报告2016》，北京大学出版社2017年版。

徐现祥、周吉梅、舒元：《中国省区三次产业资本存量估计》，《统计研究》2007年第5期。

许宪春：《中国国民经济核算中的若干重要指标与有关统计指标的比较》，《世界经济》2014年第3期。

许宪春：《准确理解中国居民可支配收入》，《经济学报》2023年第1期。

杨春学、杨新铭：《所有制适度结构：理论分析、推断与经验事实》，《中国社会科学》2020年第4期。

杨春学、杨新铭：《多种所有制经济的共同发展：一种综合性的解释》，《中国工业经济》2023年第10期。

杨璐璐：《新中国土地政策变迁的历史与逻辑》，国家行政学院出版社2015年版。

杨新铭、杨春学：《对中国经济所有制结构现状的一种定量估算》，《经济学动态》2012年第10期；

杨业伟、许宪春：《中国城镇居民住房资产估算》，《财贸经济》2020年第10期。

姚洋、张牧扬：《官员绩效与晋升锦标赛——来自城市数据的证据》，《经济研究》2013年第1期。

易纲：《再论中国金融资产结构及政策含义》，《经济研究》2020年第3期。

张军、吴桂英、张吉鹏：《中国省际物质资本存量估算：1952—2000》，《经济研究》2004年第10期。

张明、孔大鹏：《中国地方政府债务：特征事实、潜在风险与化解策略》，《辽宁大学学报》（哲学社会科学版）2021年第4期。

张明：《中国海外资产配置：特征事实、问题挑战与应对策略》，《中国金融》2023年第7期。

张晓晶、李成：《欧债危机的成因、演进路径及对中国经济的影响》，《开放导报》2010年第4期。

张晓晶、李成、李育：《扭曲、赶超与可持续增长——对政府与市场关系的重新审视》，《经济研究》2018年第1期。

张晓晶、刘学良、王佳：《债务高企、风险集聚与体制变革——对发展型政府的反思与超越》，《经济研究》2019年第6期。

张晓晶等：《2020 与黑天鹅共舞：新分析范式下稳增长与防风险的平衡》，中国社会科学出版社2020年版。

张晓晶：《金融发展与共同富裕：一个研究框架》，《经济学动态》2021年第12期。

张晓晶：《中国共产党领导中国走向富强的百年探索》，《中国社会科学》2021年第11期。

张晓晶：《中国经验与中国经济学》，中国社会科学出版社2022年版。

中国人民银行调查统计司：《中国城镇家庭资产负债调查》，《上海商业》2020年第5期。

中国社会科学院经济研究所课题组、黄群慧：《"十四五"时期我国所有制结构的变化趋势及优化政策研究》，《经济学动态》2020年第3期。

朱喜、史清华、盖庆恩：《要素配置扭曲与农业全要素生产率》，《经济研究》2011年第5期。

［美］阿蒂夫·迈恩、阿米尔·苏非：《债居时代：房贷如何影响经济》，何志强、邢增艺译，中信出版社2021年版。

［美］巴里·诺顿：《中国经济：转型与增长》，安佳译，上海人民出版社2010年版。

［美］劳伦·勃兰特、托马斯·罗斯基编：《伟大的中国经济转型》，方颖等译，格致出版社、上海人民出版社2009年版。

［美］约翰·米尔斯海默：《大国政治的悲剧》，王义桅、唐小松译，上海人民出版社2021年版。

［瑞典］邓达德、斯蒂芬·福斯特：《新国富论：撬动隐秘的国家公共财富》，叶毓蔚、郑玺译，上海远东出版社2016年版。

［英］安格斯·麦迪森：《中国经济的长期表现：公元960—2030年》（修订版），伍晓鹰、马德斌译，上海人民出版社2016年版。

［英］保罗·肯尼迪：《大国的兴衰（上）：1500—2000年的经济变革与军事冲突》，王保存、王章辉、余昌楷译，中信出版社2013年版。

［英］威廉·配第：《政治算术》，陈冬野译，商务印书馆2014年版。

Altman, S., "Moore's Law for Everything", 2021, March 16, https：// Moore's. samaltman. com.

Bai, C., Hsieh, C., and Song, Z. M., "The Long Shadow of a Fiscal Expansion", *Brookings Papers on Economic Activity*, Vol. 60, 2016.

Barro, R., and Sala-i-Martin, X., *Economic Growth*, Second Edition, MIT Press, 2004.

Bond, C. A., Martin, T., McIntosh, S. H., et al., "Integrated Macroeconomic Accounts for the United States", Bureau of Economic Analysis, Department of Commerce, Survey of Current Business, 2021.

Chen, Z., He, Z., and Liu, C., "The Financing of Local Government in China: Stimulus Loan Wanes and Shadow Banking Waxes", *Journal of Financial Economics*, Vol. 137, No. 1, 2020.

Chow, G. C., and Li, K. W., "China's Economic Growth: 1952 – 2010", *Economic Development and Cultural Change*, Vol. 51, No. 1, 2002.

Credit Suisse Research Institute, *Global Wealth Report 2022: Leading Perspectives to Navigate the Future*, Zurich: Credit Suisse Group, 2022.

Evenson, R. E., and Fuglie, K. O., "Technology Capital: The Price of Admission to the Growth Club", *Journal of Productivity Analysis*, Vol. 33, No. 3, 2010.

Fogli, A., and Perri, F., "The 'Great Moderation' and the US External Imbalance", NBER Working Paper 12708, 2006.

Friedberg, A. L., and Boustany Jr., C. W., "Partial Disengagement: A New US Strategy for Economic Competition with China", *Washington Quarterly*, Vol. 43, No. 1, 2020.

Goldsmith, R. W., *Financial Structure and Development*, Yale University Press, 1969.

Goldsmith, R. W., *The National Balance Sheet of the United States 1953 – 1980*, University of Chicago Press, 1982.

Goldsmith, R. W., *Comparative National Balance Sheets: A Study of Twenty Countries, 1688 – 1979*, University of Chicago Press, 1985.

Hausmann, R., and Sturzenegger, F., "US and Global Imbalances: Can Dark Matter Prevent a Big Bang?", Center for International Development, Harvard University, Working Paper, 2005.

Herd, R., "Estimating Capital Formation and Capital Stock by Economic Sector in China: The Implications for Productivity Growth", Policy Research Working Paper, No. 9317, World Bank, 2020.

Hicks, J. R., *The Crisis in Keynesian Economics*, Oxford: Basil Blackwell, 1974.

Holz, C. A., "New Capital Estimates for China", *China Economic Review*, Vol. 17, No. 2, 2006.

Korinek, A., and Stiglitz, J. E., "Artificial Intelligence and Its Implications for Income Distribution and Unemployment", in Agrawal, A., Gans, J., and Goldfarb, A., eds., *The Economics of Artificial Intelligence: An Agenda*, University of Chicago Press, 2018.

Lane, P. R., and Milesi-Ferretti, G. M., "The External Wealth of Nations Revisited: International Financial Integration in the Aftermath of the Global Financial Crisis", *IMF Economic Review*, Vol. 66, 2018.

Levy-Garboua, V., and Maarek, G., "Bank Behavior and Monetary Policy", *Journal of Banking and Finance*, Vol. 2, 1974.

Li, C., "Financial Leverage Interactions: Evidence from US Households and Government Sectors", *Applied Economics Letters*, Vol. 30,

No. 6, 2023.

Managi, S., and Kumar, P., *Inclusive Wealth Report 2018: Measuring Progress towards Sustainability*, London: Routledge, 2018.

McKinsey Global Institute, "The Rise and Rise of the Global Balance Sheet: How Productively are We Using our Wealth?", November 2021.

Mian, A., "Breaking the Debt Supercycle", Finance Development Magazine, IMF, 2024.

Milesi-Ferretti, G. M., "The External Wealth of Nations Database", The Brookings Institution, 2022.

Piketty, T., and Zucman, G., "Capital is Back: Wealth-Income Ratios in Rich Countries 1700 – 2010", *Quarterly Journal of Economics*, Vol. 129, No. 3, 2014.

Piketty, T., Yang, L., and Zucman, G., "Capital Accumulation, Private Property, and Rising Inequality in China, 1978 – 2015", *American Economic Review*, Vol. 109, No. 7, 2019.

Revell, J., "The National Balance Sheet of the United Kingdom", *Review of Income and Wealth*, Vol. 12, No. 4, 1966.

Rogoff, K. S., and Yang, Y., "Peak China Housing", NBER Working Paper 27697, 2020.

Schmitt-Grohé, S., Uribe, M., and Woodford, M., *International Macroeconomics: A Modern Approach*, Princeton University Press, 2022.

Waldenström, D., "The National Wealth of Sweden, 1810 – 2014", *Scandinavian Economic History Review*, Vol. 64, No. 1, 2016.

Wasshausen, D., "Sectoral Balance Sheets for Nonfinancial Assets", Bureau of Economic Analysis Working Paper, 2011.

World Bank, *The Changing Wealth of Nations 2021*, Washington D. C.: World Bank, 2021.

World Bank, *Where is the Wealth of Nations? Measuring Capital for the 21st Century*, Washington D. C.: World Bank, 2006.

后　　记

　　中国国家资产负债表的编制工作起步较晚。2013 年以前，中国官方资产负债表一直处于试编阶段。党的十八届三中全会确定了编制全国和地方资产负债表的重大统计改革任务，官方资产负债编制工作逐步走向制度化、规范化，惜乎未见对外公布正式数据。

　　面对这样的局面，我们团队本着强烈的使命感，持续十数年进行国家资产负债表编制研究，填补了中国国民经济核算体系的空白，也赢得了国际国内同行的尊重。2011—2020 年 10 年间，我们共计编制了 21 世纪前 20 年（2000—2019 年）的中国国家资产负债表；出版了四本中文专著、两本英文专著以及发表了多篇高质量学术论文，获得了包括首届孙冶方金融创新奖在内的多个重要奖项。中国国家资产负债表数据已经成为分析研判国家能力、财富构成与债务风险的权威依据，相关研究成果被国际货币基金组织（IMF）、世界不平等数据库（WID）、《中国社会科学》、《经济研究》、*American Economic Review* 和 *Journal of Economic Perspectives* 等国际机构及国内外顶级学术期刊论文所引用，并进入国际知名的 CEIC 全球数据库。

　　在成绩面前，我们并没有沾沾自喜、止步不前，而是给自己制定了更高的目标。编制更长时段的资产负债表一直是笔者的愿望。因此，在完成《中国国家资产负债表 2020》之后，我们旋即启动了改革开放以来中国国家资产负债表的编制工作，希望借此向改革开放 45 周年献礼。相比于此前的编制，本次研究不仅时间跨度长且经历计划到市场的转型，其难度和工作量是之前的数倍，这包括数据的搜集、数据的衔接（如科目变化、指标变化、口径变化等），以及价格的处理（从计划到市场、从 MPS 体系到 SNA 体系）等。历时三年多，1978—2022年共45年的中国国家资产负债表编制工作终于杀青，这为展示改革开放以来中国经济伟大变迁的宏伟蓝图提供了全新的视角和素材；同时也将为探索国家宏观资产负债表管理提供重要的数据支持。

国家资产负债表研究一直是集体攻关、有组织科研的典范。为之付出的不仅包括直接参与编制的团队成员，参加讨论、提供建设性意见的专家，还包括一直支持鼓励这项研究的前辈、同好，在此一并感谢！还要感谢国家社科基金哲学社会科学领军人才项目、中国社会科学院学科建设"登峰战略"资助计划（DF2023YS28）以及中国社会科学院智库基础研究项目对本研究的资助。特别感谢中国社会科学出版社总编辑杨志勇对本书出版的鼎力支持，感谢责任编辑王衡的尽心尽力。

本书由中国长期国家资产负债表研究团队（CHBS）[①]完成。刘磊博士在数据整合与协调方面做了大量工作，张晓晶负责主报告、各章节修订和全书统稿工作。具体分工如下：主报告（张晓晶、李成、李育、张东源、李晶晶），第1章（李成），第2章（王晓星、张东源），第3章（李成），第4章（刘磊），第5章（刘磊）。

书稿即将付梓之际，一则以喜，一则以惧。喜在于，终于完成了这么一项艰巨的、有着里程碑意义的工作，距离长时段的国家资产负债表编制目标又靠近了一步；这项工程在发展中国家是独一无二的，比起很多发达经济体也都算得上"领先"。惧在于，我们的研究将要直面读者和同行的检验。"真金不怕火炼"，对于成果的自信我们是有的，但不足之处在所难免；事实上，世界各国的资产负债表数据也都在经历不断地修订。

期待在未来的研究中，我们持续推进和完善中国国家资产负债表的编制，把这项工作做扎实、做长远，久久为功，为国家治理现代化构筑起坚实的数据基础设施。

[①] 笔者一直有编制更长时段国家资产负债表的宏愿，且已向历史领域拓展（如2022年出版的《传统中国的财富积累与分配：1820年代长三角地区社会财富研究》，其他历史时期的相关研究亦在进行中），因此决定将原来的CNBS更名为CHBS（China's Historical Balance Sheets），即中国长期国家资产负债表研究。